인간의 죽음,
그리고
..... 죽어감

죽음맞이

인간의 죽음,
그리고
..... 죽어감

누구든 생을 마감하기 전에 마지막으로 가족들에게 "고맙다.", "가족들과 함께 해서 참 행복했다"고

말할 수 있는 사람이 얼마나 될까요? 그렇게 해야 좋은 죽음이라고 할 수 있을 텐데

그런 사람이 얼마나 될까요? 제가 현장에서 경험한 바로는 한 30% 정도는 그렇게 하시는 것 같습니다.

특히 종교를 제대로 믿었던 분들이 그렇습니다.

그러나 평소에 죽음을 접했던 분들이나 종교가 없다 해도

죽음은 자연의 섭리라고 자연스럽게 생각하는 분들도 이런 임종을 맞이하더군요.

분명히 종교를 가진 사람은 덜 불안해 하고 종교가 없는 분은 더 불안해 하는 경향이 있습니다.

한국죽음학회 웰다잉 가이드라인 제정위원회

서문

I.

우리가 출간하는 책 가지고 이런 말 하기는 그렇지만 무엇보다도 이 책은 쉽게 나올 수 있는 책이 아니라는 것을 말하고 싶다. 이 책을 내기 위해 들어간 시간이 1년여가 됐을 뿐만 아니라 각 분야의 전문가들이 적어도 열 번을 모여서 같은 주제를 가지고 논의하면서 만든 것이 이 책이다. 이렇게 여러 차례 만나 이야기한 것을 정리하는 것도 그렇지만, 이 책에서 우리가 다룬 '인간의 죽음'이라는 주제를 가지고 각 분야의 전문가들이 모이는 것은 결코 쉽지 않은 일이다. 게다가 어디서 후원을 받은 것도 아니다. 전적으로 우리가 자발적으로 모임을 이끌어 갔으니 더 쉽지 않은 일이었다.

죽음학이라는 분야는 매우 특수해서 생판 다른 분야의 전문가가 모여야 이야기가 전체적으로 돌아간다. 인간의 죽음이니 우선 의학과 간호학이 깊숙이 관여되어 있고, 삶과 죽음의 의미를 따지려니 종교나 철학이 나서지 않을 수 없다. 그런가 하면 죽음학에서 가장 중요한 부분은 뭐니 뭐니 해도 죽음교육일 것이다. 따라서 여기서는 교육학적인 측면이 고려되어야 한다. 그렇다고 해서 상장례가 중요하지 않은 것도 아니다. 인간이 일생을 살면서 가장 중요한 마디에는 항상 의례가 있는데 상장례는 그중에서도 가장 중요한 의례라 하겠다. 이런 분야 외에도 사별의 슬픔 극복 같은 중요한 문제가 있는데 우리 모임(한국죽음학회)에는 죽음학에서 중요하게 생각하는 이런 주요 분야의 전공자들이 다 모였다고 할 수 있다.

우리 모임 구성원의 면모를 보면, 우선 의학을 전공한 정현채 교수가 있고 간호학 현장에서 호스피스 의료를 담당하는 홍진의 선생이 있다. 의학 쪽에서는 죽음을 대놓고 이야기하는 이가 별로 없는데 정현채 교수는 예외적인 인물 중 한 분이다. 그리고 홍진의 선생은 호스피스 간호학 분야에서 다년간 임상 경험을 하셨으니 그 분야에 전문가인 것은 말할 것도 없다. 이분들의 경험은 우리에게 대단히 소중했는데, 그것은 실제 현장에서 한국인들이 죽음을 직면했을 때 어떤 모습을 보이는가를 생생하게 전달해 주었기 때문이다. 그런가 하면 상장례도 인간의 죽음에서는 대단히 중요한 분야이다. 우리나라에는 지금 주위에서 횡행하는 부조리한 상장례 문화를 개선하고자 〈사단법인 한국장묘문화개혁범국민협의회〉 같은 단체가 있는데, 이곳에서 사무총장으로 오랜 기간 수고해 주시는 분이 바로 을지대학교의 박복순 교수이다. 우리는 박복순 교수로부터 우리나라의 장묘문화 현장을 생생하게 접할 수 있었다. 그다음에 죽음교육은 전병술 교수의 담당이었다. 전 교수는 이미 죽음학과 관련된 많은 논문을 썼을 뿐만 아니라 좋은 외서들을 번역해 한국 죽음학 발전에 많은 공을 세웠다. 게다가 그가 대학에서 지속적으로 죽음학을 강의해 온 것은 높이 평가할 만하다. 마지막으로 이찬수 교수와 필자와는 전공이 종교학으로 겹치는 부분이 있지만 이찬수 교수는 종교 철학의 입장에서 죽음을 바라본 반면 필자는 주로 사후생과 연관해 죽음을 바라보려 했다는 점에서 입장이 조금 다르다고 하겠다. 어떻든 이런 전공을 가진 우리가 모여 서로 전공을 배워 가며 그 결과를 만들어낸 것이

이 책이다.

한국에서 죽음학이라는 주제는 아직도 생소하다(컴퓨터에 '죽음학'을 치면 아직도 빨간 밑줄이 가는 것을 보면 더욱더 그렇다). 일반인들도 죽음학을 잘 모르지만 이 문제에 밝은 전문가들도 손으로 꼽을 지경이다. 그러다 보니까 각 주제를 전공한 전문가들이 같이 모일 수 있는 기회는 더 드물게 된다. 게다가 이런 주제 가지고 만나는 데에는 후원이 있을 수 없다. 죽음이라는 단어만 들어가면 아직도 손사래를 치는 현실이니 후원은 언감생심이 아닐 수 없다. 우리가 이번 책의 기획을 가지고 아무 후원도 없이 열 차례 이상을 만날 수 있었던 것은 이 이전부터 학문적 관심과 인간적 우애를 다진 결과라 할 수 있다.

이번 책에서 가장 어려웠던 부분은 이 책의 맨 앞에 나오는 대담의 편집이었다. 이것은 우리가 열 번을 만나서 했던 이야기들을 종합 정리한 것이다. 책에 실린 형식은 한자리에서 몇 시간 동안 이야기한 것처럼 되어 있지만 사실은 수 차례 동안 논의했던 것을 정리한 것이다. 우리 모임(세미나)은 이렇게 진행되었다. 매번 만날 때마다 각자가 자기의 전공 분야의 발표를 했고 그 중간중간에 관심 가는 주제가 나오면 토론을 했다. 그리고 발표가 끝나면 다시 전체적인 주제를 가지고 토론을 했다.

열 차례 가량 만나면서 한 이야기들을 모두 녹음하였다. 첫 번째 작업은 일단 출판사에서 이 자료의 녹취록을 만드는 일이었다. 그러고 난 다음 1차 정리를 해서 내게 보내왔다. 말로 한 것을 그대로 글로 옮긴 것이기 때문에 그때의 원고 상태는 그야말로 황망하기가 그지없었다. 많은 내용이 제대로 정리되지 않았고 반복되기가 일쑤였다. 나는 그때부터 다른 팀원들이 세미

나에서 했던 이야기들을 상기하면서 이 자료들을 정리하기 시작했다. 가능한 한 팀원들의 주장들을 살리고 앞뒤로 서로 연결이 되게 문장을 계속해서 다듬었다. 이 작업은 사실 대단히 어렵고 짜증나는 작업이었는데 이상하게도 그런 생각은 한 번도 들지 않았다. 외려 다른 팀원들의 생각을 다시 정리할 수 있어서 즐겁게 작업할 수 있었다. 그런 다음 그 원고는 다시 팀원들에게 보내졌고 각자의 수정과 보충을 받아서 원고를 완성했다. 그렇게 해서 완성된 것이 이 책의 대담이다.

II.

여섯 사람이 지난(至難)하지만 별 문제 없이 이렇게 각 전공별로 원고를 써서 책을 낼 수 있었던 데에는 긴 세월의 전사(前史)가 있다. 이 과정의 시작은 물론 2007년에 시작한 한국죽음학회이다. 이 학회는 여론의 많은 주목과 기대를 받으면서 시작했다. 그때 우리가 내세운 '구호'는 '그들의 학회가 아니라 우리들의 학회로 만들자!'는 것이었다. 이게 무슨 말인고 하니, 교수들만 하는 학회가 아니라 대중들과 같이 하는 학회를 만들자는 것이다. 학회의 폐쇄성을 깨 보자는 것이다. 그래서 우리는 정기 학회뿐만 아니라 월례회도 하자는 데에 뜻을 모았다. 죽음학에 관한 한 척박한 땅인 한국에 인간의 죽음에 대해 학술적으로 널리 알리자는 의도로 이런 결정을 한 것이다 (그런데 정기 학술 대회도 매 학기 혹은 매년 개최하기가 힘들었지만, 월례회를 매월 하는 것은 보통 어려운 일이 아니었다).

처음에는 월례회에 사람들이 수백 명씩 몰려드는 등 호응이 대단했다. 그런데 3, 4회가 지나자 청중들의 수가 눈에 띄게 줄어들었다. 그러다 10회 정도 지나니 이삼십 명 모으기도 쉽지 않았다. 어떻든 그렇게 해서 약 20회를 했고 그 뒤에는 힘이 부쳐 월례회를 폐지했다. 월례회가 이렇게 결말이 나게 된 데에는 크게 두 가지 이유가 있는 것 같다.

첫 번째로 들 수 있는 이유는 일반 대중들이 죽음에 대해 갖는 관심이 진지하기보다는 호기심 수준이었다는 것을 들 수 있겠다. 한국인들에게는 죽음이라는 주제가 여전히 생경했던 것이다. 호기심은 있어서 한번 기웃거려 보았는데 뭐 뾰족한 것이 없으니 발을 곧 끊어버리는 것이다. 그동안 한국 사회에서 죽음을 진지하게 생각해 본 적이 없었으니 이럴 수밖에 없었을 것이다.

이런 정황은 내가 학교 바깥에서 대중들에게 죽음에 대해 강의할 때에도 많이 느꼈던 것이다. 나는 이런 강의를 할 때마다 죽음을 종교적으로 접근해 우리는 죽음을 통해 삶을 어떻게 살 수 있을지를 배울 수 있다고 주장했다. 그래서 '죽음은 마지막 성장의 기회다.'라고 힘주어 말했는데, 강의가 끝나면 보이는 청중들의 반응은 그런 철학적인 문제에는 별로 관심이 없다는 투였다. 그들의 주된 관심은 다른 데에 있었다. 물론 그들도 강의를 잘 들었다고는 하는데, 그 이유가 죽음을 철학적으로 접근하게 해 줘서 좋다는 게 아니었다. 그보다는 유언장이나 사전의료의향서 같은 것을 미리 써야 한다는 것을 배워서 좋았다는 것이다. 그러니까 자신이 죽음에 임박했을 때 의미 없는 연명치료 안 하는 것이 좋다는 것을 배운 것에만 관심이 있었던 것이다. 그 이상으로 죽음에 대해 철학적으로 생각하고 자신을 좀 더 성숙시키고 하는 데에는 별 관심이 없었다는 말이다. 그러니 몇 번 학회 모임에 걸음해 보고 왕래를 끊었던 것이 아닐까 생각한다.

그다음에는 우리 연구자의 문제도 있었다. 이것은 한국의 죽음학 수준이 일천하기 짝이 없어 생긴 상황이었다. 죽음학 연구 수준이 밑바닥이니까 전공하는 사람의 숫자도 턱없이 부족했다. 그래서 한 20회 월례회를 해보니까 더 부를 사람을 찾을 수도 없었다. 또 사람이 있어도 새로운 주제를 가지고 이야기하지는 못했다. 그 소리가 그 소리였고 그 사람이 그 사람이었다. 게다가 죽음학이란 것이 독립된 학문 분야가 아니고 여러 전공들이 모여 이루어진 것이라 주인 의식도 찾기 힘들었다. 의료 현장에서 일어나는 일은 의사와 간호사가 제일 잘 알고, 인문학적인 것은 인문학 전공자들이 비교적 능통하며, 상장례는 또 그쪽 전공자들이 잘 알고 있으니 어떤 학문 분야도 중심이 되어 돌아갈 수 없는 것이 죽음학이다. 그래서 학회에 오더라도 각 전공자들이 주인 의식을 갖고 온다기보다 손님처럼 와서 자기 전공 이야기만 하고 가니 토론이 심도 있게 진행되지 않았고, 학회가 끝난 다음에도 추가로 논의가 이루어지지 않았다. 그러니 모두들 힘이 빠져 논의의 열기가 식어만 갔다. 게다가 정기학회 한 번 여는 것도 보통 힘든 일이 아닌지라 이래저래 앞으로의 향방을 고심하고 있었다.

그래서 대안으로 나온 것이 학술적이든 운동 지향적이든 대중적인 모임은 그만하고 소수 전문가들이 모여 정기적으로 세미나를 하자는 것이었다. 사실 우리 사이에서도 서로 간에 소통이 많이 없었던 상태라 우리가 먼저 만나 긴밀한 논의를 해야겠다는 생각이 강하게 들었다. 인간의 죽음이라는 현상은 대단히 범위가 넓어 어떤 분야도 독점할 수 없다. 따라서 각 분야의 전문가들이 모여 아주 긴밀하게 대화하는 수밖에 없다는 결론이 나왔다. 비근한 예로 우리는 거의 다 병원에서 죽는다. 따라서 그 정확한 정황을 알려면 병원에 직접 가서 보아야 한다. 그런데 우리 대부분은 의사나 간호사가 아니다. 이런 정황을 가장 잘 아는 사람은 의사나 호스피스 간호사들이라 병원에서의 상황은 이 사람들의 말을 간접적으로 들을 수밖에 없다. 그런가 하면 의사나 간호사들은 인문학적인 배경이 약할 것이다. 상장례 전문가들에 관한 문제도 비슷한 처지이다. 상조 회사를 둘러싸고 수많은 문제들이 발생하는데 이것은 그 분야를 전공하는 사람의 생생한 증언이 없으면 제대로 알기가 어렵다.

그래서 우리는 우리나라에서는 보기 드물게 이런 여러 전공자들을 모아 정기적으로 세미나를 갖기로 했다. 그러나 그냥 만나면 결속력이 떨어질 수 있으니 과제를 하나 만들기로 했다. 그래야 모임의 지향점이 생기고 나중에 결과물이 나와 보람을 느낄 수 있기 때문이다. 그래서 제일 먼저 과제로 잡았던 것이, '웰다잉 가이드라인'의 제정이었다. 한국인들이 죽는 데에 대해 너무 준비를 하지 않고 있다가 황망하게 죽음을 '당하게 되니' 우리들이 가이드라인을 만들어 제시하자는 것이었다. 그래서 한국인들이 자신이나 가족의 임종을 맞게 되었을 때 이 책 하나만 갖고 있으면 충분히 대처할 수 있는 그런 책을 만들자는 것이다. 이 책을 만드는 데에도 약 2년의 세월이 걸렸다. 우리끼리 만나 내용을 만들고 그것을 다시 가이드라인처럼 각색하고 나중에는 출판사와 편집 작업 등을 하느라 오랜 시간이 걸렸던 것이다. 그 결과 우리는 2010년 11월에 성공적으로 이 책을 출간하고 성대한 공포식도 가졌다.

이번에 나오는 이 책은 바로 후속 작업의 결과물이다. 웰다잉 가이드라인을 만들고 나니 그다음으로 죽음학 개론서 같은 책을 만들고 싶었다. 우리 여섯 사람은 그 의견에 동의했고 이번에도 1년여를 만나면서 이 책을 내게 된 것이다. 이 책이 나올 수 있었던 것 역시 우리 6인이 오랫동안 호흡을 맞춘 결과라는 것을 재삼 강조해서 말하고 싶다. 이 책은 각자가 쓴 글들이 중요하지만 그것과 더불어 맨 앞에 실린 대담이 돋보인다고 하겠다. 이 대담의 배경에 대해서는 그 대담 바로 앞에 서문으로 써서 실어놓았으니 그것을 참고하면 되겠다.

그 뒤에 나오는 개인들의 글은 각자가 전공한 것이 다르기 때문에 확실하게 대조가 된다. 의사는 의사의 입장에서, 간호사는 호스피스 간호사 입장에서 썼다. 다른 글도 각각 전공의 시각에서 썼으니 독자들은 관심이 가는 글부터 보면 되겠다.

이제 우리 위원들은 다음 주제를 가지고 모임을 계속해 나가려 하는데 우리가 다음 주제로 정한 것은 뜻밖에도 생명교육에 관한 것이다. 죽음에 관해 이야기하다 생명 쪽으로 선회한 것이다. 그러나 죽음과 삶이 완전히 다른 주제처럼 보이지만 사실은 이 두 가지 주제는 동전의 앞뒷면과 같은 것이라 항상 같이 가게 되어 있다. 그동안 우리가 죽음에 대해 이야기한 것은 사실은 우리 삶이 얼마나 소중한 것인가를 되돌아보기 위함이었다. 그래서 죽음학에서 가장 중요한 분야인 '죽음교육'도 결국은 생명교육으로 귀결되기 마련이다. 다음 주제로 우리가 생명교육으로 잡은 것은 지금처럼 죽음을 통해서 생명으로 가지 말고 아예 생명을 주요 주제로 가져와 직접적으로 다루어 보자는 의도이다. 앞으로 이 모임도 잘 되어 좋은 결과물이 책으로 나왔으면 하는 바람이다.

이 책이 출간되는 데 감사드릴 분들이 여럿 있다. 가장 먼저 감사해야 할 사람은 말할 것도 없이 오랜 기간 모임에 참석해 준 우리 위원들이다. 어떤 보상도 생각하지 않고 어떤 후원도 기대하지 않고 순수한 의도로 모임에 참석해 주었기 때문이다. 우리들의 유일한 바람은 죽음에 대한 이해가 아직도 일천하기 짝이 없는 한국 사회에 무엇인가 의미 있는 일을 하기 위함이었다. 그다음으로 감사의 말씀을 전할 대상은 당연히 출판사이다. 단군 이래 유례 없는 이 출판 불황에도 불구하고 이런 인기 없는 주제를 다룬 책을 출간해 주는 데 어찌 감사해 하지 않겠는가? 이런 출판사의 선한 의도가 빛을 발하려면 책이 잘 팔려야 할 것이다. 그런 일이 벌어지기를 고대하면서 이만 말을 마치자.

2013년 여름을 보내면서
저자 대표 최준식 삼가 씀

차례

서문 — 5

인간의 죽음, 그리고 죽어 감

- 한국죽음학회, 죽음을 이야기하다

참석자 : 최준식, 정현채, 박복순, 전병술, 이찬수, 홍진의

〈한국죽음학회〉 '한국인의 웰다잉 가이드라인' 제정 위원들은 이 가이드라인을 출간한 뒤 2011년 11월 18일부터 2013년 1월 4일까지 10차례 만나 세미나를 했다. 다음은 그 10차에 걸친 간담들을 모아 정리한 것이다. 전체적인 토론도 있었고 개별 발표도 있었는데 중복되는 것은 빼고 정리하였다. 뒤에 수록되어 있는 개별 발표는 각 발표자들이 전공을 살려 자기 시각에서만 본 것이라면 이 간담은 서로 간에 이해를 넓히는 간(間) 전공적인(interdisciplinary) 접근이라 하겠다. 각각의 전공자들이 서로 소통함으로써 죽음이라는 거대한 주제를 더 광범위하고 다양한 시각에서 바라보고자 노력했다. 인간의 죽음이라는 현상은 워낙 광대해 하나의 시각이나 전공으로는 그 전모가 드러나기 힘들다. 따라서 다음의 간담처럼 전공을 뛰어넘어 서로의 이해의 지평을 넓히는 일이 중요하다.

예를 들어 보자. 인간의 죽음을 연구하면서 종교학이나 철학 등 인문학을 전공한 사람들이 가장 답답한 것은 죽음이 실제로 일어나는 현장에 관한 것이다. 그곳은 말할 것도 없이 의료 기관이다. 인문학자들이 죽음을 아무리 철학적으로 떠들어 봐야 실제의 현장에서 사람들의 죽음을 목도하는 과정에서 겪고 느끼는 것에는 미치지 못할 수 있다. 인간의 죽음은 실제로 일어나는 사건이지 머릿속에서만 그려지는 상상이 아니기 때문이다. 철학적인 사유는 실제의 경계를 만났을 때 터무니없이 허물어질 수 있다. 그런 면에서 인문학자들은 의사나 호스피스 간호사 같은 현장에 있는 사람들을 만나야 한다. 그들에게서 살아 있는 이야기를 들어야 한다.

같은 논리를 현장에 있는 사람들에게도 적용시킬 수 있다. 의료진들은 거꾸로 죽음에 대한 종교/철학적인 접근을 갈망하기 때문이다. 이들은 인간의 죽음을 기술적으로는 관리할 수 있지만 그것을 넘어 인간의 죽음이 갖는 의미나 더 나아가서 인간의 생명이 무엇인가와 같은 궁극적인 질문에 대해서는 그리 생각할 여유가 없었을 것이다. 따라서 이 주제에 대해서는 인문학자들에게 배울 거리가 있을 것이다. 그 외에도 장례 현장에서 일어나는 아주 다양한 양상들은 상장례를 전공한 사람이 아니면 알 수 없는 일이다. 장례나 제례의 현장에서 일어나는 일들 역시 그곳에 오래 있어 보지 않은 사람은 가늠하기가 힘들다. 게다가 한국 사회는 워낙 빨리 변화하고 있기 때문에 한국인의 상장례관 역시 급격한 변화를 보이고 있는데 이것 또한 최근 현장의 목소리를 생생하게 살펴보지 않으면 알 수 없다.

우리의 모임에는 이와 같이 인간의 죽음을 말할 때 가장 중요한 주제들을 전공한 사람들이 모였다. 인간의 죽음을 탐구하기 위해 이런 구성을 가지고 정기적으로 만나는 모임은 아마도 한국에 없을 것이다. 우리가 외부의 재정적인 지원 없이 이렇게 계속해서 모일 수 있었던 것은 무엇보다도 서로가 몰랐던 다른 분야를 알아 가는 재미 덕분이었다. 그래서 한번 약속이 정해지면 따로 연락하지 않아도 위원들은 알아서 모두 참석했다. 밑에 전개되는 간담은 바로 이런 과정 끝에 나온 것이다. 사실 원래의 분량은 지금보다 훨씬 많았지만 이 책에 함께 실린 각자의 논문 내용과 중복되는 부분을 제외하고 정리하여 대폭 간소화되었다. 저자의 논문과 이 간담의 내용을 같이 읽어 보면 서로 보완되는 것이 많을 것이다. 그리고 이 간담은 특정 주제에 국한되지 않고 인간의 죽음과 관계되는 주제라면 무엇이든 자유롭게 방담하는 방식으로 전개했다. 따라서 논의가 자유롭게 진행되어 오히려 편하게 읽어볼 수 있을 것이다.

최준식(이하 최)　이렇게 모이게 되어 반갑습니다. 우리가 2010년에 '한국인의 웰다잉 가이드라인'을 만들 때에도 정기적으로 만났습니다만 이번에는 좀 더 광범위한 주제를 가지고 간담하게 되었습니다. '인간의 죽음, 그리고 죽어 감'이라는 큰 주제에 대해 각자의 입장에서 기탄없이 말씀해 주시면 고맙겠습니다.

죽음학에서 가장 중요한 주제는 죽음교육이라고 할 수 있습니다. 이야기를 이 죽음교육서부터 풀어 나가 볼까요? 이 주제에 관해 이야기하다 보면 한국인들이 죽음에 대해 어떻게 생각하고 있는지를 쉽게 알 수 있을 것이라 생각합니다. 이 이야기는 현장에서의 움직임이 중요하니 호스피스를 담당하고 계신 홍진의 선생님부터 말씀해 주시면 좋겠습니다. 현장에서 어떤 식으로 교육이 되었으면 좋겠다는 바람이 있으신지요?

홍진의(이하 홍)　죽음을 맞는 분들은 평소에 죽음을 얼마나 생각하고 접하고 경험했느냐에 따라 죽음을 받아들이는 것이 달라집니다. 전통 사회에서는 가정에서 임종을 맞고 장례를 치렀기 때문에 자연히 주변의 죽음을 많이 접해 내 일로 여길 뿐만 아니라 훨씬 편안하게 고민해 봤기 때문에 죽음을 받아들이는 것도 자연스러웠던 것 같습니다. 그런데 병원에서 고립되어 임종을 맞는 비율이 높아짐에 따라 요즘은 일흔 살을 넘겼더라도 그런 경험이 적었던 분들은 죽음에 대해 생소해 합니다.

최   나이가 많으면 죽음을 잘 받아들이나요?

홍   그건 분명하죠. 저희 호스피스 간호사들이 분석을 해 보았는데 확실히 20~30대는 죽음을 쉽게 받아들이지 못합니다. 체험상 50대 전반까지는 죽음이라는 것이 있어서는 안 될 일이라고 여기는 것 같습니다. 그러나 50대 후반이 되면 죽음이란 나에게 있을 수 있는 일이라 생각해 어느 정도는 죽음을 받아들입니다. 이런 차이는 주로 죽음에 대한 경험의 유무에서 비롯되는 것 같습니다. 50대 초반까지는 사람들이 사회적인 활동이나 책임감 등이 있을 때 아니겠습니까? 50대 후반, 즉 은퇴를 하게 되면 사회적인 면에 대한 1차적인 책임이 조금은 없어지기 때문에 죽음을 어느 정도라도 받아들이는 게 아닌가 싶습니다.

정현채(이하 정)   그렇지만 한국 사회에는 아직도 전반적으로 죽음에 대해 금기시하는 정도가 강한 것 같습니다. 제가 2008년 12월 어떤 구청 주관으로 열린 '웰다잉을 위한 행복한 삶, 아름다운 마무리 준비 교실' 강좌의 강사로 초청되어 간 적이 있는데, 구청 담당자가 제목에 '죽음'이 들어가 있으니까 위에서 결재 도장을 안 찍어 줘서 강좌 개설을 진행하는데 몹시 애를 먹다가 '죽음'을 웰다잉이라고 바꿨더니 해 줬다고 하더군요.

박복순(이하 박)   전통적으로 죽음에 대한 인식은 부정적이었습니다. 초상이 나면 이를 알리기 위해 전통 사회에서는 붓글씨로 쓴 부고를 일일이 인편으로 보냈습니다. 그때는 지금처럼 교통 통신이 발달하지 않았으니 먼 곳까지 사람이 직접 가야 했지요. 현대사회 들어와서도 인쇄된 부고장을 우편으로 보내기도 했지만, 요즘은 신문을 이용하거나 인터넷, 이동통신 등을 이용하여 순식간에 알릴 수 있잖아요? 그런데 과거에는 부고를 받으면 죽음에 대한 부정적 인식때문에 나쁜 기운이 집에 들어올까 두려워 부고를 집에 들이지 않고 태우거나 변소에 두었다고 합니다. 그런가 하면 지금까지도 우리나라 사람들은 문상을 다녀온 사람을 집 밖에 세워 두고 부정한 것을 쫓기 위해 소금을 뿌리기도 합니다. 심지어 기독교인들조차 자녀 결혼 날짜가 정해지면 좋은 일 앞두고 부정한 일 생길까 봐 가까운 지인의 장례라 하더라도 문상을 안 합니다. 이런 정서는 현재에도 특정 종교와 상관없이 당연한 것처럼 받아들이는 실정입니다. 과거에 비해 죽음에 대한 부정적 인식이 많이 개선되고 있다고는 하지만 한국인의 의식 속에는 기본적으로 죽음에 대한 부정적 인식이 깔려 있다고 생각합니다

이찬수(이하 이)　　그리고 보니 2005년도 〈한국죽음학회〉 창립 기념 학술 대회를 하던 당시 어떤 학생 생각이 나네요. 강의동에 걸려 있던 '한국죽음학회 창립 기념 학술 대회' 라는 플래카드를 본 어떤 여학생이 "죽음? 아이 무서워!" 하며 종종걸음으로 학회 발표장 근처를 피하는 거예요. 죽음이 무엇인지 잘 모르는 젊은 학생이라 그렇기도 했겠지만, 죽음을 터부시하는 우리의 오랜 문화를 잘 반영해 주는 것 같았습니다. 제가 이전에 근무하던 대학에서도 비슷한 일을 겪은 적이 있었어요. 교내에 개설되어 있던 모든 과목 중에 죽음 관련 강의가 없어서 교양과목으로 '죽음학개론'을 만들려고 과목 신설 요청서를 냈지요. 그런데 담당 학부장이 제목이 어둡고 무섭다며 다른 제목으로 변경해 달라는 거예요. 당시 그 교수 나이가 사십대였는데도 그런 반응을 보이는 모습을 보면서 이게 우리 현실

이구나 싶었지요. 그래서 '삶과 죽음의 철학'으로 제목을 변경해 신청했는데, 당시 이런 저런 특수한 사정이 겹치면서 결국 개설되지 못했습니다.

최   한국의 이런 현실은 제가 대학원 공부를 하던 1980년대 미국 대학과 너무 대조되는군요. 당시 제가 공부하던 대학에는 학부에 종교학과에서 개설한 'On Human Death & Dying'이라는 과목이 아주 인기리에 진행되고 있었지요. 그 당시에는 저도 이해를 못하고 왜 죽음 가지고 야단인가라는 생각을 했는데 그 사정을 이제 한국에서 목도하게 되니 한국이 죽음학에 관해서 얼마나 뒤쳐져 있는지 알 수 있습니다.

전병술(이하 전)   죽음교육이 어려운 점은 그 대상이 너무나도 다양하다는 거예요. "삶이란 무엇이냐? 파티에 초대한 손님과 같다. 너무 일찍 떠나면 주인이 섭섭해 하고 끝까지 버티면 주인이 싫어한다. 그러니 적절할 때 떠나는 것이 좋다."는 세네카의 비유를 누구나 공감한다면 좋겠네요. 예컨대 노인들은 철학이나 종교적 이해보다 오히려 천상병 시인의 「귀천」 같은 시에 더욱 공감하는 듯해요. 교재 개발하기가 쉽지 않습니다. 접근 방법을 어떻게 해야 할지 고민스러워요. 학력의 격차, 나이, 직업에 따른 반응이 너무 다양하니까 한꺼번에 교육할 때 어느 쪽에 초점을 맞춰야 할지 가늠이 안 됩니다.

박   대상별로 그리고 연령별로 차별화된 내용을 가지고 죽음교육을 해야 할 것 같습니다. 철학적으로 접근하는 것도 좋겠지만 쉬운 예를 들어가면서 진행하는 게 좋지 않을까요? 저희 대학 장례지도학과 학생들의 경우 조부모나 부모 등 가까운 가족, 친지의 장례를 직접 경험한 학생과 그렇지 않은 학생들 간에는 많은 차이를 보였습니다. 홍 선생님도 호스피스 활동을 하시면서 죽음을 경험해 본 사람과 그렇지 않은 사람은 차이가 있는 것을 느끼셨을 겁니다. 학생들에게 장례지도학과 입학 동기를 물었더니 가족이나 가까운 친지의 죽음과 장례 경험이 학과 선택에 영향을 주었다고 합니다. 장례 경험을 통해 죽음이란 무엇인가에 대해 성찰할 기회를 가졌는가 하면, 죽은 자를 염습하고 입관하는 일이 매우 성스럽고 중요한 것 같은데 그 일을 가족이 아닌 남의 손에 맡기는 게 싫었다는 답변을 하기도 합니다. 「굿바이」라는 일본 영화에서 장의사가 고인의 얼굴을 곱게 메이크업하는 장면이 나옵니다. 이런 서비스는 현재 우리 나라에서도 이루어지고 있습니다. 일본이 장례 분야에서 우리보다 앞선 부분이 있지만 우리와 비슷한 양상을 보이고 있습니다. 고령화, 1인 가구의 증가와 같은 사회변동으로 장례 관행이 많이 바뀌고 있지요. 최근 일본 규슈 지역을 방문할 기회가 있었는데 장례 관행이 많이 변하고 있는 것을 실감할 수 있었습니다. 후쿠오카의 전통 있는 유명 장례식장 사장과의 면담에서 일본인의 장례 기간이 점점 짧아지고 있는 현상을 확인할 수 있었습니다. 일본에서도 대개 3일장을 많이 했는데 장례 기간을 줄여 직장(直葬)을 하는 사례가 최근 빠르게 증가하고 있다고 합니다. 이런 문제를 『조선일보』에서 이미 소개한 적이 있었지요. 우리나라는 현재 사망자의 주검을 장례식장으로 운구해 와서 보건위생적으로 안치하기 위해 냉장 안치실을 사용합니다. 그런데 제가 방문했던 그 장례식장은 안치실이 별도로 있지 않고 작은 방에서 염습과 입관을 한다고 하더군요. 노인이 돌아가셨다는 연락을 받으면 바로 시신을 운구해 와서 염습하는 작은 방에 모셨다가 다음 날 바로 화장(火葬)하기 때문이지요. 도쿄, 오사카 등 대도시에서는 미국처럼 시신을 임바밍(embalming)하는 사례가 늘고 있다고는 하지만 직장하는 사례가 상당히 많다고 하는데 고령화 사회가 겪는 사회현상으로 보입니다. 현재 일본은 대체로 화장장에 장례식장이 병설되어 있습니다. 시설을 방문하여 관계자에게 장례에 참석하는 친지나 조문객이 얼마나 되는지 물어보니 과거에 비해 현저히 감소하고 있다고 합니다. 일본에서도 과거에는 장례 기간에 밤을 새우는 관행이 있었지만 현재는 거의 없어졌다고 합니다. 우리나라에서도 문상객들이 밤을 새우는 관행이 도시에서는 거의 사라졌다고 봐야지요. 일본에서는 이미 1990년대 들어오면서 핵가족화, 고령화로 인해 장례에 대한 일본인들의 생각이 많이 달라졌습니다. '산이 움직였다.'라는 표현을 할 만큼 묘제에도 변화가 왔으니까요. 일본인들은 화장해서 가족묘에 안치하고 후손들이 그 묘지를 승계하는 관습을 유지했는데 승계할 후손이 없는 경우 불가능하지요. 그뿐 아니라 많은 노인들이 오랫동안 홀로 살고 있는데다 자식이 있다 하더라도 그들도 이미 고령자라 장례 치르는 것도 부담이 되지 않겠어요? 거기다 경기 불황 등 사회적인 요인들이 겹쳐 아주 소박하게 가족 중심으로 장례를 치르는 게 요즘의 추세인 것 같아요. 규슈 지방에 갔을 때 장례에 참여하는 인원이 얼마나 되는지를 물었더니 20~30명 정도로 가족 중심의 장례가 대세라고 하였습니다.

최　　어차피 문상객들이 안 오니까 바로 다음 날 화장하는군요.

박　　1990년대 초부터는 묘를 계승할 사람이 없으니까 산이 움직였다는 표현을 한 겁니다. 일본의 사회학자인 이노우에 하로우 교수가 한국에 와서 그런 이야기를 했습니다. "지금 일본에는 독거노인들이 많다. 그래서 고독사 문제가 생기는데 이를 해결하기 위해서는 미리미리 죽음을 준비하기 위한 엔딩 노트를 가지고 있어야 한다."고 말입니다.

최 엔딩 노트가 어떤 건가요?

박 내가 죽은 다음에 생길 수 있는 많은 문제들을 자기 자신이 미리 노트에 써 놓는 것이지요. 이전에는 이런 것들을 가족들이 해 주었지만 혼자 살면서 가족들과 연락이 안 되는 사람들은 이렇게 사후를 준비하라는 것이지요. 예를 들어서 집, 전기, 수도, 가스, 유품 정리, 행정 처리, 감사장, 명단 작성, 부고 대상 등등에 관해 소상히 적어 놓아 제3자가 와도 진행할 수 있게 충분한 정보를 남기라는 것이지요. 아마 앞으로의 장례 문화는 이 엔딩 노트 때문에 전 세계적으로 많이 바뀔 것 같습니다.

이 엔딩 노트라는 말 괜찮게 느껴지네요. 유언장과 사전의료의향서의 중간 단계쯤 되는 것으로 보이고요.

전 어떤 사람이 혼자 사는데 상조 회사에 꼬박꼬박 돈을 내는 것을 본 적이 있습니다. 죽음 뒤를 대비하는 것이겠죠.

홍 엔딩 노트는 꼭 필요한 것 같습니다. 경제적으로 어렵지 않아도 혼자 사는 사람의 비율이 높아지고, 당사자에게 자녀들이 있다 해도 부모의 사망 시 자녀들이 관여하지 않으려 하니까 무연고자 처리하는 경우가 많습니다. 서울시의 기초 생활 수급권자 같은 경우에는 장례비(장제비) 50만 원이 나오므로 무연고자나 독거인의 경우에 그 금액 내에서 모든 장례를 끝까지 해결할 수 있도록 하고 있습니다. 가족이 있다 하더라도 뒷처리하기 싫어서 안 찾아오고…. 점점 그런 비율이 늘어나고 있습니다.

최 우리에게 닿아 있는 아주 실존적인 이야기이네요. 이야기의 초점을 죽음교육으로 다시 돌려 본다면, 죽음교육을 할 경우 무엇보다도 현재 한국인들이 죽음교육을 받고 싶어도 받을 데가 없다는 게 큰 문제입니다.

전　죽음교육에는 계기가 필요할 겁니다. 저는 대만에서 공부했기 때문에 그쪽 사정을 좀 압니다. 대만의 경우 계기가 있었습니다. 1999년 1,500여 명의 사상자가 발생한 대지진이 일어난 후 죽음교육에 대한 관심이 부쩍 높아졌습니다. 민·관의 노력 결과 마침내 대만 교육부에서 7차 교육과정에 생명교육을 넣었죠. 그 생명교육 안에 죽음이 들어갔는데 정규교과에 들어갔다는 것은 높이 평가할 만합니다. 그리고 슬픈 얘기지만 일본도 쓰나미로 인한 원전 사고를 계기로 죽음교육에 변화가 올 것입니다.

최　같은 맥락에서 우리나라의 천안함 폭침 사건을 이해할 수 있겠습니다. 이런 비극적인 사건을 통해 한국인들도 죽음교육을 새롭게 이해할 수 있지 않을까요? 또 유족들의 사별이나 애도의 슬픔 등과 같은 문제는 어떻게 해야 할지 총체적인 반성이 필요합니다.

전　맞습니다. 천안함 사건 같은 것은 좋은 계기가 될 수 있었는데 진위 논쟁에 묻혀 버렸죠. 안타까운 일입니다.

박　천안함 사건 말씀을 하시니까 저희 학과 학생들과 관련된 일이 있어 소개해 드리고 싶군요. 천안함 폭침 사건으로 희생된 장병들 시신의 위생 처리를 위해 재학생은 물론이고 졸업생들까지 나섰지요. 아무 대가 없이 순수하게 자원봉사를 자청했습니다. 비극적인 일을 당한 유가족들의 슬픔을 조금이라도 위로하기 위해 국민으로서의 도리를 다하겠다는 마음이었지요. 깊은 해저에서 건져 올린 시신이라 상상하기조차 두려운 상태였다고 합니다. 장례를 치르기 위해 훼손된 시신을 유가족이 보고 충격 받지 않도록 복원하고 메이크업하는 등의 정말 어려운 일들을 맡아 잘 해냈습니다. 그 당시 유가족들은 분노와 슬픔이 극에 달해 있어 우리 학생들에게까지 분노를 표출했다고 합니다. 영결식에 저도 참석했는데 그때 끝나고 나서는 유가족 대표가 학생들에게 진심으로 감사하다는 인사를 하더군요. 그런 기회에 많은 국민들이 죽음에 대해 깊이 생각해 보면 좋겠지만 나에게 닥친 일이 아니고 남의 일이라 금방 잊어버리게 되지요. 그러나 학교에서 정책적으로 죽음교육을 한다면 충분히 가능한 일이라 생각합니다. 제가 1999년에 포철교육재단 소속의 광양초등학교에서 주최한 죽음교육에 참여한 적이 있습니다. 학교에서 어린이들에게 장묘교육의 일환으로 묘지 공원을 직접 방문하도록 했더니 무서워하지 않고 교육 효과가 아주 좋았다고 합니다. 그래서 이런 교육 결과를 참고하여 『다솜이의 장묘 문화 여행』이라는, 만화로 된 죽음교육 교재를 발간했었습니다. 그뿐 아니라 학부모 및 교직원 대상으로 토론회를 열기도 했지요. 지금도 그 교육 프로그램은 계속되고 있다고 알고 있습니다. 학교 현장에서 뜻을 가진 소수의 교사들이 죽음교육을 개별적으로 하고 있는데 확대되지 않아 아쉽습니다.

정　　죽음교육을 확산시킬 수 있는 아주 좋은 아이디어가 있는데, 그건 아주 간단합니다. 수능 시험에 죽음교육과 관련해 두 문제만 내면 됩니다. (일동 웃음) 그러면 고등학교에 죽음교육이 쫙 퍼질 겁니다.

박　　대학 입시에서 우리 학과 지원자의 면접 시 장례 전공과 관련하여 어떤 책을 읽어 보았는지 물어 보면 주로 엘리자베스 퀴블러 로스의 『인생수업』, 그리고 영국의 유명한 장의사 배리 앨빈 다이어의 자서전 『관을 떨어뜨리지 마라』를 말합니다. 저도 1학년들에게 다이어의 책을 읽고 독후감을 쓰도록 합니다. 아직 죽음이나 장례에 대해 이해가 부족한 신입생들에게 이 책은 온갖 다양한 죽음과 그 죽음을 다루는 자의 소명을 알게 해 주지요. 모든 죽음이 평등하고 존엄하게 다루어져야 한다는 것, 그리고 살아 있는 자들이 정성을 다해 장례를 치러야 한다는 것 등 이 책을 읽고 나면 학생들이 많은 것을 느꼈다고 말합니다.

최　　저도 가끔 죽음에 대해 강의를 하는데 실망스러웠던 것은 청중들이 관심을 갖는 것은 죽음 자체에 대한 것이 아니라 유언장이나 사전의료의향서 작성이라는 것입니다. 자기 자신의 삶을 좀 더 철학적으로 혹은 종교적으로 성찰하는 것이 아니라 자기의 재산 분배나 몸의 치료에만 관심이 있는 거예요. 그래서 퀴블러 로스가 말한 것처럼 죽음은 마지막 성장의 기회라고 대놓고 강조를 해도 그런 것에는 별 관심이 없어요.

정　　3년 전에 의대 후배 교수가 이런 말을 하더군요. 7살 먹은 딸이 사람이 죽으면 어떻게 되냐고 물어봐서 막 야단을 쳤다는 거예요. 그런데 생각해 보니까 자신이 잘못한 것 같다고 고민하길래, 외국 번역책인 『우리 아이가 죽음에 대해 물어보기 시작했어요』(마리 엘렌 랑베르 저, 프리미엄 북스)라는 책을 권해 줬지요. 일본의 어느 고등학교에서는 일 년에 죽음교육을 열두 시간 정도 한다고 해요. 처음은 반려동물의 죽음부터 시작해서 자신의 죽음이 얼마 안 남았을 때 해야 할 일이라든가, 자살 문제, 장기이식 문제 등을 다룬다고 합니다. 죽음교육에 관해서 우리가 희망이 별로 없어 보이긴 해도 어렸을 때 조금씩 하면 금방은 안 되더라도 어느 정도는 가능하지 않을까 합니다.

전   유럽 초등학생의 경우를 보니까 새가 한 마리 죽었을 때 장례식을 하고 묻어준 다음 아이들로 하여금 애도의 노래도 부르게 하는 등 죽음교육을 아주 자연스럽게 하더군요. 또 박물관에 가서 복제 동물과 살아 있는 동물을 비교하며 삶과 죽음에 대해서 얘기하더라고요. 캐나다 중학교 1학년 수업을 보니 선생님이 학생들에게 '자살을 한다면 어떻게 하고 싶니?' 라고 묻더라고요. 목을 매는 방법이라든가 떨어져 죽는 방법 등등 그런 것에 대해 이야기하다가 자연스럽게 삶과 죽음의 문제로 옮겨 가더군요. 우리나라에서 그랬으면 난리가 났을 거예요.

정   서울에 답사여행 온 경상남도 합천의 중학생 13명을 대상으로 인류의 의료 발전사와 죽음을 어떻게 볼 것인가에 대해 근사체험을 중심으로 강의한 적이 있어요. 그런데 전날 밤새워 컴퓨터를 한 탓인지 9명은 자고 4명은 눈을 말똥말똥 뜨고 열심히 듣더군요. 인솔교사한테 나중에 들어보니 네명 중 한 아이가 얼마 전 부모와 사별을 했다더군요. 여행을 마치고 귀가한 아이들이 뭐라고 얘기했는지 모르겠지만, 그 부모들이 자신들도 그 강의를 듣고 싶어 했다는 말을 전해 듣고는 일정을 잡았는데, 구제역이 터지는 바람에 무산됐죠. 어리면 어린 대로 그 눈높이에 맞춰 죽음교육을 해 나간다면 인식이 조금씩 나아지리라 생각합니다.

이   중학교 때 생각이 나는데요, 생물 시간에 작은 금붕어를 해부해 관찰한 적이 있어요. 부레가 어떻고, 심장이 어떻고 하며 두려움 반 신기함 반의 느낌으로 실험했지요. 그런데 정작 실험이 끝나고 나서가 문제였습니다. 저는 금붕어 시체를 땅에라도 묻어 주어야 하지 않을까 싶었는데, 수업 종료 종소리를 듣고 나니 다들 급한 마음에 너나 할 것 없이 적당히

종이에 싸서 그냥 쓰레기통에 버렸던 기억이 납니다. 그때 생물 선생님이 금붕어 시체를 처리하는 과정까지 죽음의 의미를 담아 살짝이라도 얘기해 주셨더라면 그 나이에 맞는 좋은 죽음교육이 되었을 텐데, 그 선생님도 그런 생각에까지는 미치지 못했던 것 같습니다. 내가 해부했던 금붕어 시체 모습이 지금도 떠오르네요. 평상시 교사가 죽음에 관한 생각을 가지고 있으면 학생들을 대상으로 죽음교육을 할 수 있는 기회가 제법 있을 것 같습니다.

전　　　나이 단계별로 어떻게 할 것인가가 관건이죠. 서양에는 이런 예가 많습니다. 그런데 국내에 적용하려면 어떻게 해야 할지 고민이 됩니다.

정　　　죽음과 관련해 서는 안 되는 말이 있지요. '착한 분이라 하느님이 먼저 데려갔다.' 같은 겁니다. 이런 얘기를 하면 안 됩니다. 아니 그럼 오래 사는 사람은 착하지 않은 사람인가요? 이렇게 이야기하면 아이들이 헛갈립니다. '먼 데로 여행 떠났다.'고 하는 것도 문제가 많습니다. 아이가 배신감을 느껴요. 왜 내게 말도 안 하고 떠났냐고 말입니다. 그래서 정확하게 있는 대로 말해 주어야 합니다. 예를 들어 고모 장례식에 가서 애가 '고모는 언제 오느냐?'고 물으면 고모는 먼 데로 여행 가서 안 올 거라 하지 말고 죽었기 때문에 이제 못 온다고 정확하게 말해 주어야 합니다. 이상은 번역서인 『아이와 함께 나누는 죽음에 관한 이야기』에 나오는 내용입니다. 이 책을 읽고 나서 어린이들에게 죽음을 어떻게 이야기하는 것이 좋을지에 대해서 균형잡힌 시각을 얻을 수 있었습니다.

홍　　　죽음교육에 관해서 정책적으로 제안하거나 법인체를 구성하지는 못하더라도 NGO들끼리 죽음교육과 관련된 학술 대회같은 것을 정기적으로 한다면 발전하지 않을까 싶네요. 이런 것들은 우리 죽음학회에서도 할 수 있고 조금 뜻있는 몇 분이 일 년에 한 번이라도 모여 보면 논의가 모아지지 않을까 싶습니다.

전　그런데 한국에서는 단체가 모인다는 게 쉽지 않죠.

박　소규모 모임에서도 죽음 관련 논의가 예전에 비해 편안하게 이루어지는 편이기는 합니다. 금방 확산은 안 되더라도 적어도 죽음과 관련한 주제를 놓고 자연스럽게 이야기하는 사회 분위기가 형성되었다고 느낍니다. 여러 모임에 갔을 때 이 주제를 꺼내서 함께 얘기하는 것이 과거보다 훨씬 편해졌거든요.

최　죽음교육과 연관해서 간략하고 세분화된 문서 자료를 우리가 만들면 좋다고 생각되는데 그것을 만드는 일이 가능할까요?.

박　우리들 힘만으로 부족하다면 세대별로 관심 있는 분들을 영입해서 소위원회를 구성하고 작업을 함께 하는 것도 뜻깊은 작업이 될 거라고 생각합니다.

이　그런 책은 사람들이 부담 없이 손에 넣을 수 있게 작은 분량으로 만들면 좋겠어요. 잘 죽어야 하는 이유는 잘 살기 위한 것이라는 등의 내용이 들어가야 하구요. 그러니까 반드시 삶과 연관시키자는 것이지요. 그리고 주체적으로 성찰할 수 있는 능력을 키워 주는 책이어야 합니다. 그런 얘기를 하다 보면 필연적으로 종교나 철학의 문제와 연결되고, 삶의 근원이나 시원에 대한 언급이 포함되어야 합니다. 또 내세에 대해 이야기해야 하고…. 이런 것과 더불어 여러 종교나 경험자들이 실토하는 사후에 관한 증언도 추려서 어록 만들 듯이 하면 좋겠습니다. 종교적 문구도 단순히 경전 발췌 수준이 아니라 연구자들 자신이 소화해서 연구자 자신의 언어로 정리해 줘야 하구요. 우리 주위에는 죽음에 대해 생각하게 해 주는 사건들이 많이 발생하고 있습니다. 친한 지인의 죽음은 말할 것도 없고 반려동물의 죽음 같은 것도 당연히 그렇습니다. 더 특별한 사건은 2010년에서 2011년 사이에 있었던 대규모 구제역 사건이에요. 구제역이 발생하자 사람들은 전염을 막는다며 발생 지역 인근에 있던 멀쩡한 돼지와 소 약 400만 마리를 땅에 생매장해 버렸습니다. 땅속에 매몰되었는데도 틈새에 끼여 미처 죽지 않은 돼지들이 밤새 끼역댔답니다. 매몰 작업을 했던 인부들이 그 소리를 듣고는 오랫동안 괴로워했다지요. 생각해 보면 얼마나 끔찍한 일인가요. 그 장면을 생생하게 기록한 동영상을 가지고 있는데요, 문제는 이 잔인한 사건을 두고 우리 사회가 별 교훈도 얻지 못한 채 그냥 넘어갔다는 사실입니다. 저 개인적으로는 이 사건에서 생명에 대한 인간중심주의의 문제를 지적하기도 하고, 이럴 때 죽음의 의미를 깨닫는 기회로 삼아야 한다며 학생들에게 강의하기는 했지만, 죽음학회 차원에서 적극적으로 대응하지 못했던 게 좀 아쉽더라구요. 우리 사회는 죽음 문제에 관해 이렇듯 무관심한 편입니다. 그러니 사는 게 사는 게 아니지요. 동물의 죽음까지 포함해서 죽음 관련 사건이 났을 때 때맞춰 생명을 성찰할 수 있게 하고, 자기의 삶을 반성할 수 있게 하는 장치가 여러 가지 차원에서 미리 마련되어 있으면 좋겠습니다.

박 생명의 존귀함은 동물을 통해서도 배울 수 있다고 생각합니다. 서양에 가면 반려동물이 죽었을 때 사람과 똑같이 장례를 치러 주는 것을 볼 수 있습니다. 반려동물 전용 묘지가 있기도 하고 사람이 묻히는 묘지

공원 내 반려동물 묘역이 함께 있기도 합니다. 10여 년 전 유럽에 갔을 때 반려동물 장례식장 겸 화장장을 방문할 기회가 있었습니다. 주택가에 있었는데 놀랍게도 사람들이 이용하는 시설과 똑같았습니다. 물론 규모는 작았지만 사람의 장례와 같이 진행되고 있었고 회관 뒤편에는 묘지까지 있었습니다. 도자기로 만든 반려동물이나 장난감 등 묘지 장식물로 사람의 묘지처럼 꾸며져 있더군요. 비록 사람이 아닌 동물이지만 생명을 귀하게 여기는 문화가 우리와 많이 다르다고 느꼈습니다. 우리나라에서도 최근에 반려동물 화장과 납골당까지 생겼다고 하는데 아직 제도나 관련 법률이 미비한 현실입니다.

정　　저는 반려동물의 임종 경험을 2009년 가을에 했습니다. 중국산 시추 견이었는데 14년 살았으니까 인간으로 치면 100세가 되는 겁니다. 이 개도 사람들과 똑같더군요. 죽기 6개월 전부터 주위에 관심이 없어지고 먹는 것에도 관심이 없고 그저 잠만 자더라고요. 기력이 쇠하는 걸 알고 준비를 한 겁니다. 그러다가 자기 태어난 날 즈음한 어느 가을날 저녁 서서히 숨이 끊어졌습니다. 가족들과는 임종이 임박했을 때 동물병원에 데려가지 말고 편안히 집에서 떠날 수 있게 하자고 미리 얘기를 나눴었구요. 전화하면 집까지 와서 사체를 실어가기도 한다지만, 마지막을 직접 해 줘야 한다는 생각에 가족들이 함께 미리 알아 둔 경기도 김포의 반려동물 화장터에 가서 화장을 했습니다. 그곳에는 반려동물을 위한 납골당도 설치돼 있었고 세상을 떠난 반려동물을 기리는 편지를 써서 리본처럼 묶어 놓을 수 있게 커다란 나무도 따로 마련돼 있더군요. 후일 화장터 사장님에게 엘리자베스 퀴블러 로스 박사의 『사후생』도 한 권 선물했습니다. 죽을 때 몸무게가 5kg 밖에 되지 않아 화장 후의 유골이 간장 종지 만한 작은 그릇에 들어갈 정도였습니다. 유골함을 집으로 가져와 3주일 가량 거실에 상청을 차려 놓고 애도의 기간을 가졌습니다. 키우던 개의 사진 앞에 평소 좋아했던 음식도 놓아 주고 '무상계' 도 읽어 주곤 했습니다. 지금은 장성한 두 딸들의 성장 과정에 영향을 많이 준 반려견이었기에 가족들이 눈물도 흘리고 하는 사별과 애도의 과정을 치렀습니다.

전　　우리나라에서는 예전에 개가 죽어서 애가 울면 "한 마리 또 사 주면 될 거 아냐?"라는 식으로 달랬지요. 또 실제로 사다 주고 말입니다. 이런 무심한 생각들이 생명에 대한 경시를 조장한다는 것을 사람들은 잘 모르는 것 같습니다.

박　　동물 화장에 대한 규정이 미비하고 또 국민들의 인식 문제도 있어 아직도 반려동물이 죽으면 쓰레기와 함께 버리는 경우가 많은 게 현실입니다.

전　　개 버리는 것은 대만도 유명합니다. 개 피부병이 많아서요. 특히 넓은 대학 캠퍼스가 '개판' 입니다. 최근 학생들이 관심을 가지고 보호 운동을 벌이는 현상이 늘고 있답니다.

최　　근사체험에서 보면 애완견과 함께 가다가 사고를 당해 둘 다 죽으면 개의 주인이 애완견의 혼이 있는 걸 느낀다고 하더군요. 죽은 다음에도 같이 있나 봅니다.

정　　미국 드라마를 보면 동물들이 죽은 다음에 지박령(땅에 박힌 령)이 되어 떠나지 못하는 것을 주제로 만든 것이 있습니다. 그런데 죽은 사람의 영혼이 영계로 가지 않을 경우에는 설득을 하면 보낼 수 있는데, 개는 설득할 방법이 없는 거예요. 그래서 저승으로 가는 빛의 통로를 만들어 준 후 공 같은 걸 던져서 그 빛 안으로 들어가게 하는 겁니다. 이것은 지박령을 볼 수 있는 능력을 가진 사람(미국의 원코우스키 같은 사람)에 관한 이야기입니다. 이 사람은 두 살 때부터 영혼들을 보기 시작했어요. 외할머니나 엄마도 같은 능력을 갖고 있었죠. 서양 유령 이야기이긴 한데 주제는 사랑과 용서입니다.

최 죽음에 관한 철학이나 죽음교육 필요성을 어떤 식으로 알리죠? 게다가 교재를 만드는 건 더 힘듭니다. 한번 만나는 것도 어려운데요.

박 한꺼번에 모든 연령대의 사람들을 대상으로 삼는 것은 쉽지 않다고 생각합니다. 그러니 세대별로 천천히 하되 당장은 노인 세대를 대상으로 하는 게 좋을 것 같아요.

최 그런데 제가 노인대학에 가서 10여 차례 강의해 본 경험으로는 노인들이 죽음을 그다지 화급하게 생각하지 않는 것 같은 느낌을 받았습니다. 그 대신 무엇을 해야 할 줄 모르고 그냥 하루하루 살아가는 것 같았어요. 노인대학의 교과 과정을 보면 춤추고 노래하는 것은 많은 반면 인생을 되돌아보게 하는 죽음교육 관련 과목은 거의 없었습니다. 그러니까 소일거리로 대학에 나오는 것이지 인생을 잘 정리하고 죽음을 잘 맞이하자는 그런 의도는 아닌 것 같았습니다.

홍 그래도 수요는 노인층이 많을 듯합니다.

박 저는 2000년대 들어와 우리 사회가 죽음에 관한 논의를 드러내 놓고 하게 되었다는 것을 여러 경험을 통해 실감할 수 있었습니다. 어느 노인복지관에서 노인 대상 특강을 하였는데 그날 영정 사진 전달식이 있었어요. 누군가 갑자기 죽게 되면 영정 사진이 없어 졸업 앨범 속 사진이나 서류용 명함판 사진을 확대해 사용하는 경우가 많았지요. 연세 드신 분들이라 하더라도 예전에는 영정 사진을 미리 준비해 두는 경우도 드물었으니까요. 그런데 그 복지관장은 죽음 준비 교육에 대한 철학을 가지고 있어 교육 프로그램을 만들고 적극적으로 실시했지요. '영정 사진 미리 준비하기'도 그 중 하나였습니다. 사진 촬영은 그 지역 저소득층을 위한 동네 사진관 주인들의 자원봉사로 이루어졌고요. 영정 사진을 받은 노인들이 아주 좋아하고 흐뭇해하는 모습이 참 보기 좋았습니다. 또 영정 사진과 관련해 한 가지 말씀드릴 게 있어요. 장례식장에 가보면 영정 사진 가장자리에 검정 리본이 매어 있는데요. 저는 그게 아주 싫답니다. 어차피 빈소에 놓여 있는 영정사진은 고인의 것이니 굳이 죽음을 상징하는 검정 리본을 맬 필요가 없다는 생각이지요. 이것도 일제의 유습이라고 하더군요.

정 여러분들은 영정 사진을 찍어 뒀나요? 저는 증명사진을 확대하는 것은 볼품이 없어서, 디지털 카메라로 찍었습니다. 넥타이도 안 매고, 포도주 잔 들고 찍어 뒀습니다(일동 정 교수의 영정 사진을 돌려보며 잠시 담소를 나눔).

박 옛날에는 어른들 앞에서 죽음 이야기를 하는 것 자체가 불경스러운 일이었지요. 그러니 영정 사진 미리 준비할 수 있는 분위기가 아니었다고 생각합니다. 그러나 지금은 분위기가 바뀌어 어른들이 먼저 제안하여 영정 사진을 미리 준비하는 추세가 되었지요. 요즘에는 장례 치르는 전 과정을 촬영해서 후손들에게 물려주기 위한 기록물로 보관하는 가정이 늘고 있다고 합니다.

홍　　그것뿐만이 아닙니다. 고인 생존 시의 동영상이나 유언, 사진 영상을 틀어주는 곳도 있습니다.

이　　〈한국죽음학회〉에서 삶과 죽음에 관한 철학을 먼저 정립하고 거기에 근거해서 다양한 종교의 상장례들을 집약한 뒤 한국식 상장례 모델을 하나 만드는 프로젝트를 추진하면 좋을 듯합니다. 이것도 저것도 맘에 안 드는 사람들이 알아서 자신의 상장례를 디자인할 수 있게 몇 가지 사례와 적절한 기준을 제시해 줄 수 있으면 좋겠습니다. 그리고 죽음 준비 교육은 현실을 진단해 가면서 진행해야 합니다. 여느 한국 사람들이 들어도 동의할 수 있는 죽음의 의미를 담아야 합니다. 삶, 전생, 내생을 포함해서 죽음 전후의 문제에 대해 가능한 대로 객관적 데이터를 확보하고서 죽음 준비 교육의 컨텐츠를 확보해야겠지요. 본인으로 하여금 죽음 및 죽음 전후를 인식하게 해 주는 교육적 장치를 마련해 주는 것이 학회가 할 일이라고 생각합니다. 단순히 기존 사례를 나열하거나 제시하는 것보다 죽음의 근본적 의미를 해석해 주는 일이 필요합니다. 예를 들어서 공자의 사생관, 석가의 사생관, 예수의 사생관은 물론 최준식의 사생관, 정현채의 사생관 등을 모아놓고 다 추려 봤으면 좋겠습니다. 어떤 부분이 공통점이고, 어떤 부분이 우리 시대에 설득력 있는지 제대로 따져 보았으면 좋겠습니다. 그래야 현대인들이 죽음을 요즈음 시대에 맞게 이해한 뒤 삶에 대한 강한 집착은 내려 놓고 사전의료의향서 같은 것도 자연스럽게 쓰게 될 뿐만 아니라 저마다의 죽음 철학도 확립할 수 있지 않을까 싶어요. 이를 위해서 석가나 예수는 물론 죽음 관련 철학자나 사상가들이 남긴 죽음에 대한 이야기들을 A4 한두 장 정도로 정리한 다음 토론해서 녹여 내는 작업을 해 놓으면 「한국인의 죽음 준비 가이드라인」의 기초가 형성되지 않을까 싶습니다. 죽음 철학을 먼저 정리하는 것이 시급합니다.

박   우리 학과 과목에는 「장례와 종교 의례」가 있어요. 학생들 가르칠 때마다 각 종교에 대해 관심을 가질 것을 권장하는데 요즘 젊은이들은 관심이 너무 없어요. 절이나 교회, 성당 등에 다니는 학생도 별로 없는 실정입니다.

이   기존 종단에서도 죽음에 대한 반성적 성찰이 별로 없고 죽음 자체도 오늘의 시대에 어울리거나 실존적이기보다는 교리적으로 접근하는 경향이 크기 때문입니다. 종교 단체의 사생관이 좀 척박합니다.

전   대만에서 작자, 철학가, 심리학자 등 23명이 청소년 대상으로 각자의 삶과 죽음에 대한 생각을 써서 책을 냈는데 관심이 매우 높았습니다.

박   1999년에 있었던 일인데요. 당시에는 납골당이란 시설이 우리 국민들에게는 친숙하지 않던 시기였지요. 서울시립묘지에 있던 납골당에 참배객들이 고인을 추모하는 글을 끼워 놓은 걸 본 시설 관리자들이 좋은 아이디어를 냈는데 비망록을 비치해 두는 것이었어요. 그랬더니 많은 사람들이 진실한 마음을 담은 글을 남겼고 그 글은 고인에게 쓰는 순수한 글이라 서울시설관리공단에서 책을 내기로 했지요. 당연히 글을 쓴 유가족들의 동의를 받았는데 호응이 아주 좋았습니다. 매스컴에 소개되어 출판사를 통해 출간된 『눈물의 편지』는 당시 주간 베스트셀러가 됐을 뿐만 아니라 대만에서도 이 책을 번역해서 출간한 적이 있습니다.

최   아, 그 책은 저도 읽어보았습니다. 읽다 보니까 저도 눈시울이 붉어지더라고요. 그런데 대만에서 이렇게 죽음에 대해 관심이 있는 것은 아까 말한 지진 말고 또 다른 요인이 있나요?

전 네, 마침 지진이 났을 때 대만 생사학의 대부라고 일컬어지는 부위훈(미국 명은 Charles Fu) 교수가 암에 걸린 후 자신의 죽음의 여정을 쓴 책이 큰 반향을 일으켰습니다. 이후 부 교수의 노력으로 대학에 죽음학 관련 학과까지 만들어졌지요.

최 아, 찰스 푸 교수요? 미국 유학 시절 제 지도교수였지요. 미국에서는 그의 미국 이름인 '찰스 푸' 라고 불렀지요. 그분이 암에 걸린 건 제가 미국을 떠난 뒤라 모르고 있었는데 전 선생님이 그의 책을 번역한 걸 보고 알았습니다. 『죽음, 그 마지막 성장』이라는 제목으로 출간되었지요? 저도 감명 깊게 읽었습니다.

정 원로 민속학자인 김열규 교수가 쓴 『메멘토 모리, 죽음을 기억하라』를 보니까 이런 내용이 있더군요. 지방에서 호스피스 사업을 운영하는 여러 수녀가 고민을 가지고 김열규 교수를 찾아 왔답니다. 자신이 돌보는 환자들은 영세도 받고, 그래서 천국이 보장된 거나 다름없어 걱정이 없을 것 같은데 죽음에 대한 불안과 공포를 심하게 갖고 있었다는 거예요. 그래서 그 공포를 좀 덜어 줄 수가 없겠느냐고 물은 거지요. 환자들의 믿음이 부족한 때문도 있겠지만 수녀들 봉사가 부족한 게 아니겠느냐고 하면서 전통 문화에서 해결책이 없는가 하고 찾아온 겁니다. 제가 보기엔 전혀 없습니다. 해결책은 이찬수 교수가 말씀하셨듯이 인간의 정체성에는 육체적인 것만이 아닌 비육체적인 것이 있다는 걸 알려 주는 것이 필요합니다. 인간은 죽음 뒤에 소멸하는 것이 아니라는 것을 알려 주어야 합니다.

이 　신약성서학자 로핑크의 『죽음이 마지막 말은 아니다』라는 책의 제목처럼, 육체의 죽음이 마지막일 리가 없겠지요. 설령 죽음이 끝이라 생각하는 사람에게도 죽음을 염두에 두고서 삶의 의미를 통찰하게 해 주는 가이드라인이 나와야 웰다잉이 마무리되는 것이겠지요. 그래야 참으로 삶을 깊이 있고 주체적으로 경험하게 되는 거니까 말입니다.

박 　누구든 생을 마감하기 전에 마지막으로 가족들에게 "고맙다.", "가족들과 함께 해서 참 행복했다"고 말할 수 있는 사람이 얼마나 될까요? 그렇게 해야 좋은 죽음이라고 할 수 있을 텐데 그런 환자가 얼마나 될까요?

홍 　제가 현장에서 경험한 바로는 한 30% 정도는 그렇게 하시는 것 같습니다. 특히 종교를 제대로 믿었던 분들이 그렇습니다. 그러나 평소에 죽음을 접했던 분들이나 종교가 없다 해도 죽음은 자연의 섭리다-사람은 한번 나면 떠나는 거다-라고 자연스럽게 생각하는 분들도 이런 임종을 맞이하더군요. 분명히 종교를 가진 사람은 덜 불안해 하고 종교가 없는 분은 더 불안해 하는 경향이 있습니다.

박 　아무래도 죽음에 대해 미리 경험할 수 없어 공포감을 가질 수밖에 없는데 이를 종교가 많이 해결해 준다고 봐야겠지요.

홍 　저희들도 사후생을 언급하긴 하지만 경험해 본 게 아니라 잘 모르겠습니다. 조금은 도움이 되는 것 같은데, 근원적으로는 죽음의 불안을 해소시켜 드리기가 임종에 촉박해서는 어렵습니다.

전 　제 생각에는 컴퓨터에 자기 글을 올릴 수 있는 난을 만들어서, 자기 정화를 할 수 있는 공간이 있으면 좋겠어요. 캐나다 캘거리에 가보니까 신문 주말판에 돈 내고 자기가 하고 싶은 얘기를 실을 수 있게 되어 있더군요. 자신이 임종을 맞아 자식이나 지인들에게 하고 싶은 말을 남기거나, 죽은 이를 그리며 애도의 글을 싣는 거예요.

홍   사별 가족들 역시 큰 문제이지요. 예전과 달리 우리나라 장례를 보면 발인하고 이틀 뒤에 삼우제를 지내고는 더 이상의 예식을 안 하는 경우가 많습니다. 불교에는 49재가 있지만 그것이 유족들의 슬픔을 많이 경감시키지는 못합니다. 생각보다 큰 슬픔을 그다음부터 감당할 수 없게 되지요. 이때 생기는 우울증은 헤어나기 힘든데, 사회적으로 그 부분에 준비가 없습니다. 사별 가족끼리 만나는 카페가 부분적으로 있지만 건강하게 이끌어 줄 사람이 없습니다. 오히려 상처 받고, 상업적으로나 불순하게 이용될 수 있습니다. 이런 문제를 다루는 홈페이지 같은 것이 있으면 어떨까 합니다.

최   좋은 생각입니다마는 누가 그런 데에 재정을 지출합니까? 그리고 홈페이지 관리는 누가 하나요? 모든 것이 돈과 연관되는데 한국에서 그런 일을 할 수 있는 곳은 정부밖에 없지 않을까요? 이처럼 한국 사회는 죽음과 관련해 대부분의 것이 아직 미비한데 특히 유족들의 슬픔 치유 문제는 거의 방치 상태에 있습니다.

홍   서강대에서는 부부 사별, 자녀 사별을 당한 분들을 위해 8주 프로그램이 있고 모현가정호스피스에서 사별 프로그램이 있긴 하지만 그 수도 너무 적고 종교적인 색채가 강하지요. 종교적인 걸 떠나서 중립적인 프로그램이 필요한데 아직 그런 것이 없습니다.

박   맞습니다. 특히 자살은 가장 충격적인 죽음에 해당되는데 가족의 자살을 경험한 남은 가족들에게는 그것을 극복할 수 있는 프로그램이 반드시 필요합니다. 여러 사례에서 봤다시피 가족들이 충격과 슬픔을 극복하지 못하고 따라서 자살을 하는 가족이 많기 때문이지요. 우리나라에는 자살 예방을 위한 활동을 펼치는 단체들이 있기는 하지만 그다지 큰 도움을 못 주는 것 같습니다.

최　맞아요. 1994년 성수대교 붕괴 사건 때 여중생 딸을 잃은 아버지가 3년 동안 괴로워하다 결국 본인도 자살하고 만 사건이 있었지요.

홍　자살자를 둔 가족들이 자조(自助) 모임을 만들어 서로 돕는다는 기사를 본 적이 있습니다. 청장년은 죽음을 진지하게 생각하기보다는 먹고 사는 데 바빠서 죽음에 대한 관심이 부족하지만, 그들도 사별자가 되면 죽음에 굉장한 관심을 갖습니다. 이들도 친지나 친구의 죽음을 겪으면 죽음과 관련된 최면술이나 사후생, 죽음학 책들을 굉장히 많이 읽게 됩니다. 그런데 그런 것들을 안내하고 모아줄 힘이 부족합니다. 그래서 우리 죽음학회가 할 일이 많은데 그런 이들에게 우리가 별로 도움이 되지 못해 안타깝습니다.

전　사이트를 만들어서 상담을 해야 하지 않을까요?

홍　홈페이지를 만들어서 운영도 해 봤습니다. 수요는 많았습니다. 온라인 상담 요청도 많았지요. 그러나 혼자 감당이 안 되었습니다. 그래서 그룹으로 해야 하는데, 그런데 이런 것들은 최 교수님이 말씀하신 대로 펀드가 있어야 가능한 것입니다.

최　그럴 경우 주로 청장년들만이 접근할 수 있겠지요. 노인들은 인터넷에 약하니까 말입니다. 그런데 우리나라 노인 자살률이 OECD 국가들의 4~5배에 달한다고 합니다. 노인 공경이라면 한국이 세계 제일이라고 알려져 있는데, 그런 한국에서 어떻게 이런 일이 벌어졌을까요?

박   노인들도 물론 죽음을 두려워할 겁니다. 그러나 죽음에 대한 공포보다 경제적인 어려움, 돌봐줄 사람이 없는 것, 그리고 부양의 책임을 지지 않는 자식에 대한 배신감 등이 노인들을 더 괴롭히는 요소들이라 생각합니다. 평생을 힘들게 자식 위해 희생하고 재산도 다 나눠 줬는데 늙은 부모를 돌보지 않으니 자식들에 대한 배신감이 크겠지요. 그래서 노인들은 처지를 비관해서 스스로 목숨을 끊게 되는 겁니다. 그런가 하면 자식에게 짐 되기 싫어 노인들은 자살이라는 극단적인 선택을 하는 경우도 허다합니다. 특히 2000년대 들어와 이런 사례들이 많이 알려지고 있다고 생각합니다. 매스컴에서 보도된 적이 있었던 사례인데요, 노부부가 서로 의지하며 살고 있었는데 중풍에 걸린 할머니를 할아버지가 돌보아 줬지요. 그런데 할아버지가 힘에 부쳐 쓰러졌는데 할머니 앞에서 그대로 돌아가셨어요. 할머니는 몸을 움직일 수 없어 할아버지를 도와드리지도 못했을 뿐만 아니라 굶어서 돌아가셨습니다. 참 안타까운 사건이었지요. 우리나라도 너무 급작스럽게 고령화가 진행되면서 일본처럼 노인들의 고독사가 빈번하게 일어나고 있기도 합니다. 일본은 그나마 노인복지가 우리보다 잘되고 있는데도 고독사가 심각한 사회문제가 되고 있지요. 그래서 지방에서는 그 지역 주민들이 연대하여 매일 홀로 사는 노인들의 집을 점검한다고 들었어요. 전기, 가스 사용여부를 확인해 보면 노인이 잘 지내는지를 알 수 있거든요. 우리나라에서도 독거노인의 죽음이 한참 뒤에 발견되는 경우가 종종 있지요.

정   15년 전쯤에 있었던 이야기인데 장례식장에서 화장장으로 가는 버스 안에서 일어난 일이었습니다. 화장장 가는 버스를 타고 가고 있었는데 고인이 마지막 가는 길이니 버스 안의 전체 분위기가 가라 앉아 있었습니다. 그런데 한 5분쯤 지나자 버스에 있는 TV에 고인의 영상이 나왔습니다. 음악이 깔리고 고인은 조문객들에게 일일이 감사드렸는데 고인 말 가운데 날씨를 거론한 부분이 나옵니다. "날씨가 궂은데도 불구하고 본인이 마지막 가는 길에 이렇게 와 주셔서 감사하다."고 한 거예요. 그런데 어떻게 오늘 날씨가 흐린 줄 알았냐는 겁니다. 날씨에 대비해 각각 다르게 녹화해 놓은 거죠. 참으로 대단한 분이라는 생각이 들었습니다. 그렇게 해서 버스 안의 분위기가 확 달라졌고 모두들 기쁜 마음으로 고인을 화장하고 왔다고 하더군요. 이런 영상들을 찍는 분이 더 없나요?

박   그런 거 신청하는 분이 있다는 이야기는 아직 들어보지 못했습니다. 게다가 찍었어도 틀지 못하리라 생각됩니다. 가족들이 버거워 하겠지요. 가족의 사생활을 공개하는 문화가 아니다 보니까 그런 것 같습니다.

최   그럼 주제를 조금 바꿔서 임종 당시에 어떤 일이 일어나고 어떤 문제가 생기는지 이야기했으면 좋겠습니다.

정   의학적인 지식에 의하면 말기암 환자가 의식이 없어 보여도 청각과 촉각은 가장 마지막까지 유지된다고 알려져 있습니다.

전   네, 죽고 나서 제일 먼저 시각을 잃고 다음으로 촉각이 사라지고….

홍   그런데 한국 사람들은 살아서 눈뜨고 있을 때에는 서로에 대해 차마 얘기하지 못하는 경향이 있습니다. 그래서 저희 호스피스 간호사들은 특별히 고인이 임종이 가까이 되어 의식이 없을 때가 되면 그때라도 늦지 않았으니 하고 싶은 이야기를 하시라고 가족들에게 권합니다. 그때라도 말을 다해야 한이 풀린다고 얘기해 주고 있습니다. 그러나 물론 고인이 눈뜨고 계실 때 이런저런 얘기를 나누는 것이 더 좋겠지만요.

이　　목숨이 끊어지고 나서도 고인을 향해 하고 싶었던 이야기를 하기도 하나요?

홍　　네. 숨이 끊어지고 바로 영안실에 모시기보다는 기도도 하고 못다한 얘기도 하라고 권합니다. 그리고 영혼이 있다고 믿든 안 믿든 사후세계에 대해서 이야기를 해 줍니다. 죽은 뒤에 영혼이 바로 떠나지 않고 머문다고 하니, 한두 시간 정도는 여유 있게 시간을 갖고 고인의 영혼이 주위에 계신다고 생각하고 얘기를 나누시라고 말씀드립니다. 영안실에 막상 가시고 나면 염할 때까지는 뵙지 못하니까요.

최　　그렇지만 고인이 임종한 후 중환자실에는 오래 있을 수 있나요?

전　　대만의 경우에는 몇몇 병원에 '염불실'이라는 방이 있는데 이곳에서 고인이 숨을 거둔 뒤에 8시간 정도 있으면서 고인을 위해 염불을 해 주고 있습니다. 우리나라에서는 죽은 뒤에 시신이 바로 냉장실로 들어가는 게 문제입니다.

박　　그렇죠. 문상을 와도 사실은 시신은 빈소에 없고 영정 사진만 놓여 있죠. 시신은 외롭게 냉장실에 안치되어 있습니다.

이　　영안실에 가도 사실상 고인은 없고 영정만 있지 않습니까? 영안실마다 냉장실을 마련하고 작은 유리문으로 안이 살짝 보이게 해서 문상객들에게 고인에 대한 생생한 느낌이 들게 하면 어떨까요? 문상의 분위기도 사뭇 진지해질 것 같은데 말예요. 문상객들에게도 실질적이면서도 훌륭한 죽음 준비 교육이 되지 않을까요?

최   좀 더 현실적인 방안으로 각 빈소마다 냉장실을 만들면 좋지 않을까 하는 생각이 듭니다. 그런데 한국인들이 그렇게 하지 않는 것은 시신을 옆에 두기 싫어하기 때문 아닐까 하는 생각도 듭니다. 아니면 병원의 편의주의 때문인가요?

홍   암 환자들의 경우는 상황이 예측되다 보니, 요즘 들어서는 가족들이 환자를 중환자실에 모시려고 하지 않는 경우가 많아졌습니다. 중환자실에 들어가서 상태가 악화되면 데리고 나올 수가 없기 때문입니다. 확실히 중환자실에는 소생 가능성이 있는 사람들만 들어가야 합니다. 중환자실에 있는 환자의 모습은 환자 본인도 그렇지만 가족들이 감당하기에도 상당한 고통이 따릅니다.

최   그렇게 가시는 분들 가운데 장기 기증이나 시신 기증하는 분들이 있죠?

홍   네, 원하시는 분들이 있지요. 그런데 암 환자들의 장기는 암세포가 있을 가능성이 있어 기증이 되지 않으며, 시신 기증만 가능한데, 요즘 시신 기증자가 많다 보니 대학 병원에서도 크게 요구하지 않는 상황으로 알고 있습니다.

이   저 개인적으로 장기 기증 문제는 좀 더 생각해 볼 측면이 있다고 생각합니다. 사회적으로 장기 기증 문화를 확산시키려 하고 있는 마당에 무언가 반대하는 듯한 목소리를 내기는 힘든 상황입니다. 하지만 수억 년에 걸쳐 서서히 진화 내지 변화해 온 동물이나 인간의 신체를 일시적으로 도려내어 타자에게 이식하는 행위가 과연 얼마나 자연적이고 인간적인

가 하는 의문이 드는 것은 사실입니다. 잔인하다고 말할지 모르지만 차라리 죽을 사람은 그냥 죽는 것이 가장 자연스러운 일인데 하는 생각이 들곤 합니다. 어쩌다 인류의 기술이 생명을 치환하는 정도에까지 이르렀는지, 제가 장기 기증을 하지 않겠다는 것도 아니고, 타인의 생명을 연장시키는 행위 자체의 의미도 적지 않지만, 명색이 종교철학자로서 장기 기증에 대해서는 그다지 말끔한 생각이 들지 않습니다. 의료윤리 차원에서도 좀 더 생각해 볼 필요가 있지 않을까요?

최　　조금 다른 이야기입니다만 장기 기증을 할 때 기증을 받은 사람에게 기증자의 기억까지도 같이 온다는 이야기가 있던데 이게 가능한 일인가요? 영화에는 나오던데 이게 의학적으로 가능한 일이냐는 것이지요.

정　　의학적으로 설명하기는 어렵지만 가능하다고 보고 있습니다. 그런 케이스들이 실제로 있어요. 특히 심장이식이 더 그렇다고 합니다. 수혈을 받아도 성격의 변화가 일어난다고 합니다. 몸이라는 것은 정신의 투영체이기 때문에 몸의 일부분에도 정신이 담겨 있다고 보는 것이지요. 실제로 장기이식은 이식 이후에도 치료를 계속해야 합니다. 그리고 몸이 거부반응을 일으키기 때문에 면역억제제와 같은 약을 평생 써야 합니다. 중국에 가서 간이식이나 심장이식을 많이 하고 오는데, 그게 과연 바람직한 것인가에 대한 의문도 듭니다.

이　　제가 발표한 글 속에도 있습니다만, 정신이라는 것은 일종의 몸의 작용이기 때문에 몸의 일부가 바뀌면 어떤 식으로든 정신의 양상도 바뀔 가능성이 있다고 할 수 있을 것 같습니다.

홍　　재미있는 이야기입니다만 저는 그런 주제는 잘 모르니 제 전공 이야기를 좀 더 해 볼까 합니다. 부모가 아플 때의 이야기인데요. 의외로 젊은 엄마들이 아플 때 아이들을 병원에 못 오게 하는 경우가 있습니다. 아이들이 충격을 받을까 봐서이지요.

이　　수업 중에 대학생들에게 죽음 이후에 어떤 것이 있을 것 같은지 물어 보면 열 명 중 일고여덟 명 정도는 '아무것도 없다.', '죽으면 끝이다.' 하는 식으로 대답하고, 두세 명 정도는 천당과 같은 내세가 있다고 답을 합니다. 그렇지만 내세가 있다고 답하는 그 두세 명도 내세가 무엇인지, 무엇이 어떻게 내세에 간다는 것인지 등 좀 더 구체적인 질문에 대해서는 대부분 답을 하지 못합니다. 죽음 이후에 대한 대학생들의 생각은 대부분 막연하거나 교리적인 경향이 있습니다. 교회를 다녀도 죽으면 끝이라는 생각을 갖고 있는 학생들도 제법 되고요.

최　　퀴블로 로스의 책을 보면 병원에 있는 말기 환자 아이들에게 그림을 그려 보라고 하면 애벌레가 나비가 되는 그림을 그린다고 합니다. 그 아이들도 자신들이 죽는다는 것을 아는 것입니다. 이것은 아무리 아이라 해도 죽음에 가까이 가면 영적으로 성숙해지는 체험을 하는 것으로 보입니다. 우리나라는 어떤 현실인가요?

홍　　한국에는 그런 예가 없는 것은 아니지만 찾기가 쉽지 않습니다. 그것보다 더 문제가 되는 것은 어린이에 대한 호스피스가 거의 이루어지지 않고 있다는 것입니다. 어린이 호스피스에 대한 재고가 필요합니다. 부모가 아이를 소유하려는 의식이 강한 우리나라에서는 아이의 생명도 전적으로 부모가 통제하려고 하는 데서 문제가 생깁니다. 부모가 아이와 죽음에 대해 이야기하는 것이 쉽지 않습니다. 그런 생각은 바꿔야 한다고 봅니다. 자식을 부모의 유전자 조합으로 보면 안 된다는 것이지요. 자식들은 스스로 선택해서 태어난 하나의 독립된 개체로 봐 줘야 한다는 겁니다. 저희는 17~18세 정도의 청소년 환자들부터 돌보고 있는데, 나이가 어릴수록 부모의 통제가 강합니다. 부모들은 저희들이 아이에게 죽음에 대한 얘기를 하는 것을 원치 않습니다. 제가 21살의 림프종 환자에게 죽음을 어떻게 생각하는지에 대해서 얘기했다가 그런 대화를 나눈 것을 안 부모가 병동을 옮겨 버리는 사태가 일어난 적이 있었습니다. 자식은 내 것이니 남인 간호사 당신들이 관여하지 말라는 것이지요.

최　　그러나 20살이면 자기 엄마를 제어할 수 있지 않나요?

홍　　아이들마다 편차가 큽니다. 병에 걸리면 독립적인 경우도 있지만, 더 퇴행하는 경우도 있습니다. 스물여덟 살짜리 남자가 부모의 잔소리를 받으면서 같이 다니는 경우도 봤습니다. 우리나라는 결혼했어도 부모의 통제하에 있는 경우가 많지 않습니까?

최　　참으로 큰일입니다. 한국은 어린이나 청소년 호스피스는 완전히 구멍이 뚫려 있어요. 그들은 죽을 때에도 부모의 간섭을 받으며 인간으로서 존엄하게 죽을 수 있는 권리를 박탈당하고 있는 겁니다. 유교의 가부장제가 이리도 해독이 심합니다.

정　　청소년은 호스피스에만 구멍이 뚫려 있는 게 아닙니다. 자살 문제에 있어서도 별 돌봄을 받지 못하고 있습니다. 보세요, 20~30대 사망률 가운데 1위가 자살입니다. 최근에 카이스트에서 학생 4명이 자살하고 한국예술종합학교에서는 5명의 학생이 자살하지 않았습니까? 1명의 자살은 핵폭탄 낙진처럼 적어도 5~10명의 자살로 이어진다고 합니다. 이렇게 자살하는 학생들이 생겨도 죽음교육에 대해 아직 관심을 갖지 않습니다. 죽음교육을 통해 죽음은 꽉 막힌 돌담 벽이 아니라 열린 문으로서 다른 차원으로의 이동이다, 즉, 죽음으로써 모든 게 끝나는 것이 아니라는 사실을 알려 주어야 자살을 근본적으로 예방할 수 있습니다.

최　　맞습니다. 우리 사회가 자살 문제를 좀 더 심각하게 다루어야 하는데 아직 그렇게 되지 않고 있습니다. 정 교수님은 평소에 이 문제에 관심이 많았으니 아마 하실 말씀이 많을 것 같습니다.

정　　네. 저는 자살 문제를 생각하면 우리 사회가 아주 답답하게 느껴집니다. 예를 들어, 연예인들이 쇼 프로그램에 나와서 자살이라는 단어를 운운하거나, 신문 기사에서 자살한 사람을 두고 '얼마나 힘들었으면…'이라는 문구를 적거나 하는 것들은 아무것도 아닌 것 같지만 사실은 자살 풍조를 부추기는 요소라 금지하는 게 맞습니다. 1987년 오스트리아에서 지하철에서의 자살 사고를 보도한 뒤로 이를 뒤따르는 자살이 급증했다고 합니다. 그래서 신문 방송에서 자살을 보도하지 않자 자살자가 급격히 줄었다고 하지요. 핀란드에서는 원칙적으로 자살 사실을 보도하지 않는다고 합니다. 권총으로 자살한 경우에는 총기 사고로 인한 죽음이라고만 보도한다는 것이지요. 예외적으로 자살을 보도하는 경우는 다른 사람을 살해하고 자살한 경우입니다.

전　　그래서 순간에 자신의 특정한 감정에 휩쓸리지 않게 교육을 해야 합니다. 그러려면 평상시에 삶과 죽음에 대해 생각할 수 있게 해 주어야 합니다. 어느 순간에 감정에 휩쓸리더라도 다시 중심을 잡을 수 있게 말입니다. 삶과 죽음의 문제는 동전의 양면과 같은 것이라 결국 죽음교육은 삶의 교육을 포함하는 생명교육으로 가야 하고, 과학·의학·철학 이런 것들이 모두 연계되어 산다는 것이 무엇이고, 생명이라는 것이 무언인지를 학습할 수 있도록 해야 합니다.

정　　우리나라에서 자살하는 사람들이 갖고 있는 가정 중에 가장 큰 것은 죽으면 모든 것이 끝난다는 생각입니다. 한국인들은 이 생각을 굉장히 강하게 갖고 있어요. 하지만 근사체험을 보면 절대 그렇지 않은 것을 알 수 있습니다. 이런 사실이 굉장히 중요한 건데 이것을 어떻게 설명해야 할지 참 어렵습니다.

이　　문제는 죽음이 끝이 아니라는 근사체험자들의 증언을 어떻게 받아들이게 할 것인가 아니겠어요? 근사체험자들의 증언 내용은 그저 심리적인 현상일 뿐이라고 보고서 그 이야기를 받아들이지 않으면 그만일 테니까요. 최근 한국에 소개된 셸리 케이건의 『죽음이란 무엇인가』에서도 그런 식으로 접근하고 있는 것 같습니다. 근사체험을 가지고 교육할 때 이런 문제점이 있을 것 같습니다.

정　　그래서 근사체험으로 자살 예방 교육을 하는 게 어려울 수 있습니다. 그러나 개중에는 받아들이는 사람도 있을 터이니 전혀 무익한 것은 아닐 겁니다. 일본 교토대학의 칼 베커 교수는 근사체험이 임종을 눈앞에 둔 사람이 갖는 죽음에 대한 불안과 공포를 덜어 줄 수 있을 뿐 아니라 자살 방지 상담에도 효과적으로 활용될 수 있다고 주장합니다. 동해시의 한 종합병원에서 근무하는 정신과 의사 김자성 선생과 자주 전자우편으로 소식을 주고 받는데 이분이 직접 체험한 흥미로운 임상 경험이 있습니다. 정신과 병동에 서가를 만들어 놓고 근사체험을 위시한 삶과 죽음에 관한

다수의 책을 비치해 환자들이 읽도록 장려했더니 책을 읽을 수 있는 환자들은 삶과 죽음에 관한 확실한 오리엔테이션이 생겨 죽음에 대한 막연한 공포는 많이 줄어드는 반면 삶의 의미에 대해서는 더 긍정하게 되는 긍정적인 효과를 보고 있다고 합니다. 그래서 이 병원에서는 서가에 오랫동안 꽂혀 있던 무협지 등을 솎아내고 죽음과 관련한 웰다잉 책들을 채워 놓고 있다고 합니다. 저도 이 분야에 관련된 좋은 책이 발견되면 수시로 이 병원으로 보내고 있습니다. 작년에 여자중학교 1학년 학생 몇 명을 대상으로 죽음 강의를 한 적이 있습니다. 제자의 부인이 중학교 상담 교사로 일하는데 상담한 학생의 어머니가 말기암으로 임종이 가깝고 경제 형편이 열악한 상황인데다가 아버지는 이혼하여 집을 나간 상태였습니다. 이런 경우에 도움이 될 만한 책을 추천해 달라고 하기에 책을 읽을 경황이 없을 테니 죽음에 대한 강의를 해 주겠다고 자청했습니다. 며칠 사이 학생의 어머니는 돌아가셔서 그 학생과 친구 몇 명을 앉혀 놓고 죽음을 어떻게 바라볼 것인가, 근사체험과 삶의 종말 체험, 사후세계에 대한 내용을 2시간 가량 강의했습니다. 그 후 몇 달 지나 강의를 들었던 학생이 편지를 보냈는데 강의를 듣기 전에는 자살 충동을 많이 느끼고 자살을 하겠다는 생각을 수시로 했는데, 죽음 강의를 듣고 나서는 자살에 대한 생각을 줄이고 그런 생각을 했던 것에 반성하고, 또 기회가 된다면 다시 죽음교육을 받아 보고 싶을 정도로 생각이 달라졌다고 했습니다. 이러한 경험을 통해 볼 때 자살을 하지 말라는 도덕적 훈계 등으로는 한계가 있고 죽음과 관련해 실제로 일어난 현상을 알려주는 게 대단히 중요하다고 생각했습니다.

정　얼마 전 인터넷 기사에서 본 이야기인데요. 일본에 자살률이 높은 곳에 표지판 하나를 만들어 놨는데, 그 표지판을 설치한 뒤로 절반 이하로 자살률이 줄었다고 합니다. 그 표지판엔 '당신의 하드디스크는 포맷하였는가?' 라고 적혀 있었다고 해요. 그 디스크에는 자신에 관한 온갖 정보가 들어있을 텐데 죽은 뒤에 그것이 다 알려져도 떳떳할 수 있느냐는 것이죠. 자살하러 해변에 온 사람이 이 표지를 보고 자신의 컴퓨터를 정리하러 집으로 돌아갔다가 다시 그곳에 돌아오지 않아서, 자살하는 사람이 절반 이하로 준 것이지요.

이　그 사진은 저도 인터넷에서 보고서 복사해 두었습니다. 기발하고 효과적인 자살 예방 표지판이라는 생각이 들었습니다.

최　그 말씀 들으니까 일본에 사는 지인에게 들은 이야기가 생각납니다. 일본 어느 지방에서 사람들이 자살 많이 하는 장소에 전화기를 하나 놓았답니다. 그리고 그 옆에 '마지막으로 가족들과 통화하세요.' 라고 적어 놓았답니다. 그런데 자살을 하려는 사람이 그 전화기를 드는 순간 바로 구조대로 연결되어 가족이 아닌 구조 요원들과 대화를 하게 되어 있답니다. 그래서 대화를 하는 동안 구조 요원이 현장에 와서 그 사람으로 하여금 자살을 못하게 막는다더군요. 참으로 탁월한 아이디어였습니다.

정　미국 샌프란시스코에 있는 금문교가 자살하는 사람들이 많은 곳으로 유명한데, 그곳에서 자살 시도를 하는 사람 중 98%는 죽는다고 합니다. 2% 정도가 살아남는 건데, 살아남은 2%의 사람들 중에 다시 자살을 시도하는 사람은 거의 없다고 합니다. 살아 있는 것을 감사하게 생각하면서 살아간다고 하더군요. 그런데 금문교에서 떨어지는 시간이 4초라고 하는데, 그 4초 동안 무슨 의식이 있을까요? 저는 사람이 자살할 때에 의식이 어떻게 돌아가는지 궁금합니다. 공포인지 편안함인지, 혹은 영화에서처럼 죽을 때 필름이 돌 듯 생각들이 스쳐 지나가는지도 궁금하고요.

홍　　자살 방지책 가운데에는 '당신 본인만 생각하지 말고 당신이 자살한 뒤 가족들이 겪는 괴로움에 대해 생각해 보라.'고 권유하는 게 있지요.

이　　자살 시도를 주춤하게 하는 적절한 조언 같습니다. 사람이 자살을 생각할 때는 삶의 의욕도 없고, 자신도 없고, 고통과 절망으로 가득 차 가족도 눈에 안 들어오기 때문에 자살을 시도하는 것이겠지만, 그렇더라도 가족들도 못지않게 괴로워할 것이라는 말의 효과가 전혀 없을 것 같지는 않습니다. 자살의 순간을 유예하게 하는 데 필요한 조언일 것 같네요. 하지만 본격적인 자살 예방 교육은 아무래도 '왜 살아야 되는가?'에 대한 이유를 스스로 발견하게 해 주는 데 있을 것 같습니다. 사후생에 대한 이야기를 해 주더라도, 결국은 삶의 궁극적인 이유에 대해 스스로 사고할 수 있는 기회를 갖도록 해 주는 것이 자살 예방에 가장 근본적인 도움을 제공하는 길일 겁니다.

정　　일본의 어떤 고등학교 교사가 학생들을 대상으로 1년에 12시간 죽음교육을 했다는 이야기를 들은 적이 있습니다. 첫 시간에 반려동물 죽음부터 해서 자살 문제, 장기 이식 문제, 시한부 선고를 받았을 때 어찌하면 좋은가 등등에 대해 교육을 했는데, 그 이후로 교내 폭력, 자살, 왕따 문제가 많이 해결되었다고 합니다. 이런 죽음교육이 바로 생명교육으로 연결되었던 겁니다. 독일은 죽음교육을 초등학교 5학년부터 시작한다고 합니다. 어릴 적부터 해야 나중에 효과를 거둘 수 있다고 생각한 것이죠. 독일

고등학교 2학년 윤리 시간의 토의 주제가 '자신이 불치병으로 시한부 선고를 받았을 때 어떻게 할 것인가?' 이더군요. 고등학생 시절부터 죽음에 대해 생각하고 토의 과정을 거쳐 성찰하는 시간을 갖는 것은 이후 성인이 되어서 어떤 삶을 살아가는가에 심대한 영향을 줄 것입니다. 이처럼 연령대별로 교육시키는 것이 정책적으로 이루어져야 하는데 우리나라는 이런 작업이 언제나 될지 요원하기만 합니다.

전   학교에서 인간의 존엄, 생명에 대한 윤리관 같은 것을 가르쳐야 하는데 이런 것들이 우리 교육에는 거의 포함되어 있지 않습니다. 물론 학교교육만으로 충분한 것은 아닙니다. 사회 전반적인 분위기도 중요하지요. 부모와 자식과의 관계가 따뜻함과 사랑이 넘치는 가정이라면 굳이 생명교육을 다시 시키지 않아도 될 겁니다. 가장 중요한 것은 가정을 이루는 부모의 가치관이 아닐까요?

최   그건 닭이 먼저냐 달걀이 먼저냐 하는 문제입니다. 왜냐하면 그런 가정이 이루어지려면 사회 분위기가 좋아야 합니다. 거꾸로 그런 가정이 많으면 사회 분위기가 좋아지겠죠. 결국 문제는 어디서 시작하든 교육 외에는 방법이 없다는 점입니다.

박   종교 기관에서도 죽음교육이 가능하다고 생각합니다. 강의를 하지 않더라도 새로운 장례 문화를 통해 자연스럽게 죽음교육의 효과를 거둘 수 있습니다. 천주교에서 이런 경우를 많이 볼 수 있는데요, 성당에 납골당을 만들어 신자들이 자연스럽게 죽은 자를 추모할 수 있도록 함으로써 죽음교육이 저절로 이루어진다고 할 수 있습니다. 서울 시내 천주교 성당 여러 곳에 납골당이 있는데 산 자가 죽은 자와 함께 미사를 드리는 셈이지요. 이렇게 되면 자연스럽게 죽음교육이 되는 것 아닐까요? 덕수궁 옆 성공회 성당 내에 1997년경 납골당이 설치되었고 불교 사찰 경내에도 이런 시설들이 있습니다. 의정부에 있는 어느 성당에서는 동네 주민들이 천주교 신자가 아니더라도 원할 경우 납골당을 이용할 수 있도록 하는가 하면, 동네 어린이들은 성당 내 제단 뒤 납골 안치단 앞에서 평화스럽게 놀고 있는 모습이 신선한 충격이었습니다.

최　　　그런데 이 납골당에 대해서는 조금 부정적인 인식이 있지 않나요? 우리나라 국민들은 납골당뿐만 아니라 장례식장, 화장장 등의 장례 관련 시설에 대해 부정적인 인식이 매우 강합니다. 납골당에 대해 오해나 편견이 아주 심합니다. 납골당 짓는다는 소문이 나면 우선 동네 주민들이 심하게 반발하고 극단적인 반대 시위까지 불사하지요. 그 반대하는 주된 이유가 뭔가요?

박　　　먼저 아이들 교육에 나쁜 영향을 준다는 거지요. 그리고 직설적인 표현은 안하지만 집값이 떨어져 재산상의 손해를 볼 것이라는 걱정을 하게 되지요. 그런가 하면 유골함이 모여 있어 벌레가 생긴다느니 냄새가 난다느니 하는 근거 없는 이유를 대며 반대하기도 합니다. 터무니없고 비과학적인 주장이지요. 교육에 지장이 있다는 것도 황당한 이야기 아닌가요? 앞에 예를 들었던 의정부 시내 모 성당의 경우처럼 아이들에게 나쁜 영향을 주기보다는 죽음을 자연스럽게 접할 수 있고 죽음을 생각해 보는 계기가 될 수 있다고 생각합니다. 제가 어릴 적 옛날에는 상엿소리만 나도 모두 달려나가 장례 행렬을 지켜봤지요. 장엄한 광경이었다고 기억됩니다. 시골에 놀러 가면 무덤가에서 뛰노는 것도 어릴 적 추억이지요. 죽음이 멀리 있지 않고 또 터부시하지도 않았다고 생각합니다. 서양에서는 장례식 때 고인의 생전 모습이 담긴 사진들을 전시해 놓기도 하고, 고인이 남긴 영상 편지가 소개되기도 합니다. 몇 년 전에 스위스 베른의 시립 묘지를 방문한 적이 있었어요. 그곳에는 화장한 골분을 공동으로 뿌리는 장소가 있었는데 그날 비가 왔는데도 우산을 받쳐 든 노인 한 분이 오랫동안 고인을 추모하며 서 계셨고 또 그곳에 참배객들이 갖다 놓은 아름다운 생화들이 가득했습니다. 비록 한 줌의 재로 고인을 보내드렸지만 평소에 고인을 추모하기 위해 즐겨 찾는 장소로서 산 자와 함께 하는 상직적인 의미가 깊게 느껴졌습니다.

최　우리나라에서도 죽음교육을 영업으로 하는 회사들이 있지 않습니까?

박　네, 물론 우리나라에도 죽음교육을 상업적으로 하고 있는 곳이 있다고 들었습니다. 교육 참가자들에게 수의를 입혀 관 속에 누워 보게도 하고, 유언장 작성 등 여러 체험을 하도록 한다고 합니다. 너무 상업적으로 접근하는 교육도 그렇지만 내용 면에서도 삶에 대한 성찰이 없이 수박 겉핥기식이지요. 삶을 어떻게 꾸려 나가야 하는지에 대해서도 교육이 함께 되어야 한다고 생각합니다.

전　죽음교육은 다음 사항들이 중요하게 다루어져야 할 것입니다. 첫 번째로 인간에게는 육체적인 것 뿐만 아니라 비육체적인 것도 있다는 것을 알려 주어야 합니다. 두 번째로 눈에 보이지 않는 세계가 있다는 사실을 알려 줘야 합니다. 아울러 이런 사실을 어느 시점에 알리느냐 하는 것도 중요합니다. 왜냐하면 아직 준비가 안 되어 있는데 섣불리 이야기하면 안 되기 때문입니다.

정   저는 영혼이라는 용어를 그리 좋아하지 않습니다. 영혼이라고 하
     면 과학 하는 사람들에게 거부감을 줄 수 있기 때문에 '뇌에 국한되지 않
     는 의식' 이라고 표현하면 어떻겠나 하는 생각입니다. 과학계에서는 '뇌
     에 국한되지 않는 의식' 이라는 것이 있다는 것을 인정하는 사람도 있습니
     다.

최   그러면 영혼 대신에 어떤 용어가 좋을까요?

정   개인적으로는 '의식체' 라는 말을 가장 좋아합니다. 또는 유체, 스
     피릿, 소울 같은 단어도 생각해 볼 수 있겠지요. 근사체험에 관한 연구를
     오랫동안 해 온 네덜란드의 심장내과 의사인 핌 반 롬멜 박사는 국한되
     지 않는 의식(Nonlocal consciousness)이라는 용어를 쓰기도 합니다.

이   저는 죽음 관련해서는 영혼이나 정신, 영어식으로 소울이나 스피
     릿이라는 전통적인 언어를 재해석하며 계속 사용해 왔습니다. 수천 년 동
     안 인류의 지혜와 경험이 담긴 말이지요. 하지만 현대인에게 재해석이 필
     요할 때도 많지요. 그런 점에서 의식체라는 말도 괜찮을 것 같습니다만,
     그런 말을 사용하려면, '의식' 과 '체' 의 관계, 혹은 '의식' 과 '체' 라는 말
     에 대한 해석을 깊게 해 두어야 할 것도 같습니다. '뇌에 국한되지 않은
     의식' 이라는 말도 해석이나 설명이 필요하겠구요. 어떻든 새로운 언어를
     쓰려면 그 언어에 대한 철학자들의 도전에 대응할 수 있는 준비도 해 두
     어야 합니다. 여기서 제일 중요한 것은 생명교육이 죽음교육의 중심에 있
     어야 한다는 것입니다. 그리고 과학적 언어로 접근을 해야 현대인에게 설
     득력이 있을 것입니다. 살아 있다는 것은 결국 죽어 가고 있다는 것인데

이 말이 지닌 의미를 과학적 언어로 풀어 주어야 합니다. 과학의 언어로 얘기하면 편견 없이 받아들이게 되니까요. 실제로 성인의 세포수가 100조 개에 가깝지만 10년 정도 지나면 세포 전체가 새로 바뀌어서 사실상 다른 사람이 된다는 이야기도 나오고 있습니다. 죽는다는 것은 결국 죽어가는 세포가 많아지고 세포들의 상호 관계도 느슨해지면서 자연 속으로 흩어지는 것입니다. 이런 식으로 죽음교육을 받으면 삶의 양상이 달라지지 않을까 싶어요.

전　　또 대만 이야기입니다만 그곳에서는 각 지방 교육부에서 죽음교육이나 생명교육을 위한 책을 많이 만들었습니다. 가이드북이나 핸드북의 형태로 많이 나와 있습니다. 대만은 교육부에서 '생명교육'이라는 과목을 아예 제도권 교육에 집어 넣었습니다. 이처럼 죽음교육에 관해서는 대만이 우리나라보다 훨씬 앞섰죠. 생사학 대학원만 해도 세 개나 됩니다. 반면 우리나라는 장례나 죽음 문화와 관계된 학과는 있지만 생사학을 광범위하게 다루는 학과는 아직 없습니다.

최　　참으로 많이 반성됩니다. 이야기가 여기까지 오니 우리가 다음으로 할 일이 정해진 것 같습니다. 죽음교육을 활용해 생명교육을 할 수 있는 기반을 연구하고 그 결과를 제시하는 일입니다. 그러기 위해서는 생명교육 교재를 만드는 일이 가장 시급하리라 봅니다. 그럼 앞으로는 이 과제를 가지고 새롭게 모임을 시작해보지요.

이 이야기에 모든 사람이 크게 공감을 했고 일단 지금까지 논의한 것으로 책을 만드는 작업을 한 후 다시 만나기로 약속하였다.

죽음을 보는
의사의 시각

정 현 채 서울의대 내과 교수

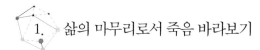

1. 삶의 마무리로서 죽음 바라보기

1838년에 발표된 「전함 테메레르」라는 그림은 영국의 화가 윌리엄 터너 (1775-1851)가 저녁 산책길에 본 광경을 그린 것이다. 수십 년간 전투에 참여했던 테메레르 호라는 전함이 수명이 다해서 그 당시 새로 등장한 동력선인 증기선에 끌려서 저녁 하늘을 붉게 물들인 석양 노을을 배경으로 퇴역하는 모습에 감동을 받아서 그렸다고 한다. 이 그림을 보면서 필자는 수십 년간 살아온 삶의 마무리를 잘 하려면 어떻게 할지를 생각하게 된다.

우리나라뿐만 아니라 전 세계적으로도 많이 쓰이는 내과 교과서는 『해리슨』이라는 책인데 2005년판에 처음으로 '완화의료 및 말기 환자 보살핌'이라는 장이 실린다. 2001년까지만 해도 내과학 교과서에는 이런 내용이 없었는데, 이때 처음으로 내과 교과서에 실렸고, 외과학 교과서에는 2010년에

* 이 글은 "삶과 죽음의 인문학" (2012년, 석탑출판사)에 실린 "의사가 보는 삶과 죽음"(7-40쪽)을 출판사의 허락을 받아 글을 수정 보완하여 게재한 것이다. 영화나 다큐멘터리 등에서 인용한 일부 내용은 고치지 않고 재인용하였다. 그만큼 중요할 뿐만 아니라 독자들에게 전달하고자 하는 핵심적인 내용을 담고 있기 때문이다. "삶과 죽음의 인문학" 편에서는 10개의 소제목을 사용했으나 이글에서는 20개의 소제목을 달았고 새로운 내용들을 추가하였다.

처음으로 등장한다. 이 책에는 말기암 환자가 의식이 없어 보여도 청각과 촉각은 가장 마지막까지 유지된다는 내용이 나온다. 이것을 의학적으로 증명할 수는 없다. 죽어 가는 사람한테 물어보고 확인할 수도 없으니 말이다. 그러나 말기 환자를 돌보는 전문가들의 의견을 종합하여 이런 결론을 이끌어 낸 것이다. 이러한 사항을 토대로 병원에 종사하는 의료진이나 임종이 임박한 환자 가족들한테 하고 싶은 말은, 환자가 의식이 없어 보이더라도 평소에 하지 못하고 미루어 놓았던 말도 하고 손도 잡는 등의 교감을 계속하라는 것이다. 겉으로는 의식불명처럼 보여도 전부 느낄 수 있다고 여겨지기 때문이다. 이것은 의료진에게도 시사하는 바가 크다. 환자가 의식이 없어 보여도 의료진이나 간병인들은 환자가 보아도 좋을 행동만을 해야 하고 들어도 좋은 말만을 하는 것이 좋다.

2008년 미국의 한 내과학회지에 발표된 연구에서는 폐암 환자의 진료 현장을 녹취한 뒤 이를 분석한 결과 일부 폐암 환자는 의사로부터 정서적인 지지를 받지 못하고 있다는 결론을 내렸다. 이 연구는 폐암 환자만을 대상으로 했지만 위암이나 대장암 등 다른 모든 암 환자도 마찬가지였을 것이다. 암이 아닌 다른 말기 질환 환자의 경우도 크게 다르지 않을 것이라 생각한다. 또한 임종이 임박한 환자들이 삶과 죽음에 관해 가지는 궁금증에 의사들이 적절히 대답해 주지 못한다는 것이 연구의 결론이다.[1]

우리나라의 원로 신학자인 김경재 한신대 명예교수는, 성직자를 양성하는 신학교의 교과과정에서도 장례식 집전을 어떻게 하고 하관식 집례를 어떻게 한다는 예전론적인 측면에서 전문 지식을 제공하는 일에만 치우쳐 있지, 죽음 그 자체와 죽음 이후 문제에 관하여 강의하는 프로그램이나 세미

나를 가져 본 적이 없다고 얘기한다.[2]

영국의 상의사인 배리 앨빈 다이어가 쓴 『행복한 장의사』라는 책에 소개된 경험담을 소개한다. 목회 활동을 오래 한 신부가 간암으로 입원했는데 병세가 깊어 임종이 가까워져서 장의사가 병문안을 갔다. 신부는 "죽음이 두렵다네."라고 밝혔다. 그래서 이 장의사는 신부에게 "하지만 신부님은 하느님을 믿지 않습니까? 믿음이 어디로 갔습니까?"라고 물었다. 그랬더니 신부는 "미지의 세계로 들어가는 것만큼 두려운 것은 없다네."라고 대답했다고 한다. 성직자라면 일반인보다 몇 배 강한 신앙심으로 죽음에 대한 공포를 어렵지 않게 극복할 줄 알았던 장의사에게 성직자의 이 말은 큰 충격이었다고 저자는 술회하고 있다.[3]

2. 사람은 어떻게 죽는가?

런던 테이트 미술관에 소장된 「의사」라는 그림은 1891년경에 발표되었다. 평생 수집한 미술품을 영국 정부에 기증하여 오늘날의 테이트 미술관이 있게 한 헨리 테이트 백작은 "살아오면서 가장 감동적인 순간을 그려 달라."며 화가 필즈에게 그림을 의뢰한다. 필즈는 수년 전 크리스마스 전날 세상을 떠난 아들을 떠올리면서 당시 왕진 왔던 의사를 그린다. 창문을 통해 밖에 동이 터 오는 것을 알 수 있는데 등잔불 앞에는 고열과 호흡곤란으로 신음하는 서너 살짜리 어린아이 앞에서 턱을 괴고 있는 의사의 모습이 보인다.

지금의 의학이라면 산소 요법, 항생제, 인공호흡기 등을 활용해 충분히 살릴 수 있었을 환자이지만 불과 120년 전에는 의학이 실제로 해 줄 수 있는 게 별로 없었다. 해 줄 것은 아무것도 없으나 묵묵히 임종의 자리를 지켜 주고 있던 의사를 떠올리며 화가는 일생을 통틀어 최고의 감동을 느꼈던 모양이다.[4]

뼈가 부러져 살갗 밖으로 튀어나오는 복합 골절에 석탄산(石炭酸, 페놀)으로 상처 부위를 소독했더니 골절 환자 11명을 모두 살릴 수 있었다고 한 의학 논문이 1867년 유명한 의학학술지인 「Lancet」에 게재된 바 있다. 상처를 소독하는 것은 지금으로서는 당연한 상식이지만 아직 세균의 존재가 밝혀지기 전이었던 당시로서는 획기적인 치료법이었다. 소독을 하지 않을 경우 피부에 존재하는 세균에 감염돼 패혈증으로 결국 사망하기 때문이다. 역사학자 중에는 의료가 사람의 치료에 진정으로 도움이 되기 시작한 것은 바로 이때부터라고 주장하는 사람도 있다. 즉 진정한 의료의 역사는 150년이 채 안 된 것이다.

유럽에서는 1700년대까지도 몸에 고여 있는 나쁜 피를 빼내는 시술인 사혈, 방혈이 성행했다. 수분이 부족해 탈수에 빠진 중세 유럽 왕에게 왕실 주치의가 사혈을 실시한 결과 왕이 더 빨리 사망에 이르렀다는 기록도 있을 정도로, 많은 치료가 확실한 근거 없이 행해졌다.

그러나 이런 상황은 20세기에 접어들면서 크게 변하게 된다. 1차, 2차 세계대전을 거치면서 치료 기술이 발전하게 되는데, 그럼에도 불구하고 우리나라 6·25전쟁 때에는 유행성출혈열이 크게 창궐하여 많은 유엔군 장병이 사망한다. 이 병에 감염되면 콩팥(신장)의 기능이 갑자기 나빠지면서 몸에 노폐물, 독소가 쌓여 죽게 되는 급성신부전증이 합병증으로 발병하는데,

치료하는 기술이 이때 크게 발전한다. 후에 있었던 베트남전쟁에서는 갑자기 숨을 못 쉬어 사망하게 되는 급성호흡부전이 많이 발생했는데, 이 전쟁을 거치면서 호흡부전에 대한 치료 기술이 괄목하게 발전한다. 아이러니하게도, 많은 사람을 죽이는 전쟁을 통해서 사람을 살려내는 치료 기술의 급격한 향상이 이루어지게 된 것이다.

1960년대만 해도 지금과 같은 형태의 심폐소생술이 이루어지지 않았다. 그 이전에는 심장이 멎으면 그냥 죽는 것이었지만 환자 곁에 다행히 외과 의사가 있는 경우에는 외과용 칼을 이용해 흉곽을 절개한 후 심장을 손으로 마사지하는 방식으로 환자를 살렸다. 셔윈 B. 뉴랜드라는 은퇴한 외과 의사가 쓴 『사람은 어떻게 죽는가?』라는 책에 이러한 장면이 잘 묘사돼 있다. 저자가 의대 본과 3학년이었던 1960년대 어느 날 병실에 실습을 나갔는데 공교롭게도 자신이 담당했던 환자의 심장이 멎은 것을 발견했다. 마침 담당 의료진이 자리에 없자, 당시에 공인된 방식대로 병실에 비치되어 있던 외과용 칼로 환자의 가슴을 째고 심장을 꺼내 손으로 마사지를 시행하였으나, 환자는 회생하지 못하였고 저자의 얼굴과 병실은 온통 피투성이었었다고 술회하고 있다.[5] 현재는 당연한 치료법으로 여기는 심폐소생술도 이러한 피 흘리는 과정을 거치며 발전되었음을 알 수 있는데, 또 앞으로 어떠한 수준으로까지 발전해 나갈지 지켜볼 일이다.

통계청 자료에 의하면, 2011년 우리나라 사람의 사망 원인 1위는 암이다. 사망 원인 9위인 교통사고와는 달리, 암은 수개월 내지 수년에 걸쳐서 자신의 삶을 정리하고 마무리할 수 있는 시간이 주어진다. 엘리자베스 퀴블러 로스 박사(1926-2004)는 저서 『사후생』에서 다음과 같이 말하였다. "나는 암에 걸린 게 사실은 축복이라고 지적하고 싶다. 암 때문에 생기는 좋지 않은 부분들을 은폐하자는 것은 아니다. 다만 암보다 더 나쁜 게 수천 가지는 있다는 것을 여러분들이 알아 주었으면 한다. 내가 아는 사람 중에는 자신이 돌부처가 될 때까지 계속되는 마비 증세의 진행을 지켜보기만 할 뿐 아무것도 할 수 없는 신경성 질병에 걸린 환자들이 있다. 이 병에 걸리면 숨 쉴 수도, 말할 수도 없게 된다."

그럼에도 불구하고 아직도 많은 암 환자들이 임종이 가까워져 의식이 없어지고 상태가 불안정해지면 중환자실에 들어가는 경우가 많다. 중환자실에서는 전문화된 치료를 위하여 가족들의 면회를 제한하므로 정든 가족과 수시로 만날 수 없고, 목에는 인공호흡기를 연결하기 위하여 구멍을 뚫는 기관절개술을 받기도 한다. 건강 검진을 위해 잠깐 피를 정맥에서 뽑는 것도 매우 따끔하고 아플 수 있는데, 정맥보다 더 깊숙이 위치한 동맥에서 피를 뽑아 검사하는 일도 수시로 행해진다. 환자의 기관지 절개 부위에는 인공호흡기가 연결돼 있다. 한쪽에는 여러 가지 약물을 환자의 혈액으로 일정 속도로 주입하는 장치도 있고, 심장이 갑자기 멎을 경우에 대비해 심폐소생술 장비도 비치되어 있다. 또 심장박동이나 호흡수 측정 기계장치에서 나오는 삑삑거리는 소음, 가래를 뽑아내는 시끄러운 소리, 옆 환자가 내는 신음소리 등으로 환자는 품위 있는 죽음과는 아주 거리가 먼 외로운 죽음을 맞게 된다. 수십 년간 같이 살아온 가족들과는 작별 인사도 나누지 못하고 생전 처음 보는 의료진에 둘러싸인 채 말이다.

3. 죽음을 바라보는 사회적 시각의 변화

　많은 사람들이 큰 병원의 중환자실에서 죽음을 맞이하게 된 배경에는 죽음을 바라보는 사회적 시각의 변화가 있다. 30여 년 전 우리나라의 경우 집 밖에서 객사하면 안 된다는 생각이 일반적이어서, 병원에 입원해 있던 환자라도 임종이 임박하면, 인공적으로 호흡을 하게 해 주는 고무백 앰부 장치를 단 채 퇴원해 집에 도착하면 장치를 떼어 임종을 맞게 하는 일이 많았다.

　필자의 선친은 1974년 겨울, 가슴에 갑작스러운 통증이 생겨 입원했다가 급성심근경색으로 진단을 받았는데 사흘 만에 세상을 떠나셨다. 심근경색은 심장에 혈액을 공급하는 동맥이 막히면서 심장이 썩어 기능을 못하게 됨으로써 사망하는 급성질환이다. 통증이 워낙 심해 모르핀과 같은 강력한 진통제를 주사하고 절대 안정을 취하게 하는 처치가 당시의 의료 수준이었다. 큰 대학병원에서 사망했지만 당시의 풍습에 따라 집으로 모셔서 장례를 치렀던 기억이 아직도 생생하다.

　미국의 사진 작가였던 윌리엄 유진 스미스(1918-1978)의 1951년 작품인 「후안라라의 장례식 전야」는 스페인에서 촬영한 것인데 가족과 친지들이 지켜보는 가운데 임종을 맞은 노인의 평화로운 모습을 보여주고 있다. 수십 년 전만 해도 할아버지, 할머니의 죽음을 손자나 손녀가 집에서 모두 지켜봤기 때문에 자연스럽게 죽음이 일상사에 포함되어 있었다고 말할 수 있다. 그러나 요즘은 가족과 격리된 채 병원에서 세상을 떠나는 일이 많아져, 이 사진과 같은 임종의 모습을 보기가 어렵다. 오늘날 태어나고 죽는 일이 대부분 병원에서 이루어진다는 것은 주지의 사실이다. 이에 반하여 전통적인 객사

기피의 입장이 아니라 자신의 임종을 소란스러운 병원에서 맞고 싶지 않다는 작은 흐름이 우리 사회에서도 일어나고 있는 것으로 안다.

1347년 유럽 전역을 휩쓸었던 흑사병으로 인해 7,500만 명, 당시 유럽 인구의 1/4이 사망했다. 이때 죽어가는 사람이 하도 많아 교회에서는 성직자를 집집마다 보내 줄 수 없게 되자, 스스로 좋은 죽음을 맞는 법을 익히라는 의도에서, 15세기에 윌리엄 캑스턴(1422-1491)이라는 출판업자가 목판으로 책을 찍어 내는데, 이때 붙여진 책의 이름이 『죽음의 기술』이다. 또 이 같은 흑사병 이외에도 콜레라, 천연두와 같은 전염병에 의해 죽는 일도 다반사였기 때문에, 중세 유럽에서는 "너도 언젠가는 죽는다는 것을 기억하라."는 메멘토 모리 사상이 유행했다.[6]

그러던 분위기가 20세기에 들어 과학이 발달하고 유물론이 우세해지는 한편 생명 연장 의료 기술이 발달하게 됨에 따라 죽음을 터부시하는 방향으로 흐르게 된다. 이런 사회적 분위기와 맞물려, 의료진도 죽음을 삶의 한 과정이나 정리와 마무리의 단계로 보지 않고, 의료의 패배나 실패로 보는 경향이 짙어지게 되었다.

임종이 임박한 환자가 보이는 증상으로는, 소변 배출량이 감소하고, 호흡이 변화하고, 가래 끓는 소리가 나며, 혈액 순환 장애로 푸른빛과 자주빛 반점이 나타난다. 떨림이나 발작, 근육 경련이나 정신착란 등의 증상도 보일 수 있다. 그러나 대형 병원에서는 수 시간 뒤 임종하리라 예상되는 환자의 경우에도 발작 증세를 보일 경우 뇌 MRI 같은 정밀 검사를 한다거나 간질을 억제하는 주사약을 투여하는 일이 종종 일어난다. 그것은 병원에서는 어떻게든 치료를 해야 하기 때문이다. 그렇지 않을 경우, 치료에 최선을 다하지 않았다는 비난을 받기도 하며, 경우에 따라서는 소송까지 당하는 일이 비일비재하기 때문이다.

인공호흡과 심장마사지를 하여 죽은 사람을 살리는 기술인 심폐소생술이 의료 현장에서 효과적으로 활용되는 경우는 수없이 많다. 예를 들어 건강하던 사람이 물에 빠져 갑자기 숨을 쉬지 않고 심장이 멎었다든가, 복어를 잘못 먹고 복어 독에 의해 호흡이 멎은 경우에는 반드시 심폐소생술을 실시하여 생명을 살려야 한다.

그렇지만 말기암 환자의 심장박동이 멎었다고 해서 심폐소생술을 하는 것은 편안한 죽음을 방해하는 것이다. 이것은 마치 경주 트랙을 여러 바퀴 돌아 지칠 대로 지친 경주마에게 채찍질하는 것과 같다. 채찍으로 때리면 얼마간은 더 달리겠지만, 말의 심정은 "아이고 힘들어. 이제는 쉬고 싶어." 이지 않을까?

2008년 12월 연합뉴스에는 79세의 뉴질랜드 할머니가 "쓰러져도 날 살리지 말라."는 문신을 가슴에 새겼다는 기사가 실렸다. 자신이 의식을 잃고 쓰러졌을 때 자신을 살리기 위해 심폐소생술을 하지 말아 달라는 내용이다. 사전의료의향서에 이러한 자신의 뜻을 미리 밝혀 놓았어도 막상 심장 질환이나 뇌졸중으로 쓰러져 병원에 실려 가면 자신의 의사가 반영되지 않고 의료진이 심폐소생술을 할 가능성이 많기 때문이라는 것이다.

 4. 의료 현장에서 경험하는 죽음의 여러 모습

다음은 필자가 8년 전 직접 경험했던 사례이다. 68세의 남자가 식사 후

속이 더부룩한 증상으로 병원을 찾았다. 65세에 정년 퇴임한 후 잘 지냈는데 한 달 전 증상이 나타났다고 했다. 체중이 빠졌다거나 복통이나 구토가 난다거나 피를 토했다거나 음식을 삼키기 곤란한 어떤 증상도 없었다. 이런 증상이 있으면 심각한 병이 있을 가능성이 많은데, 몸 구석구석을 진찰했을 때도 아무런 이상이 없었다.

이분은 위내시경 검사나 해 달라고 청했는데, 위장 근처에 있는 간, 쓸개, 췌장에 병이 생겨도 증상은 유사하므로 복부 초음파 검사를 같이 시행했다. 그 결과 위내시경 검사는 아무런 이상이 없었으나 복부 초음파검사에서 췌장에 혹 덩어리가 관찰되었다. 췌장암이라는 진단 아래 개복술을 시행하였다. 그러나 암이 이미 주변 장기로 심하게 퍼져 있고 림프절에도 암이 많이 퍼져 있어 완치는 불가능한 상태로 판정하고 수술을 종료하였다. 수술이 끝난 후 환자의 가족들은 담당 의료진에게 신신당부를 했다. 말기암이라는 사실과 살 날이 얼마 남지 않았다는 사실을 환자에게 절대 비밀로 해 달라고 말이다. 따라서 의료진은 환자에게 사실을 말할 수 없었기 때문에 곤혹스러운 나날을 보내게 되었다. 수술이 아주 성공적으로 끝났다고 들은 이 환자는 상태가 하루가 다르게 악화되어 가자 '수술이 잘 됐다고 하는데 내 몸은 왜 이 모양이지?' 하면서 의심하는 눈치였다. 그러다 수술 받은 지 한 달째 되는 날 양쪽 폐로 암의 전이가 본격적으로 일어나면서, 그로부터 사흘 뒤 의식을 잃고 세상을 떠났다. 이 환자는 가족과 의료진 모두 알고 있는 사실을 본인만 모르고 지내다가 임종을 맞은 것이다. 이 사례에서 안타까운 사실은, 본인이 벌어 놓은 여러 가지 중요한 일들을 정리할 기회를 박탈당했다는 점이다. 이러한 사례는 실제로 의료 현장에서 자주 경험하는 일이다.

5. 말기암 환자에게 사실을 그대로 알려야 하는가?

말기암 환자에게 사실을 있는 그대로 알려야 한다는 것을 말로 하기는 쉽지만 실제로 행하기는 여간 어려운 일이 아니다. 이 일은 마치 옛이야기에 나오는 것처럼, 고양이 목에 방울을 달기로 여러 쥐들이 모여 결정을 했지만 실제로 방울을 다는 일은 서로에게 미루는 경우와 같다. 이럴 때 가족들과 의료진은 서로 말해 주기를 은근히 바라고 가족이 역할을 맡은 경우에도 나쁜 역할 맡는 것을 서로 미루기도 한다.

국립암센터에서는 말기암을 알리는 문제에 대해 우리나라의 말기암 환자 380명과 그 가족 281명을 대상으로 연구하여 2004년 국제학술지에 발표했다. 이 논문은 의학계에서 매우 훌륭한 논문으로 간주되고 있다. 세 가지 주제에 대하여 말기암 환자 본인과 가족에게 질문을 던졌다. 첫째는 '진실을 알기 원하는가?' 였다. 이에 대하여 말기암 환자 본인은 96%가 그렇다고 대답했으나 가족은 76%가 '예' 라고 대답했다. 둘째는 '누가 말기암이라는 사실을 알릴 것인가?' 였다. 이에 대하여 환자 본인은 80%가 의료진이 알려줄 것을 원했으나 가족은 51%만이 원했다. 셋째 질문인 '언제 알릴 것인가?' 에 대하여 말기암 환자 본인은 72%가 가능한 빨리 알려줄 것을 원했으나 가족은 45%만이 신속한 통보를 원했다.[7]

이 연구를 보면 상술한 세 가지 주제에 대하여 말기암 환자 본인과 가족의 견해가 상당히 다름을 알 수 있다. 이때 무엇보다도 중요한 것은 환자 본인의 생각이 아닐까? 필자는 진실을 알리기를 차일피일 미루다가 환자의 의식이 나빠져 중환자실로 옮겨진 뒤 세상을 뜨고 나서야 크게 후회하는 가족을 많이 보아 왔다. 일단 중환자실로 옮겨져 인공호흡기를 장착하면 의식이 나쁜 환자가 자신의 의사표시를 할 수 있는 길은 거의 원천봉쇄된다. 이럴 때마다 가족들의 때늦은 회한을 접하며 저런 전철을 밟아서는 절대 안 되겠구나 하는 각오를 새삼 하게 된다.

일본에서 1970년대부터 바람직한 죽음 문화의 정착을 위해 노력해 온 알폰스 데켄 신부(1932-)는 『죽음을 어떻게 맞이할 것인가?』라는 책에서, 환자에게 그가 말기 질환에 걸렸다는 사실을 적극적으로 알려야 하는 네 가지 이유를 제시하고 있다. 첫째, 이는 기본적인 인권으로서 환자는 자기 병의 상태를 정확히 알 권리가 있고, 둘째, 가족과의 신뢰 유지에 필수적이며, 셋째, 환자가 병에 대한 계속된 의혹을 갖고 지내는 것은 좋지 않으며, 넷째, 얼마 안 남은 시간을 충실하고 의미 있게 보내기 위해서라는 것이다.[8]

독일에서 태어나 제2차 세계대전을 겪으며 가족과 친구의 여러 죽음을 경험했던 알폰스 데켄 신부는 미국에서 철학 박사 학위를 받은 후 일본으로 건너와 대학교수로 있으면서 죽음에 관한 강의를 시작하였는데, 처음에는 "웬 이상한 외국인이 일본에 와서 재수 없는 얘기를 하는가?" 하고 현지 일본인들의 반발이 많았다고 한다. 현재 일본의 죽음 문화는 우리나라보다 최소한 10년 이상 앞서가고 있는 것으로 보이는데, 여기에는 수십 년간 지속된 이러한 선구자들의 노력이 있었기 때문이라고 생각한다.

2008년 미국에서 발간된 죽음학 책 『The Last Dance』에는 말기 환자가 자신의 죽음을 알게 되는 네 가지 방식을 소개하고 있다. 우선 첫 번째로 나오는 '폐쇄형'은 가족 간의 의사소통 부재로 자신의 죽음이 임박했음을 전혀 모르는 형태이다. 두 번째로 '의심형'은 환자 본인이 눈치를 채지만 가족들이 워낙 쉬쉬하기 때문에 진실을 정확히 알지 못하는 형태이다. 세 번째인 '상호기만형'은 환자와 가족이 상황을 다 알고 있으나 직접적인 대화를 피하는데 이 상태가 임종 때까지 계속되기도 한다. 마지막으로 '개방형'은 환자와 가족 서로가 죽음을 받아들이고 솔직하게 대화를 나누는 형태이다. 앞에 소개한 68세 남자의 사례가 전형적인 폐쇄형이다.[9]

모든 재난을 죽음으로 연결짓는 것은 적합하지 않겠으나 미리 잘 알려주는 것의 중요성을 강조해 주는 사례로서 소개한다. 1902년 서인도에 있는 펠리(Pelee) 화산의 폭발이 임박했음에도 그 지방 관리들이 주민들에게 제대로 알리지 않았다. 우선 폭발 규모가 확실하지 않고, 공연히 불필요한 공포감을 조성할 필요가 없겠고, 무엇보다도 지방자치 선거일이 다가와 이런 좋지 않은 사실을 알렸다가는 표가 다 떨어져 나갈지 모른다는 우려 때문이었다고 한다. 그 결과 마을 주민 3만여 명 거의 전부가 불에 타 숨지게 된다. 이와는 대조적으로 1980년 성 헬렌(St. Helens) 화산 폭발 때는 그 규모가 훨씬 컸으나 미리 알리고 조치를 취하여 60명의 사망자만 발생했다고 한다. 이는 재난에 대한 적절한 통보가 얼마나 중요한지를 알려주는 역사적인 사건이라고 할 수 있다.[10]

 6. 죽음에 대한 어린 시절의 대처와 어른이 된 후에 받는 영향

우리가 죽음에 대한 경험을 얼마나 바람직하게 치러냈느냐에 따라 죽음을 받아들이는 태도 역시 달라질 수 있다. 호스피스 실무 경험이 풍부한 간호사가 수많은 환자의 죽음과 죽어 감을 지켜보면서 쓴 『마지막 여행』이라

는 책에 소개된 76세 노인의 경우를 보자. 아내가 말기암으로 죽어 가게 되자 그는 죽음에 대해 엄청난 공포를 갖고 어쩔 줄 몰라 하는데, 그 이유가 어린 시절 어머니의 임종을 지켜보지 못하게 아이를 배려(?)한 당시 어른들 때문이라고 분석하고 있다.

사랑하는 어머니가 죽어 가는 것을 아이가 보지 못하게 할아버지 집에 보내진 사이 어머니가 돌아가셨고 그 뒤 어느 누구도 세상을 떠난 어머니에 대해 얘기하기를 회피했다고 한다. 인간으로서 당연하고도 자연스럽게 겪어야 하는 가족의 죽음과 사별을 제대로 거치지 못하고 상처가 크게 남다 보니 노인이 된 이후에도 죽음에 대해 굉장히 예민한 반응을 하게 된 것이다. 이것은 어린 시절 죽음에 대한 부적절한 대처가 훗날 어떻게 나타나는가를 보여주는 전형적인 예이다. 그래서 가족들끼리는 죽음을 공유해야 한다고 생각한다.[11]

3년 전에 모 의대 교수인 대학 후배를 만난 적이 있었는데, 7살 난 딸이 "사람이 죽으면 어떻게 되요?" 하고 물어 보기에 "어린 것이 뭐 그런 이상한 질문을 하냐?"고 막 야단을 쳤다고 한다. 그런데 다시 생각해 보니까, 어린 딸의 실존적인 질문에 아버지란 사람이 영 잘못 대처한 것 같아 난감했다고 하기에, 번역서인 『우리 아이가 죽음에 대해 물어보기 시작했어요』라는 책을 권해 준 적이 있다.

어린이들이 부모나 가까운 친척의 죽음을 경험할 때 해서는 안 될 말이 있다. 유족을 위로하려는 의도로, '착한 사람이어서 하나님이 먼저 데려가셨다.'라는 말을 하는 경우가 있는데, 이런 얘기는 아이들을 무척 혼란스럽게 만들 수 있다. '그렇다면 오래 사는 사람은 착하지 않은 사람인가?'라는 생각이 들어 헛갈리게 만들기 때문이다. 그리고 '먼 곳으로 여행을 떠났다.'고 하는 말에도 아이는 배신감을 느끼게 된다. 어머니가 그렇게 멀리 여행을 떠나면서 왜 가까운 나에게는 말 한마디 없이 떠났냐는 배신감을 느낀다는 것이다.

어린 시절의 이런 혼란은 어른이 되고 늙어서까지 내면에 부정적인 영향을 끼치게 된다고 한다. 그래서 아이들에게는 오히려 사실 그대로를 정확하게 알려주어야 한다. 예를 들어 고모 장례식에 참석하고 집에 온 아이가 '고모가 언제 오느냐?'고 물으면 고모는 죽었기 때문에 이제 다시는 집에 못 온다고 확실하게 얘기해 줘야 한다.

이상의 예들은 또 다른 책인 『아이와 함께 나누는 죽음에 관한 이야기』에 실린 내용들이다. 어린이들에 대한 죽음교육은 이렇게 정공법을 써야 한다. 말을 빙빙 돌리거나, 은유나 상징을 사용하거나, 차단하거나 은폐시키지 말고, 있는 그대로를 간단하고도 쉽게 설명해 주면, 아이들은 오히려 현실을 빨리 받아들이고 나름대로 적응해 나갈 수 있다고 한다.[12] 선진국에서 초등학교 학생을 대상으로 하는 죽음교육에서 죽음이 생소한 어린이들에게 우선 집에서 키우는 개나 고양이 같은 반려동물의 죽음부터 다루는 것과는 조금 다른 문제라고 할 수 있겠다.

 ## 7. 삶을 충실히 마무리한 예

필자가 7년 전쯤 경험했던 사례로 63세의 남자가 갑자기 피를 토하여 입원하게 되었다. 검사 결과 위암이 간으로까지 전이된 사실이 발견되었다.

이후 항암 화학요법 치료를 받게 되었는데, 본인이 처음부터 모든 사실을 파악하고 있었기 때문에, 이 기간 동안 자신의 회고록도 집필하고 삶의 마무리를 충분히 한 뒤, 1년 후 세상을 떠났다. 이 환자의 경우는 전형적인 개방형으로서, 앞서 소개한 폐쇄형과는 극명하게 대조된다.

2009년 2월 고 김수환 추기경의 장례 미사에 즈음해 방영된 KBS2TV「죽음, 삶의 무대에 서다」라는 프로그램의 인터뷰에서 살레시오 수도회의 김보록 신부는 평소에 죽음에 대해 생각해야 하는 이유를 다음과 같이 말하였다. "죽음에 대해 생각하면 인간적으로 보통 슬퍼지고, 우울해지고, 자기 인생을 비관적으로 살게 되지 않겠는가 하겠지만 사실은 그 반대입니다. 자기 자신의 인생의 마지막 순간인 죽음을 자주 생각하고 묵상하는 것이 오히려 지금 자신이 충실히 살아가기 위해서 큰 힘이 되고 긍정적인 삶에 도움이 된다고 생각합니다."

 ## 8. 죽음은 재수없고 혐오스러운 것인가?

사람들은 일반적으로 죽음에 대하여 말하거나 죽음과 관련된 단어를 보거나 듣는 것조차도 재수 없다면서 꺼리는 경우가 많다. 고층 건물의 승강기에도 4층이 F층으로 표기되어 있거나 아예 그것도 없이 3층에서 바로 5층으로 건너뛰는 곳이 많다는 것은 주지의 사실이다.

그런데 과연 죽음이 그렇게 혐오스럽고 기피할 일이기만 할까? 철학을 전공한 유호종 박사는 『죽음에게 삶을 묻다』라는 책에서 죽음을 똥으로 볼 것인가 혹은 된장으로 볼 것인가 하는, 똥설과 된장설을 제안하였다. 둘의 공통점은 그 냄새가 몹시 이상하다는 점이다. 마음 수양을 아무리 오래 했어도 똥을 한 숟가락 퍼서 입에 넣고 구수하다고 생각할 사람은 없다. 만일 죽음을 똥과 같은 것으로 생각한다면, 죽는 날이 오기 전까지는 가능한 한 생각을 하지 않고 지내는 것이 상책일 것이다. 그러나 죽음이 된장과 같은 것이라면, 처음 냄새는 고약했지만 찌개를 해서 먹어 보면 아주 맛있는 음식이라는 것을 알게 된다. 유호종 박사는 죽음이 똥이 아니고 된장일 가능성은 없겠는가 하고 묻고 있다.[13] 말기암으로 인해 극심한 통증으로 괴로운 나날을 보내다가도 임종 직전과 후에는 얼굴에 평화로움이 깃드는 것을 보면, 죽음은 똥보다 된장일 가능성이 대단히 높다고 생각된다. 또 많은 사람들은 죽음이 TV 리모콘의 전원 스위치를 눌러 화면이 깜깜해진 상태와 같다고 생각하는데, 유 박사는 그런 게 아니라 다른 채널 버튼이 눌러져 화면이 옮겨 가는 건 아닌지 생각해 보자고 제안한다.

그런가 하면 죽음을 집이나 건물 전체가 정전이 되어 칠흑같이 깜깜해지는 상태로 이해하는 사람도 상당히 많은데, 다음에 소개하는 영화 「히어애프터 Here after」의 이 장면에서도 그런 생각이 여실히 드러난다. 여주인공은 인도네시아로 휴가를 갔다가 쓰나미에 휩쓸려 심장과 호흡이 멎지만 사람들에 의해 구조되어 심폐소생술로 되살아난다. 그 후 여주인공이 남자 친구와 나누는 대화이다.

여주인공   물어볼 게 있어, 죽으면 어떻게 될까?
남자 친구   이상한 질문이네. 죽으면 그냥 불이 꺼지는 거지. 왜?
여주인공   그냥 그거야? 꺼지는 것?

남자친구	완전히 꺼지지. 플러그가 빠지는 거야. 영원한 공허겠지.
여주인공	뭔가 존재할 순 없을까? 내세 말이야.
남자친구	없을 거야. 그런 게 있다면 지금쯤 누군가 발견했겠지. 그런데 이 좋은 자리에서 그런 것들만 물어볼 거야?

　오랜 세월 종교를 가지고 신앙 생활을 해 온 일부 사람들이 불쑥 "죽으면 끝이지, 뭐."라고 내뱉는 경우를 종종 목격한다. 머리로 납득하기 어려우면 가슴으로 진정 어린 예배를 하기가 힘들다고 하는 어느 비교종교학자의 지론이 떠오른다.

　길모퉁이를 돌아서면 죽음을 마주치게 되는 때가 내일일지 십 년 후일지 아무것도 모르는 채, 우리 모두 매일매일 정신없이 바쁘게 살아간다. 이러한 상황에서 죽음을 꽉 막힌 벽으로 여길 것인지, 아니면 열린 문으로 대할 것인지에 따라 삶을 살아가는 태도와 방식이 크게 달라질 수 있겠다.[14]

9. 의학 연구로서의 근사체험

　이러한 내용을 의료 현장에서 죽어 가는 환자에게 일관되게 얘기한 의사가 있었는데, 그는 죽음학의 효시라고 일컬어지는 엘리자베스 퀴블러 로스 박사이다. 미국의 정신과 의사였던 로스 박사는 죽어 가는 어린이 환자들을 돌보면서 헝겊으로 만든 인형을 늘 가지고 다녔다고 한다. 이 인형은 고치 벌레 형태로 있다가 뒤집으면 날개가 달린 아름다운 나비로 변하였는데, 이것으로 죽음을 비유하며 임종이 임박한 어린이들을 위로하곤 했다. 로스 박사가 일관되게 이러한 주장을 했던 것은 자신의 오랜 임상 경험 때문이었다. 수많은 환자의 임종을 지켜보면서 관찰한 삶의 종말 체험과 근사체험을 통해 추출해 낸 결론이었던 것이다.

질병이나 사고로 심장이 멎고 호흡이 멈추어 사망 선고를 받았으나 심폐소생술로 회생한 사람의 일부가 하는 체험이 임사(근사)체험이다. 로스 박사는 이러한 체험이 환자의 연령, 성별, 인종, 종교의 유무나 종류에 무관하게 일어난다는 사실을 발견한다. 로스 박사는 이러한 자신의 임상 경험을 통해 "인간의 육체는 영원불멸의 자아를 둘러싸고 있는 껍질에 지나지 않는다. 따라서 죽음은 존재하지 않고 다른 차원으로의 이동이 있을 뿐이다."라고 일관되게 주장하였다. 이러한 내용이 로스 박사의 책 『사후생』에 잘 소개돼 있다. 그는 우리나라에서는 『사후생』보다는 『인생 수업』이나 『상실 수업』의 저자로 더 잘 알려져 있는데, 미국의 시사 주간지 『타임』은 그를 20세기 100대 사상가 중 한 명으로 선정하기도 하였다.

『사후생』에 소개된 근사체험의 한 사례를 소개해 보겠다. 사고로 심장과 호흡이 정지해 사망 판정을 받은 뒤 심폐소생술로 회생한 어린이가 자신이 죽어 있던 동안 경험한 것을 어머니에게 이야기했다. "너무 아름다운 경험을 했기 때문에 되돌아오고 싶지 않았어요. 그곳에는 모든 것을 감싸는 포근함과 놀라운 사랑, 그것을 실어 나르는 빛이 있었어요. 게다가 오빠가 있어서 자상하게 잘 대해 줬어요. 그런데 나는 오빠가 없잖아요?" 아이의 이 말에 어머니는 울면서 진실을 얘기해 주었다. "한 번도 이야기를 못해 줘 미안하구나. 사실은 네가 태어나기 3개월 전 죽은 오빠가 있었단다." 이 아이는 자신의 오빠가 있었다는 사실을 전혀 모르고 있다가 죽어 있던 짧은 순간에 친오빠를 만나게 된 것이다. 이러한 현상은 근사체험에 대한 회의론자들이 얘기하는 환상이나 환각, 꿈 같은 것으로는 도저히 설명되지 않는다.

이러한 체험이 처음부터 주위 사람들에게 자연스레 받아들여진 것은 아니다. 체험자들은 자신의 경험을 상담할 만한 사람이나 기관을 찾지 못해 애를 먹었다. 병원의 의료진에게 털어놓으면 머리가 이상해진 것 같다고 하고, 다니던 교회의 목사에게 얘기하면 마귀나 사탄에 홀린 것 같다는 핀잔을 듣기 일쑤였다. 그러던 중 이렇게 이상해 보이는 체험자들의 경험에 귀를 기울이기 시작한 소수의 의사들이 있었는데 이제 이들을 소개하고자 한다.

1) 근사체험을 연구하기 위해 의사가 된 철학 교수

근사체험에 관한 연구에 물꼬를 튼 것은 미국의 정신과 의사인 레이먼드 무디 주니어이다. 이 사람은 원래 의사가 아니라 대학 학부에서 심리학과 철학을 전공한 후 대학에서 철학을 가르치던 교수였다. 그는 우연히 심한 폐렴으로 사망 판정을 받은 뒤 시체 안치소까지 실려 갔다가 극적으로 다시 살아난 의사의 경험담을 듣게 되었다. 그 뒤 자신의 강의를 듣는 학생 중에도 이러한 체험자들이 있다는 것을 알게 된 후, 이를 본격적으로 연구하기 위해 의과대학에 진학하여 후일 정신과 의사가 된다. 그가 8년 동안 150명의 체험자들을 만나 면담을 하고 쓴 책이 1975년에 발간된 『Life after life』(우리나라에서는 2007년에 『다시 산다는 것』이라는 제목으로 번역 출판되었음)이다.

이 책의 서문은 앞에서 소개한 엘리자베스 퀴블러 로스 박사가 썼는데, 이 서문에서 그는 두 가지 부류의 사람들로부터 공격을 받을 것이라며 저자를 걱정하고 있다. 하나는 성직자들로서, 죽음은 종교의 전문 영역인데 자신들의 분야를 감히 넘본다고 싫어할 것이고, 두 번째 부류는 과학자와 의사들로서, 그들은 이 책의 내용이 비과학적이라는 이유로 공격해 올 것이라며 우려를 표명했다. 의사가 쓴 책에 의사가 서문을 써 주면서 의사들로부터 공격 받을 것을 걱정해 주니, 대단히 아이러니한 일이다.[15]

이 책에 실려 있는 사례를 소개한다. 심폐소생술은 몇 시간씩이나 할 수 있는 응급처치가 아니어서 소생술을 받고 있는 환자가 회생의 기미가 보이지 않으면 처치를 담당한 의료진이 "한 번만 더 해보고 안 되면 포기합시다."라고 하면서 소생술의 지속 여부를 결정하게 된다. 이런 대화가 있은 뒤 다행히 어떤 환자의 심장이 뛰기 시작하면서 회생했는데, 이상한 일은 환자가 의료진의 이러한 대화를 다 들었을 뿐만 아니라, 의료에 문외한인데도 심폐소생술의 구체적인 과정을 옆에서 시종일관 지켜보았던 것처럼 전부 기억하고 있었다는 점이다.

또 다른 환자는 소생술 시작하기 전 틀니를 하고 있어서 의료진은 환자의 틀니를 빼어 서랍 속에 넣어 두었는데, 환자가 소생한 후 틀니의 위치를 다 알고는 꺼내 달라고 했다는 것이다. 심장이 멈추고 호흡이 없는 사망상태에서 일어난 일을 환자 본인이 기억하고 있었다는 사실은 현대과학이나 의학으로는 설명이 불가능하다.

심장박동이 멈추어 뇌로 피가 흘러가지 않으면 10~20초 후부터는 뇌파가 기록되지 않는다. 즉 과학적으로 뇌의 활동이 전혀 없는 것이다. 우리 의식은 뇌에 국한되어 있다는 것이 현대 과학과 의학의 입장이므로 이때 기억이나 체험 같은 것은 있을 수 없다고 과학자와 의사들은 말한다. 그러나 레이먼드 무디 주니어의 근사체험에 관한 연구가 발표된 이래로 현재는 세계적으로 이런 사례가 수천 건 이상 축적되어 있다. 인간의 의식은 반드시 뇌에 국한되지 않을 수 있다는 것을 방증하는 자료라고 할 수 있다.

근사체험 혹은 임사체험을 지칭하는 'Near death experience'라는 용어는 레이먼드 무디 주니어가 처음으로 만들어 사용했다. '일시적인 죽음의 체험'이라고도 하고 최근에는 '사실상의 죽음의 체험'이라고 부르기도 한다. 심장이 멈추고 호흡이 정지되고 동공반사가 없으니 사망했다고 말할 수 있다. 이것은 심폐소생술로 회생한 모든 사람이 다 경험하는 것은 아니고 그중 10~25% 정도가 체험하게 된다. 체외 이탈을 해서 자신의 육체를 바라보게 되는 것도 중요한 체험 요소 중 하나이다.

2) 대중매체에 보도된 근사체험

영국의 BBC 방송에서 2004년 제작한 근사체험에 관한 다큐멘터리 「The Day I Died(내가 죽던 날)」(우리나라 Q채널에서 방송됨)에는 시각장애인의 체험이 소개되어 있다. 그는 태어날 때부터 앞을 볼 수 없었던 선천성 시각장애인이어서, 빛이며 그림자며 그 어느 것도 본 적이 없고 꿈에서도 맛, 감각, 소리, 냄새는 있으나 시각적인 이미지는 나타나지 않는다고 한다. 20살 때 교통사고로 심한 부상을 입고 병원의 응급실에서 치료를 받던 중 심장이 정지하고 호흡이 멎었는데, 심폐소생술을 받는 동안 체외이탈을 하게 된다. 당시의 체험을 다음과 같이 이야기한다.

"기억나는 건 정신을 잃고 병원에 실려 갔을 때 처치하는 과정을 전부 지켜봤던 일이에요. 두려웠어요. 앞이 보인 적이 없어서 보는 것에 익숙지가 않았거든요. 그래서 잔뜩 겁을 먹었죠. 그러다 결혼반지와 머리 모양을 보는 순간 '저건 나잖아? 내가 죽은 건가?' 하는 생각이 들었어요. 응급실 의사들이 제 심장이 멈췄다고 외치며 필사적으로 애를 쓰는 동안 몸에서 분리되는 느낌이 들었고 '왜들 저렇게 난리인가?' 하면서 나가야겠다고 생각했죠. 그 순간 천장을 통해 밖으로 나갔어요, 아무렇지도 않게요. 부딪힐 걱정도 없고 몸이 자유로워서 좋았어요. 갈 곳이 정해져 있었죠. 풍경 소리가 들렸는데 너무나 아름다운 소리였어요. 낮은 톤에서 높은 톤까지 다양한 소리를 냈죠. 그곳엔 나무와 새 그리고 사람이 몇 명 있었는데 그들의 몸은 놀랍게도 빛나고 있었죠. 너무나 아름다운 광경에 완전히 압도당했어요. 그전엔 빛이 어떤 건지 상상도 못했거든요. 지금도 그때를 생각하면 가슴이 벅차요. 그동안 눈이 안 보여 궁금했던 모든 걸 해소할 수 있었으니까요. 그곳엔 제가 알고 싶었던 것들로 가득했어요. 몸 안으로 다시 돌아오자 극심한 고통이 느껴졌고 몸이 무겁고 굉장히 아팠어요."

이 사례는 뇌가 시각적인 정보를 제공하지 않아도 의식은 활동할 수 있다는 것을 보여준다. 태어날 때부터 앞을 볼 수 없었던 주인공은 시각적인 이미지가 꿈속에서조차 나타나지 않는다고 하니 주인공의 이러한 체험을 단순한 꿈이나 환각 혹은 착각으로는 도저히 설명할 수 없겠다.

3) 저명한 국제 의학학술지에 발표된 여러 병원에서의 근사체험 연구

네덜란드의 여러 병원에서 많은 근사체험자를 대상으로 한 연구가 2001년 저명한 의학 학술지인 『Lancet』에 실렸다. 『Lancet』은 1823년 영국에서 창간된 이래로 190년 동안 의학계에서 전통과 권위를 인정받아 온 학술지

이다. 학술지의 영향력을 나타내는 지표인 영향 정도(Impact factor)가 15.3으로 전 세계에서 발간되는 107종의 의학 학술지 중 3위를 차지한 바 있다. 국내의 의료기관에서 연구한 결과가 이 학술지에 실리면 일간지에 대서특필되기도 하는데, 과학 분야에서 유명한 『Nature』나 『Science』에 비견할 수 있다.

앞에서 언급했던 것처럼 세균의 존재가 아직 알려지지 않았고 소독이란 것이 없었던 시절 복합 골절(뼈가 부러지며 피부 밖으로 튀어 나온 골절) 환자들은 거의 전부 세균 감염으로 사망했었다. 1865년 리스터가 복합 골절 환자 11명을 석탄산으로 소독하여 모두 살렸던 획기적인 치료 결과 역시 1867년 『Lancet』에 게재된 것이다. 『Lancet』가 의학의 역사에 미친 영향은 이처럼 지대하다.

네덜란드의 연구자들은, 여러 병원에서 심폐소생술로 다시 살아난 344명을 조사하여 18%인 62명이 근사체험을 했다는 사실을 발표했다. 이 연구에서는 열 가지의 체험 요소를 활용하였는데, 이는 미국 코네티컷 대학 심리학과의 케네스 링 교수가 개발한 것이다. 케네스 링 교수는 1980년에 「죽음에서의 삶: 근사체험에 대한 과학적 조사」라는 논문을 발표했다. 그는 사례를 수집하는 수준을 벗어나 실험대조군을 사용하여 근사체험에 대한 객관적 접근을 시도하고, 통계분석을 시행하여 근사체험 연구를 한층 심화시킨 연구자이다. 여러 연구에서 공통된 연구 척도를 사용하면 각기 다른 연구자가 서로 다른 지역과 환경에서 시행한 연구 결과를 상호 비교해 보는 것이 가능해진다는 장점이 있다.

열 가지 체험 요소로서는, 자신이 죽었다는 인식(50%), 긍정적인 감정

(56%), 체외 이탈 경험(24%), 터널을 통과함(31%), 밝은 빛과의 교신(23%), 색깔을 관찰함(23%), 천상의 풍경을 관찰함(29%), 이미 세상을 떠난 가족과 친지와 만남(32%), 자신의 생을 회고함(13%), 삶과 죽음의 경계를 인지함(8%)이다. 병원에 있던 의무 기록을 사건이 일어난 한참 후에 찾아서 하는 후향적인 연구는 여러 가지 오류가 개입될 가능성이 많은데 비하여, 이 연구는 미리 철저한 계획서를 작성해 놓고 시작한 전향적인 연구이므로 한층 더 신뢰할 만하다.

이 연구는 근사체험이 체험자들의 삶에 어떤 영향을 미쳤는가를 2년 뒤와 8년 뒤까지 조사했는데, 근사체험자 23명과 소생하기는 했지만 근사체험을 경험하지 않은 15명을 비교하였다. 연구 결과 근사체험자는 무경험자에 비하여 다른 사람에 대한 공감과 이해를 더 하게 되고, 인생의 목적을 더 잘 이해하며, 영적인 문제에 더 관심을 가지며, 죽음에 대한 두려움은 큰 폭으로 감소하고, 사후생에 대한 믿음과 일상사에 대한 감사의 마음이 크게 증가했다. 몇 분밖에 안 되는 짧은 순간의 체험이 8년 뒤까지도 큰 영향을 준 것이다.[16]

4) 근사체험에 관한 상반된 시선

근사체험에 대한 사람들의 반응은 크게 둘로 나뉜다. 대부분의 과학자나 의사들은 이러한 현상을 아주 못마땅해 하는데, 간질에 대한 치료로 뇌수술을 할 경우 뇌의 측두엽에 전기 자극을 가하면 환자가 빛 같은 것을 보기도 하고, 저산소증이나 마취제, 환각제를 투여할 경우에도 비슷한 걸 경험할 수 있기 때문에, 근사체험은 별것이 아니고 뇌가 헛갈리는 현상일 뿐이라고 일축한다. 뇌 과학자들은 뇌가 바로 인간 의식의 발생처라고 생각하기 때문에 뇌를 잘게 썰어서 현미경으로 관찰하고, 크로마토그래피로 미세 물질을 추출하며, MRI 같은 영상 기계로 뇌를 촬영하면 인간 의식의 모든 것을 밝힐 수 있다고 생각하고 있다.

그러나 뇌를 TV 수상기와 같은 것으로 보는 관점에서는 이 같은 뇌 과학자들의 접근법에는 큰 한계가 있음을 알 수 있다. 생물학자나 뇌 과학자가 연구하는 물질적인 뇌와 인간이 경험하는 주관적인 의식은 밀접한 관계를 지니면서도 별개의 것이라고 할 수 있다.[17] TV에서 방영되는 프로그램에 등장하는 다양한 사물과 화려한 경치의 출처를 밝히기 위해 TV 수상기의 부품을 분자, 원자 수준까지 파헤친다고 해서 무엇을 알아 낼 수 있겠는가? 물론 TV 부품에 이상이 있으면 소리가 찌그러지고 화면이 일그러져 프로그램을 제대로 보기 어려울 것이다. 그러나 프로그램에 나오는 인물이나 풍경은 TV 수상기 자체가 만들어 내는 것이 아니고 멀리 떨어져 있는 TV 방송국에서 제작한 프로그램을 전파를 통해 수신하여 중계하는 것일 뿐이다.[18] 유물론에 입각한 현대 과학교육을 받아 온 이들은 근사체험을 불편한 진실로 여길 수 있겠다.

그러나 오랫동안 근사체험을 전문적으로 연구한 학자들은 견해를 달리한다. 약물이나 물리적 자극에 의한 경우에는, 기억이 조각나 있고 일정치 않으며, 정리가 안 되어 있고, 생의 회고가 동반되지 않으며, 근사체험 후 일어나는 삶의 심대한 변화가 없고, 죽음에 대한 두려움이 없어지지 않으며, 환각제인 경우에는 공포나 기괴한 체험인 경우가 많은 점을 들어, 근사체험은 실제로 일어나는 현상이라고 반박한다.[19]

근사체험은 이처럼 확고한 증거가 있고 서구에서는 여러 의료 기관에서 연구를 하고 있음에도 불구하고 우리나라에서는 아직도 꿈, 사각몽, 환각이나 착각이라고 폄하하는 사람들이 많다. 꿈이나 환각을 경험하려면 뇌의 활동이 있어야 하는데, 근사체험자들은 심장박동이 멎어 뇌로 피가 순환되지 않아 뇌의 활동이 없는 상태이니 근사체험을 꿈, 착각이나 환각으로 설명하는 것은 어불성설이라는 것을 알 수 있다. 일부 안과 의사들은 빛이 보이는 것은 주변 시야 현상일 것으로 이야기하는데, 얼핏 그럴듯한 설명처럼 들리나 근사체험의 여러 가지 요소를 설명하기엔 대단히 미흡하다.

국제적으로는 이 분야의 연구자들을 주축으로 국제근사연구학회(International Association for NDE Studies)가 결성돼 매년 학술 대회를 개최하고 전문 학술지(Journal of Near Death Studies)도 발간해 오고 있다.

5) 우리나라 방송 매체에 보도된 근사체험

2010년까지만 해도 우리나라 방송 매체에서는 이 체험을 일부 케이블 TV 등에서 호기심 차원 정도로 취급했지만, 2011년부터는 주요 일간지나 지상파방송에서도 단순한 흥미 수준을 넘어 진지하고 심도 있게 다루고 있다. 2011년 3월 18일 방영된 KBS 금요기획 「죽음에 관한 세 가지 시선」 중 첫 번째인 「삶과 죽음의 경계를 말하다」에서는, 근사체험의 실제 경험자를 소개하고 선진국에서의 임상 연구 현황을 소개하였다. 특히, 이러한 현상에 대해 가장 부정적인 견해를 갖고 있는 직종인 의사의 경험담을 소개하고 있어서 대단히 흥미롭다. 미국의 뉴 햄프셔에 살고 있는 토니 서코리아는 벼락에 맞아서 죽었다가 살아난 당시의 체험을 아래와 같이 이야기한다.

"1994년 저는 가족 모임에 있었습니다. 폭풍이 다가오고 있었는데 불행히도 전 알지 못했습니다. 공중전화 부스에서 전화 수화기를 얼굴 가까이 들고 있었는데 제가 있던 전화 부스가 번개를 맞았어요. 커다란 섬광이 수화기에서 뻗어 나오더니 제 얼굴을 내리쳤어요. 그 뒤로는 의사로서의 이성으로는 이해하기 힘든 경험을 하게 됐습니다. 장모님이 저를 향해 달려오더니 저를 그냥 통과해서 지나치더군요. 그때 저는 정말로 이상한 일이라고 생각했습니다. 장모님이 어디로 가는지 보려고 뒤를 돌아봤는데 바닥에 제가 누워 있는 것이 보였어요. '이런, 내가 죽었잖아.' 라고 생각했죠. 한 간호사가 제 몸에 심폐소생술을 시도했습니다. 저는 그들을 보고 그들의 이야기를 들을 수 있었지만, 그들은 저를 보거나 제 말을 듣지 못했어요. 제가 그 사람들을 필사적으로 부르고 있었는데도 말이죠."

6) 현재 진행 중인 외국에서의 근사체험 연구

어웨어 프로젝트(AWARE project)는 체외 이탈 현상을 증명하기 위해 미국과 유럽의 25개 의료 기관에서 3년간 15,000명의 환자를 대상으로 실시하는 연구이다. 실험은 심장정지가 자주 발생하는 응급실이나 중환자실에서 이루어지는데, 연구진은 체외 이탈 현상의 진위를 밝히기 위해 병실 높은 곳에 사진과 기사를 올려놓고 환자가 깨어나길 기다린다. 근사체험자에 의하면 그들이 죽음을 경험하는 동안 평화로운 마음으로 천장에서 아래의 모든 풍경을 내려다 볼 수 있었다고 한다. 연구진은 이 증언의 사실 여부를 밝혀내기 위해, 아래에서는 절대 볼 수 없도록 병실 천장 가까운 선반 위에 사진과 신문 기사들을 배치했다. 심장정지를 경험한 환자가 깨어난 후 이 사진과 기사를 기억한다면, 죽어 있는 동안 의식이 활동하는 것을 인정할 수 있다고 연구진은 이야기한다.

한편 이 다큐멘터리에서는, 자신이 심폐소생술로 회생시킨 한 환자를 만났던 남성 수간호사의 체험도 소개하고 있어서 흥미를 끈다.

"몇 년 전 다른 병원에서 일할 때였습니다. 저에게 심폐소생술을 받고 살아난 환자를 일주일쯤 지나서 만나러 갔습니다. 그런데 제가 환자에게 다가가자 그 사람은 저를 아주 분명하게 기억하더군요. 그리고 저에게 '안녕하세요?' 라고 인사를 했습니다. 저를 어떻게 기억하냐고 물었더니 자신의 심장이 멎었을 때 저를 보았다고 했습니다. 그리고 저를 포함한 의료진들이 어떻게 생겼었는지, 당시에 무엇을 하고 있었는지 상세하게 얘기하기 시작했어요. 그때는 이상하다는 생각이 들었습니다."

이러한 체험은 앞서 소개한 레이먼드 무디 주니어의 『Life after life』에 소개된 사례와 다르지 않다.

7) 동양에서의 근사체험 연구

서양뿐만 아니라 동양의 근사체험 연구 결과도 저명 학술지에 발표된 바 있다. 대만 타이페이에 있는 7개 병원에서 710명의 혈액투석을 받는 콩팥병 환자를 대상으로 근사체험이 미치는 영향을 연구한 결과가 2007년 미국신장병학회지에 발표되었다. 연구자들은 발표 논문에서 근사체험은 혈액투석을 받는 환자들에게 드물지 않게 발생하며, 체험 후 긍정적인 영향을 받게 되었다고 보고하였다. 따라서 의료진도 이러한 현상에 대해 잘 알고 있어야 한다고 강조하고 있다.[20]

이 연구 논문을 통해서 대만에는 이미 근사체험을 전문적으로 연구하는 연구 재단이 있음을 알게 되었다. 우리나라에는 아직 이러한 학술 연구가 없으나, 방송 매체와 주요 일간지에서 종종 근사체험자들의 사례가 소개되고 있으며 외국의 그것과 크게 다르지 않아 보인다. 앞으로 본격적인 연구가 필요하다.

8) 우리나라 의사가 현장에서 목격한 근사체험

2012년 11월 함춘 여의사회 초청으로 죽음학 강의를 하던 중에 강의를 듣던 여의사 한 분이 자신의 친구가 경험한 흥미로운 사례를 제보해 주었다. 우리나라에서 의대를 졸업한 후 미국으로 건너가 마취과 의사로 근무하면서 경험한 것이다.

그 의사는 유대인이 세운 큰 병원에서 주로 심장 수술의 마취를 담당하였는데 수술을 집도하는 외과 의사는 평소 동양인을 비하하였고 한국인 마취과 의사를 늘 무시했다고 한다. 그러던 어느 날 바로 이 외과 의사의 심장이 멎는 응급사태가 발생하자 의료진이 달려들어 심폐소생술을 했는데 30분이 지나도 반응이 없자 포기하려고 했단다. 그때 이 한국인 마취과 의사는 평소에 자신을 늘 무시하던 외과 의사지만 포기할 수 없다는 생각이 들어 자신이 심폐소생술을 더 해보겠다고 자청했다고 한다. 미국인 의료진은 멀뚱히 보고만 있는 가운데 비지땀을 흘리며 심폐소생술을 30분쯤 더 했을 때 기적적으로 심장이 뛰기 시작하여 살아났다고 한다.

그런데 심장이 멎어 사망 판정을 받았던 이 외과 의사가 심폐소생술 도중 체외 이탈을 하여 소생술 현장의 공중에 붕 떠서 자신의 육체가 소생술을 받고 있는 광경을 모두 지켜보고 있었다는 것이다. 이 외과 의사는 자기 친구들인 미국인 의료진은 심폐소생술을 거의 흉내만 내고 있는 것처럼 보였는데 자신이 늘 무시하던 한국인 마취과 의사는 혼신의 힘을 기울여 심폐소생술을 한 것을 직접 지켜보고는 회생한 후 한국인 마취과 의사가 자신을 살렸다고 감사하며 이후 대하는 태도가 180도 달라졌다고 한다.

이 사례는 의사가 직접 경험한 근사체험이어서 근거가 확실하다고 말할 수 있다. 이러한 체험을 단순한 환각이나 꿈, 착각으로 치부한다는 것은 어불성설이라고 할 수 있다.

10. 삶의 종말 체험

삶의 종말 체험은 근사체험과 공통되는 부분도 있으나 조금 다르다. 세상을 떠나기 전의 환자는 어떤 공통된 비전(vision)을 보게 되는데, 대개 먼저 세상을 떠난 가족, 친지 또는 친구가 임종자를 마중 나오는 내용이다. 호스피스 실무 경험자들은 이미 이러한 현상에 익숙해져 있는데, 임종하는 사람과 가족들 모두에게 편안한 느낌을 주기 때문에 '마지막 선물(Final gift)'이라고 부르기도 한다.

영국의 신경과 의사인 피터 펜윅 박사(1935)는 영국과 스코틀랜드에서의 이러한 체험을 수집하여 『죽음의 기술』이라는 제목으로 책을 발간한 바 있다. 그 책의 내용 중 하나를 소개한다.

1926년 아일랜드의 물리학자였던 윌리엄 바렛의 부인은 산부인과 의사였는데, 진료하던 한 환자가 건강한 아이를 출산한 후 과다 출혈로 죽어가고 있었음에도 얼굴엔 상냥한 미소를 띠고 있었다고 한다. 환자가 무엇인가를 보고 있으니까 옆에서 간호하던 사람이 무엇을 보는지를 물어보았을 때 이렇게 대답했다. "사랑스러운 빛, 경이로운 존재들, 아니 아버지잖아. 오, 내가 온다고 너무 반가워하시네. (다소 당혹스러운 표정을 지으며) 그런데 아버지가 동생과 같이 있어요." 환자의 동생은 3주일 전에 세상을 떠났으나 가족들은 환자의 몸 상태가 좋지 않아 이 사실을 알려주지 않았던 것이다. 이 환자의 임종이 다가오자 오래 전에 타계한 환자의 아버지와 3주일 전 세상을 떠난 동생이 마중을 나왔던 것이다.[21]

이 환자가 임종 시에 본 비전에 충격을 받은 윌리암 바렛은 연구를 하여 후일 『죽음의 자리에서 나타나는 환영들 *Death Bed Visions*』이란 책을 출간하게 된다. 미국에서 활동했던 엘리자베스 퀴블러 로스 박사도 앞서 소개한 책 『사후생』에서 이와 대단히 유사한 경험을 기술하고 있다. 엄마가 딸과 아들을 태우고 운전하던 중 발생한 교통사고에서 엄마는 현장에서 즉사했으나 중상을 입은 딸과 아들은 병원의 각기 다른 병동에 입원 중이었다. 로스 박사는 어린이들의 임종 현장을 지켜왔는데 여자아이의 부상이 치명적이어서 곧 죽음을 맞게 될 상황이었다. 이 여자아이는 "모든 것이 잘 되고 있어요. 엄마와 남동생은 벌써부터 저를 기다려요."라는 말을 남기고 눈을 감았다. 로스 박사는 여자아이의 엄마가 사고 현장에서 즉사했다는 것은 알고 있었지만 남동생이 방금 죽었다는 것은 모르고 있었는데 여자아이가 죽은 직후 아동병원에서 남동생이 10분 전에 죽었다는 전화를 받았다고 술회하고 있다.[22] 즉, 여자아이는 자신이 죽기 직전 사고 현장에서 죽은 엄마와 바로 몇 분 전 세상을 떠난 남동생의 마중을 받았던 것이다.

피터 펜윅 박사가 기술한 사례와 마찬가지로 이 사례에서도 임종을 맞는 당사자는 자신의 동생이 먼저 죽었다는 사실에 대해 몰랐기 때문에 죽은 동생을 본 것을 착각이나 환각이라고는 도저히 설명할 수 없을 것이다.

이러한 현상은 일견 기묘해 보이기도 하지만 호스피스 실무자들은 너무나도 익숙한 일이라 별로 흥미로울 것이 없다고 얘기하곤 한다. 죽음이 어느 특정 시간대나 특정 지역에서만 일어나는 일이 아닌 만큼, 이러한 사례는 동서고금을 통해 인류가 공통적으로 경험하게 되는 현상일 것이다.

상술한 근사체험과 삶의 종말 체험을 통해서 죽음과 그 후의 세계를 열쇠구멍을 통해 들여다 본 정도는 알게 되었다고 할 수 있다. 인류가 수천 년 동안 궁금해 왔던 내용을 말이다.

11. 정신과 의사 카를 구스타프 융의 사후세계관

스위스 출신의 정신과 의사이자 분석심리학을 창시한 카를 구스타프 융 (1875-1961)은, 그의 수제자였던 폰 프란츠 여사를 통해, "죽음은 사라지는 게 아니라 알 수 없는 세계로 가는 것이다."라는 말을 남겼다. 또한 융 자신도 생전에 썼던 편지에서 "죽음의 저편에서 일어나는 일은 말할 수 없이 위대해서, 우리의 상상이나 감정이 제대로 파악하기조차 어렵다."라고 술회한 바 있다.[23]

이러한 여러 측면에서의 연구 결과를 통해 볼 때, 죽음은 꽉 막힌 벽이 아니라 열린 문으로서, 다른 차원으로의 이동이라고 할 수 있다. 우리가 죽음관을 갖는다는 것은, 죽음이 재수 없고 괴로운 것이 아니라, 삶의 일부이고 마지막 성장의 기회이며 다른 차원으로의 이동이라는 관점을 수립해 나가는 것이라고 할 수 있다. 이와 더불어, '모든 사람은 반드시 죽게 되며 나도 예외는 아니다.' 라는 사실을 수시로 확인해 나가는 과정이기도 하다.

12. 죽음에 대한 불안과 공포를 덜기 위하여

민속학자 김열규 교수가 쓴 책 『메멘토 모리, 죽음을 기억하라』에 나오는 내용을 소개한다. 지방에서 호스피스 일을 해 온 수녀들이 고민을 갖고 찾아 왔다고 한다. 입원한 환자들은 영세도 받아 천국이 반쯤 보장된 거나 다름없으니 걱정이 없을 것 같은데도 그들이 갖고 있는 죽음에 대한 불안과 공포를 좀처럼 덜어 줄 수가 없다는 것이었다. 환자들의 믿음이 얕은 탓도 있겠지만 수녀 자신들의 봉사가 부족해서 그런 게 아닌가 하며 혹시 우리의 전통문화에서 해결책이 없겠는지를 알아보겠다고 찾아왔다고 한다.[24]

그런데 안타깝게도 우리나라 전통문화에서 해결 방안을 찾기는 어렵다고 본다. 해결책은, 인간의 정체성을 규정하는 것은 육체적인 것만이 아닌 비육체적인 것도 있다는 걸 알려 주는 것이다. 그것이 의식체, 영혼, 유체, 소울(soul), 스피릿(spirit)과 같이 무엇으로 불리든 간에, 비육체적인 부분은 소멸하는 것이 아니라는 사실을 알려 주어야 한다. 그러면 죽음에 대해 그렇게 두려워하지도 않을 것이고, 또 사는 동안 하루하루를 의미 있게 살려고 노력하게 될 것이다.

13. 성공적인 삶을 살았던 말기암 환자와 그의 특별한 안경

"언제 다가올지 모르는 죽음을 인식하며 어떻게 살아갈 것인가?"라는 의문에 답을 주는 영화 한 편을 소개한다.「이끼루」라는 영화인데,「나생문」이라는 영화로 유명한 일본의 구로자와 아끼라 감독이 1952년에 발표한 작품이다. 이 영화의 제목「이끼루」는 '살다', '살아 있음'의 뜻이지만, 그 영화의 내용은 죽음에 관한 것이다.

영화의 주인공은 시청에서 일하는 과장이다. 30년간 결근 한 번 하지 않고 자리를 지킨, 그러나 무사안일한 삶을 살아온 인물이다. 소화가 안 되고 속이 아파 병원에 가서 검사를 받는데, 이미 수술로 완치할 수 있는 시기를 지난 말기 위암이라는 청천벽력 같은 진단 결과를 듣게 된다. 앞으로 살아갈 날이 반 년 정도 남았다는 의사의 통보에, 평소에 안 하던 술도 마셔 보고 도박도 해 보지만 마음의 공허감은 채워지질 않는다. 그러다가 지난 30년간 자신이 미라와 같은 생활을 해 왔다는 사실을 깨닫는다. "죽기 전에 어떤 일이든 하고 죽어야겠는데 그게 뭔지 모르겠어."라고 독백하는 주인공의 얼굴이 화면 전체를 가득 채우는데, 바로 다음 장면에서는 꺼져 가는 장작더미에 다시 불을 지펴 오르듯 눈이 반짝 빛나며, "아직 늦지 않았어. 할 수 있을지도 몰라." 하면서 표정이 극적으로 바뀐다.

주인공은 사무실로 돌아와 자신의 책상에 쌓아 놓았던 미결 서류 더미 속에서 자신이 할 일을 찾아낸다. 마을에 버려진 공터가 있는데, 이곳에 큰 웅덩이가 파여 큰비가 오면 커다란 물구덩이로 변해 파리와 모기가 들끓고 위험하니, 이 공터를 공원으로 만들어 달라는 것이 마을 주민들의 숙원이었다. 그러나 주민들이 여러 차례 진정을 해도 전혀 진척되지 않았다. 왜냐하면 7개나 되는 부서가 관련되었는데, 자기 부서 일이 아니라며 서로 떠넘기기만 해 왔기 때문이다. 이런 상황을 파악한 주인공은 담당 부서를 일일이 찾아다니며 해당 부서의 과장이 결재 도장을 찍어주기 전까지는 자리에서 일어나지 않는 소위 끈끈이 작전을 통해, 마침내 7개나 되는 결재 도장을 모두 받아내게 된다. 이 와중에 조직폭력배의 협박도 받게 된다. 마침 이 마을의 사업가가 이 공터에 식당가를 만들겠다는 사업 계획을 세우는데, 공원 조성 사업과 정면으로 충돌하게 되자 폭력배를 동원해 주인공을 협박해 공원 사업을 포기시키려고 했던 것이다. 영화 속 대사에는 나오지 않지만 '내일 모레 죽을 사람을 죽이겠다고 윽박지르는 게 도대체 협박이라도 되나?'라고 주인공이 생각하지 않았을까? 이런 주인공의 모습을 보다 못한 부하 직원이 "푸대접에 화도 안 나세요?"라고 한마디 하자, 주인공은 "나는 누구를 미워할 수 없네. 그럴 시간이 없어."라고 대답한다.

퇴근길 문득 멈춰 서서 저녁노을을 바라보며, "노을이 이렇게 아름다운 걸 모르고 30년을 살아왔어. 하지만 이제는 시간이 없구나."라며 고개를 숙인 채 발걸음을 옮긴다. 많은 어려움 끝에 마침내 마을 주민들의 숙원인 어린이 공원이 완성되고, 주인공은 눈 내리던 공원 개장 전날 밤 그네를 타면서 나지막하게 노래를 부르며 숨을 거둔다.

알폰스 데켄 신부는 이 영화의 의미를 '죽을 날이 다가와서야 사랑을 베풀다.'라고 해석한다. 죽음이 임박한 주인공이 타인에 대한 사랑을 통해 기쁨과 만족감을 느낄 수 있었고, 죽음에 직면함으로써 비로소 바르게 살 수 있었다는 것이다. 데켄 신부는 미국 유학 당시 영화관에서 이 영화를 여러

차례 보고 또 보았다고 한다.[25]

미국의 사상가인 랠프 월도 에머슨(1803-1882)은 진정한 성공에 대해 다음과 같이 말한 바 있다. "한 뙈기의 정원을 가꾸든 사회 환경을 개선하든 그무엇을 하든, 자기가 태어나기 전보다 세상을 조금이라도 살기 좋은 곳으로 만들어 놓고 떠나는 것이며 자신이 한때 이곳에 살았음으로 해서 단 한 사람의 인생이라도 행복해지는 것이다." 에머슨이 정의한 진정한 성공을 이 영화의 주인공에 적용하면, 주인공은 말기암 진단을 받기 전까지는 스스로가 이야기하듯 미라와 같은 무의미한 인생을 살았다고 할 수 있다. 그러나 시한부 선고를 받고 난 후 마을 사람들을 위하여 공원을 추진하는 일을 통해 짧지만 진정으로 성공한 삶을 살았다고 할 수 있다.

또한 말기암 환자들은 보통 사람이 갖지 못하는 특별한 안경을 통해 세상을 보게 되는데, 주인공이 퇴근길에 멈추어 서서 저녁노을의 아름다움을 보며 감탄하는 장면은 이를 잘 보여준다. 수십 년 동안 그저 별 생각 없이 보아온 저녁노을의 아름다움을 뼈저리게 느끼게 되는 것은, 자신의 삶이 얼마 남지 않았음을 자각하면서 새로이 얻게 된 안경을 통해 사물의 참된 모습과 깊은 가치를 알게 되었기 때문일 것이다.[26]

14. 죽음학과 죽음학회

미국의 경우 '죽음학'이 1963년경부터 대학의 교과목으로 채택되었고, 죽음학회(죽음교육과 상담에 관한 학회, http://www.adec.org)가 있어서 30년이 넘는 세월 동안 매년 학회를 열고 있다. 핀란드에서는 1983년에 근사체험에 관한 일련의 논문이 의학학회를 통해 발표되어 많은 반향을 일으켰다고 한다. 근사체험이 죽음 전체의 모습을 보여준다고는 말할 수 없겠지만, 죽음의 세계를 문틈을 통해 엿본 정도는 충분히 된다고 생각한다. 또한 근사체험에 기초한 죽음학은 자살 예방 교육이나 말기암 환자 돌봄 등의 의료에 활용될 수 있는 부분이 많고, 고령의 노인들이 자신의 죽음을 준비하는 데 도움이 될 수 있다는 것이 전문가들의 공통된 견해이다.[27]

우리나라에서도 2005년 6월 "당하는 죽음에서 맞이하는 죽음으로" 라는 기치를 걸고 〈한국죽음학회〉가 창립되어 여러 차례 학술 대회와 심포지엄을 개최했고, 2010년에는 『한국인의 웰다잉 가이드라인』이라는 지침서도 발간한 바 있지만, 아직도 많은 사람들이 죽음이라는 주제와 대면하는 것을 꺼리고 회피하는 실정이다.[28] 평소에는 무관심으로 일관하다가 가까운 친척의 죽음을 맞으면 잠시 관심을 두지만, 시간이 흐르면 다시 무관심해진다. 자신이 죽는다는 사실도 머리로는 알고 있지만, 무의식에는 '나만은 절대 안 죽는다.' 라는 생각이 깔려 있는데, 이는 정신분석학자인 프로이트도 설파한 적이 있다.

〈한국죽음학회〉의 최준식 회장은 "우리나라 사람들은 죽음에 관하여 무관심, 부정, 외면과 혐오의 감정으로 일관해서, 평소에 죽음으로부터 완전히 방치된 상태로 지내다가 죽음이 닥치면 벌렁 나자빠진다." 고 했는데, 실로 안타까운 일이 아닐 수 없다.

15. 말기암 진단 후 영적인 성장의 예

드물기는 하지만 우리 주위에 말기암 선고를 받고 죽음을 준비하는 과정을 통해 영적으로 성숙해지는 인물을 볼 수 있다. 생태 건축으로 잘 알려진 고 정기용 건축가는 2012년 초 상영됐던 영화 「말하는 건축가」에서 다음과 같이 자신의 죽음관을 말하고 있다. "나이가 들고 늙을수록 조금은 철학 공부를 해야 되는 것 같다. 오히려 철학적이어야 된다. 죽는 준비를 단단히 해야 한다. 옛것을 돌아보고 회상하고 추억하고 눈물을 흘리고 그런 것이 아니라, 산다는 게 무엇인지, 왜 사는지, 세상이 무엇인지, 나는 누구인지, 어떻게 살았는지, 가족은 무엇인지, 친구는 무엇인지, 건축은 무엇인지, 도시는 무엇인지 하는 근원적인 문제들을 다시 곱씹어 보고 생각하고 그러면서 좀 성숙한 다음에 죽는 게 좋겠다. 한마디로 위엄이 있어야 되겠다. 밝은 눈빛으로 초롱초롱한 눈빛으로 죽음과 마주하는 그런 인간이 되고 싶다."

정기용 선생은 대장암으로 타계하였는데, 봄 내음을 맡고 싶다며 임종을 얼마 앞두고 가족과 사무실 전 직원들과 같이 봄나들이 가서 마지막으로 남긴 말은 "여러분 고맙습니다. 여러분 고맙습니다. 나무도 고맙고, 바람도 너무 고맙고, 하늘도 고맙고, 공기도 고맙고, 모두 모두 고맙습니다."였다.

16. 의대 교육과정에서의 죽음교육

의과대학 실습 과정에서 학생이 환자의 임종을 경험할 수 있는 분과 중 하나가 중환자가 많은 내과지만, 우리나라 현실에서는 실습 학생 중

10~20% 정도만이 환자의 임종을 경험하게 된다. 학생 실습을 통해 환자의 임종을 경험하지 못한 채 의사가 되어 자신이 담당한 환자가 임종을 맞게 되면 취해야 하는 조치를 제대로 민첩하게 취하지 못할 수도 있고 또 혼자서 겪어 내야 하는 정신적인 부담도 무척 클 수밖에 없다. 따라서 그런 취약함을 보완하기 위해 간접 경험으로라도 죽음을 접할 수 있게 하려고, 「도쿄타워」라는 영화의 후반부 40분 정도를 내과 실습을 하는 학생들과 같이 보곤 한다. 주인공의 어머니가 말기암으로 심한 구토 등 여러 가지 부작용을 겪으면서 항암 화학요법을 받다가 어느 시점에 이르러서는 더 이상의 치료를 받지 않기로 한 후 마침내 임종에 이르게 되는 과정과, 어머니 유언대로 주인공이 어머니의 시신을 자신의 집 위층에 모셔 놓고서 아래층에선 생전에 즐겁게 어울렸던 주인공의 친구들이 잔치 집처럼 시끌벅적 먹고 떠드는 장례식 장면까지, 감동적인 삶의 마무리가 잘 묘사되어 있다.

영화를 본 후엔 보통 학생들과 영화에 대한 소감이나 죽음에 관한 경험을 얘기하는 시간을 갖는데, 한 학생이 15년 전 자신이 초등학생 시절에 참석했던 어떤 장례식 이야기를 해 주었다.

장례식장에서 발인 후 화장장으로 가는 버스를 탔는데 5분 뒤 경쾌한 음악이 흘러나와서 조문객들은 운전기사가 오디오 스위치를 잘못 누른 줄 알았다고 한다. 그런데 잠시 후 운전기사석 위에 설치된 비디오 모니터 화면에 60대 남자였던 고인의 얼굴이 나오면서 버스에 탄 조문객들에게 인사를 했다고 한다. 그날 날씨가 궂었는데 "이렇게 궂은 날씨에 저의 장례식에 와 주셔서 감사합니다."로 인사말을 시작한 고인은, 자신의 성장 배경, 살아오면서 첫 자식을 얻었을 때의 벅찬 감동, 그리고 생전에 자신에게 좋은 영향을 줬던 사람들에 대한 감사의 말을 전한 후, "자신은 먼저 가지만…" 하고 인사말을 끝냈다고 한다. 그 이후 유족과 조문객들은 상당히 밝아진 분위기에서 나머지 장례 절차를 끝낼 수 있었다고 한다. 고인은 궂은 날씨용, 화창한 날씨용 등으로 세심하게 녹화를 해 놓았던 모양이고, 남겨질 사람들에 대한 섬세하고도 따뜻한 배려의 마음으로 자신의 삶의 마무리를 미리미리한 것인데, 고인의 평소 삶이 어땠는지를 미루어 짐작하게 된다.

　3년 전부터 의과대학생들에게 죽음에 대해 강의를 하고 있는데, 평소에 죽음에 대해 무관심으로 일관하다가 임종에 임박해서 궁금해 하는 것은, 평소에 시험 준비를 전혀 하지 않고 있다가 시험 전날이 되어서야 비로소 두꺼운 전공 서적을 펼치기 시작하는 것과 같다고 비유를 들어 설명한다. 그나마 전혀 보지 않고 다음 날 시험장에 가는 것보다는 조금 나을지 모르지만, 학년말 시험에서 좋은 점수를 받기는 어려울 것이다.[29]

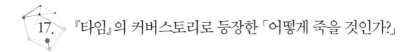

17. 『타임』의 커버스토리로 등장한 「어떻게 죽을 것인가?」

　미국의 시사주간지인 『타임』 2012년 6월 11일자 커버스토리가 「How to Die?(어떻게 죽을 것인가?)」였다. 어떤 작가의 부모가 임종이 임박했을 때 무의미한 연명 치료에 집착하지 않음으로써 품위 있는 죽음을 맞을 수 있었다는 내용이다. 우리나라 같으면 전문 의학 학술지에나 실릴 내용이 대중매체에 게재된 것이다. 『타임』은 전 세계에 배포되는데 아시아판에는 이러한 내용이 실리지 않았다. 아마도 우리나라를 위시한 아시아 여러 나라에서 죽음에 대한 혐오의 감정이 깊은 것을 간파하고 판매 부수가 줄어들 것을 염려한

『타임』경영진에서 이런 결정을 한 것이 아닌가 추측해 본다.

학회에서 죽음학 강의를 의뢰받는 경우가 자주 있는데 2009년 가을 어느 학회에 '죽음과 임종'으로 강의 제목을 제출했더니 얼마 후 그 학회에서 "강의 제목이 어둡고 칙칙하니 미안하지만 죽음이란 단어를 빼 줬으면 좋겠다."고 연락이 왔다. 하는 수 없이 강의 제목을 '아름다운 마무리를 위한 삶의 기술'로 바꾸고 진행한 적이 있다. 이것만 보아도 우리나라 사람들이 죽음이란 단어를 얼마나 혐오스러워 하고 기피하는지 짐작할 수 있다.

우리는 여행을 가기 전에 가려는 곳에 대해 인터넷으로 검색해 보기도 하고 관련 책자를 사서 열심히 정보를 얻으려고 한다. 또 떠나기 직전까지 집안을 정돈하고 다른 가족을 위해 이것저것을 챙겨 놓거나 단속해 놓고, 자신이 집을 비운 사이 필요한 여러 가지 사항을 메모로 남겨 놓기도 한다. 하물며 장거리 여행이라고 할 수 있는 죽음으로의 여행을 위한 사전 준비는 아무리 치밀하게 해도 지나치지 않을 것이다.[30]

18. 지상에 머물렀던 시선을 돌려 별을 바라보기

유호종은 저서 『죽음에게 삶을 묻다』에서, 죽음을 직시한다는 것은 지상에 머물렀던 시선을 돌려 먼 하늘의 별을 바라보는 것과 같다고 얘기한다. 대학 총장을 지낸 한 명예교수는 우리나라 사람의 대화는 '평등'하다고 말하는데, 아파트 평수와 자식의 학교 시험 등수 외에는 하는 얘기가 별로 없다는 것이다. 이러한 물질적인 대화에서 벗어나, "사람은 어디로부터 와서 어디로 가는 것일까? 저 별 너머에는 누가 살고 있을 것인가? 나는 누구인가?'와 같은 실존적인 문제에 관심을 갖게 되는 계기는 죽음의 대면인 경우가 많다. 사람은 누구나 살아가면서 돈이 필요하고 명예도 추구하는 법이지만, 죽음을 성찰함으로써 이웃과 다른 사람에 대한 이해와 나눔 그리고 사랑을 실천할 수 있는 길에 더 가까이 다가서게 된다고 생각한다.[31]

 19. 공동묘지와 긍정적인 삶

2012년 4월 27일자 조선일보에 윤희영이 쓴 「News English」 기사에는 미국의 심리학자가 한 연구가 소개됐다. 사는 게 힘들고 버겁게 생각되면 공동묘지를 걸어 보라는 내용이다. 안 그럴 것 같은데 공동묘지에 가면 삶에 긍정적인 변화가 생겨 자신과 남에 대한 해악을 최소화하는 생각과 자세를 갖게 된다고 한다. 전반적인 인생 목표와 가치의 우선순위를 다시 매기게 되며, 가족에 대한 애틋함이 증가하여 술과 담배를 줄이게 되고 건강을 챙기게 된다고 한다. 다른 사람에 대한 배려심도 증가하여, 묘지 밖에 있는 사람들과 안에 있는 사람들을 대상으로 들고 있던 노트북을 떨어뜨렸을 때 얼마나 많은 주위 사람들이 도와주는가를 관찰했더니, 묘지 안에 있는 사람들이 40% 더 도와주는 비율이 높았다고 한다. 또한 공동묘지를 정기적으로 산책하는 사람은 낯선 타인에 대한 배려심이 높아, 나그네를 도와주는 비율이 더 높다고 한다. 이는 죽음에 대한 자각이 높아져 인내심, 평등 의식, 연민, 감정이입 그리고 평화주의에 대한 동기가 부여되기 때문이 아닌가 생각한다.

2010년 초 딸 아이가 미국 동부를 여행하면서 뉴욕 월스트리트에 들렀을 때 도심 한가운데 공동묘지가 있는 것을 보고 사진을 찍어 왔다. 공동묘지는 근처에 있는 책방의 유리창을 통해서도 아주 잘 보였다. 우리나라 같으면 바로 교외로 이전해 버리고 그 자리에 주상복합 빌딩을 짓거나 했을 텐데 대도시 중심부에 위치한 공동묘지 사진은 놀랍기도 하고 신선한 충격이었다.

그러나 우리나라의 경우, 서울을 비롯한 대도시에서는 공동묘지를 혐오 시설로 여겨 모두 퇴출시켜 버렸기 때문에, 사람들이 산책을 하는 일은 시도하는 것조차 불가능하다. 건축가 승효상은, "우리는 묘지가 일상 가까이에 없어서 도시가 경건하지 못하다."라고 평했는데, 이 견해는 위의 심리학자가 한 연구 결과와 잘 부합된다.

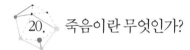

20. 죽음이란 무엇인가?

고생물학과 지질학을 전공한 과학자이기도 했던 프랑스의 샤르댕 신부 (1881-1955)는, "우리는 영적 체험을 하는 인간이 아니라 인간이 된 체험을 하는 영적 존재다."라는 말을 남겼다. 나 자신뿐만 아니라, 카페나 식당 노동자, 중국 음식점의 배달원, 청소 노동자, 이 모두가 고귀한 영혼인 것이다.

20세기에 들어오면서 죽음에 대한 사회적 시각이 죽음을 터부시하는 방향으로 변해 왔다. 건강한 사람이 갑작스러운 사고로 심장이 멎고 숨을 안 쉬어 시행하는 심폐소생술은 필요하지만, 말기암 환자가 심장 박동이 멎었을 경우에는 오히려 편안한 죽음을 방해하는 행위가 될 수 있겠다. 임종을 앞둔 말기 환자에게 진실을 반드시 알리는 것이 왜 중요한가에 대해 알아

보았다. 죽은 사람을 살릴 수 있는 심폐소생술의 발달과 더불어 과거에는 죽어서 더 이상 말이 없었을 사람들이 회생하면서 그중 일부가 겪는 근사체험이 알려지게 되었고 이에 대한 체계적인 임상 연구가 1970년대 중반부터 이루어지면서 지난 수천 년간 인류가 궁금해 왔던 "사람이 죽으면 어떤 일을 겪게 되는가?"에 대한 궁금증을 일부나마 덜게 되었다고 할 수 있다. 죽음은 재수 없고 혐오스러운 것이 아니라, 삶의 일부이고 마지막 성장의 기회이며 다른 차원으로의 이동이라는 죽음관을 각자 확립하는 것이 현대인에게 무엇보다도 중요하다. 죽음을 외면하고 회피할 것이 아니라 이에 대한 교육이 초·중·고교 학생 때부터 시작이 되어야 하며 평소의 대화 주제로 많이 활용되어야 한다. 또한 우리 모두가 죽음을 직시하고 죽음에 대해 성찰할 때 우리보다 조금 먼저 세상을 떠나는 말기 환자를 정서적으로 지지해줄 수 있겠다.

엘리자베스 퀴블러 로스 박사가 그녀의 책 『사후생』에서 말한 한 대목을 인용하며 이 글을 끝맺고자 한다.

"죽음이라고 부를 수 있는 것이 실제로는 존재하지 않는다. 죽음은 나비가 고치를 벗어던지는 것처럼 단지 육체를 벗어나는 것에 불과하다. 죽음은 당신이 계속해서 지각하고 이해하고 웃고 성숙할 수 있는 더 높은 의식 상태로의 변화일 뿐이다. 유일하게 잃어버린 것이 있다면 육체이다. 인간의 육체는 영혼불멸의 자아를 둘러싸고 있는 껍질에 지나지 않는다. 그렇기 때문에 죽음은 존재하지 않는다."

산 자와 죽은 자의 이별, 그리고 추모

박 복 순 을지대학교 장례지도학과 교수

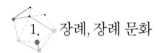

1. 장례, 장례 문화

모든 생물 가운데 인간만이 죽는다는 것을 알고 있으며 인간만이 죽음에 대한 의식·의례의 문화를 형성해서 오랜 역사 과정에서 변화·발전시켜 왔다. 인류학자들은 인류가 약 30만 년 전 시체를 묻고 주변에 꽃가루나 붉은 흙을 뿌린 흔적을 발굴하였다. 이라크 북부의 샤니다르 동굴에서 발굴된 6만여 년 전 네안데르탈인의 주변에 있던 흙을 분석한 결과 여러 종류의 꽃이 확인되었다고 한다. 이처럼 원시인들도 사람이 죽으면 일정한 격식을 갖추어 주검을 처리하는 의례를 행하였음이 분명하다. 원시인들은 영혼의 불멸을 믿고 있었고, 죽음 이후 또 다른 세상이 계속될 것이라는 계세 사상을 지니고 있었다. 그래서 무덤 속에 각종 생활 도구, 음식물 등을 부장했는가 하면 지배자의 무덤에는 귀중품, 말, 무기 등을 함께 묻었다. 그것뿐이 아니었다. 지배자나 귀족, 영웅이 죽으면 하인이나 병사, 부인과 자녀들이 주인을 따라 무덤에 들어가 매장되는 순장의 풍습이 세계 곳곳의 여러 민족들에게 있었다.

한편, 인류의 문화가 형성되기 시작하면서 주검을 처리하는 장법도 생겨났다고 할 수 있는데, 장법 또한 역사의 흐름 속에서 꾸준히 변천되어 왔다.

장례는 한 인간이 세상에 태어나 주어진 삶을 살다가 생을 마감하는 마지막 단계인 죽음에 대한 의례이다. 김용덕은 『한국의 풍속사』에서 상례는 한 개인으로서는 삶과 죽음을 가르는 통과의례이며 공동체의 구성원으로서는 산 자와 죽은 자가 영원히 이별하는 분리 의례라고 말하고 있다. 생명이 끝난 육체, 그리고 그 육체 속에 깃들어 있던 영혼에 대해 사람들이 어떤 관념을 가지고 있는가에 따라 세계적으로 다양한 장례 문화가 존재해 왔다. 특히 각 민족의 종교가 가지고 있는 죽음관, 사후세계관은 물론이고 자연환경, 풍속, 정치·사회적 배경 등에 따라 서로 다른 장례 문화가 형성되어 왔다. 장례 문화는 생활 속에서 오랫동안 지속되어 오면서 다른 의례에 비해 보수적인 편이기는 해도 시대 변화에 따라 변화를 거듭해 오고 있다.

우리의 옛 조상들은 한 개인이 태어나서 죽음을 맞이할 때까지 사회적 규범에 따라 겪게 되는 중요한 의례를 일생 의례 또는 평생 의례, 즉 관·혼·상·제로 체계화하여 매우 중요하게 여겼다. 사람이 태어나 성인이 되기 위해 거치는 관례, 남녀가 짝을 이루어 혼인하는 혼례 그리고 삶의 마지막 관문인 죽음 관련 의례로서 상례와 죽은 이를 기리는 제례가 그것인데 이 가운데 특히 상례와 제례는 가장 중요한 의례로 여겨 왔다. 유교 이념이 지배했던 조선 시대에는 부모에 대한 효(孝)와 조상 숭배가 중요한 윤리적 가치였다. 따라서 부모가 돌아가시면 자식은 불효자, 죄인의 심정이 되어 살아계실 때와 같이 예를 다해 장사를 지내고 또 제사를 지냈다. 송현동은 자신의 저서 『서울사람들의 죽음, 그리고 삶』에서 산 자가 죽은 자를 기억하는 문화는 죽음 문화의 일부로서 한국의 경우는 제사와 묘지가 이런 죽음 문화의 가장 구체적인 형태라고 보았다.

현대 한국 사회에서 진행되는 장례 절차 및 내용은 조선 시대 유교식 상례가 그 근본이 된 것이다. 따라서 흔히 전통 장례라고 하면 조선 시대에 정착된 유교식 상례를 말한다. 여기서 우리는 용어의 혼용에 대해 매우 혼란스러움을 느끼게 된다. 죽음과 관련된 의례 또는 그 의례와 관련된 일 자체를 말할 때 장례, 상례, 상장례, 장묘, 장사, 장의 등 여러 용어가 현재 혼용되고 있는 실정이다. 조선 시대에 정착된 유교식 상례는 죽음을 맞이하는 순간부터 3년상을 치른 후 탈상한 다음 담제, 길제를 지내고 평범한 일상생활로 되돌아올 때까지의 전 과정을 말한다. 장례는 보통 망자의 시신을 매장 또는 화장하는 데까지를 말하는데 '장사 지낸다', '장사 치른다' 라고도 한다. 장의는 '장의사', '장의자동차' 등에 사용되는가 하면 장묘는 장례와 묘지를 합성한 용어로서 20세기 후반부터 흔히 사용하는 용어가 되었다. 현재 학계나 관련 분야 또는 일반인들은 이러한 용어들을 서로 각각 혼용하고 있는 형편이다. 현재 유교식 전통 상례의 원형이 거의 유지되지 않고 있으나 드물게 지방 유림들의 장례를 전통적인 절차와 내용대로 치르는 경우가 있다.

아무튼 우리가 전통 장례라고 말하는 유교식 상례는 일제강점기와 6·25 전쟁, 1960년대의 경제개발, 근대화 등 여러 사회 환경 변화를 거치면서 구습 또는 허례허식을 배제하고 간소화한다는 명분에 따라 절차나 의식의 내용에 있어 변화할 수밖에 없었다.

또한 시신의 처리 방법을 이야기할 때 유교 전통이었던 매장이 화장으로 바뀌는 가장 큰 변화를 빼놓을 수 없다. 일제강점기에 일본식 화장 문화가 유입되었지만 20세기 말까지 우리나라의 주된 장법은 매장이었다. 그러나

2011년 현재 우리나라의 장례 중 화장이 차지하는 비율은 71.7%로서 이제는 화장이 주류가 되었다. 최근 10여 년 동안의 급격한 변화는 정부 정책이나 시민운동 등의 영향도 있지만 가장 큰 요인은 사회변동이다. 산업사회에서 필연적으로 겪게 되는 도시화, 핵가족화와 저출산, 고령화, 글로벌화 등 사회변동으로 묘지를 돌보거나 찾아올 가족이 줄어든 탓이라 하겠다. 따라서 가족들이 조상의 무덤을 잘 돌보고 제사를 모시는 전통적 관념의 효 실천은 현실적으로 점점 불가능해지고 있다.

전통 장례의 절차나 형식의 변화, 장법의 변화는 물론이고 죽음에 대한 관념의 변화도 장례 문화의 변화에 한 몫을 하였다고 할 수 있다. 과거에는 망자가 자기 집이 아닌 다른 곳에서 죽는 것을 '객사'라 하여 비정상적인 죽음으로 인식하였다. 이런 관념은 1990년대 초까지도 남아 있었다. 그러나 임종의 장소가 집이 아닌 병원으로, 또 장례 장소가 집이 아닌 장례식장으로 이동하면서 '객사'의 개념은 사라졌다고 볼 수 있다.

1960년대까지만 하더라도 시골에는 대가족제도의 풍습이 많이 남아 있어 장례는 마을 공동체, 혈연 공동체의 큰 행사였다. 상부상조하는 우리의 오랜 전통대로 이웃이나 친척들이 서로 역할을 분담하고 정신적·물질적 도움을 줌으로써 장례를 무사히 마칠 수 있었다. 죽음 의례인 장례가 슬픔만 있는 것이 아니라 다시래기나 빈상여놀이처럼 축제적인 요소도 있어 그것을 통해 유가족의 슬픔을 달래줄 수 있었다. 그러나 요즘 '시골'의 거주자는 노인들이 대부분이고 장례를 치를 때 도움을 줄 이웃이나 친척이 별로 없어 대부분 장례식장의 서비스를 이용하고 있다. 현재 전국에는 장례식장이 1,000여 개소가 있고, 대형 병원의 장례식장 매출 규모는 어마어마하다.

한편 2000년대 들어와서는 대학에서 전문교육을 받은 '장례지도사'들이 배출되어 대도시를 중심으로 장례식장에서 장례 서비스를 제공하고 있다. 그런가 하면 화장이 성행하면서 새로운 형태의 납골묘, 납골당 등 시설이 활성화되고 있고 최근에는 수백 개의 상조 회사가 난립하는 등 장묘 문화가 고도로 상업화되고 있다.

아무튼 장례는 산 자가 죽은 자를 떠나보내는 엄숙한 의식이다. 산 자들에게는 생명이 끝난 인간의 주검을 처리해야 하는 책무가 있다. 그런 과정을 통해 산 자들은 자신의 삶을 되돌아보고 가치를 확인할 수 있다. 삶의 질 못지않게 죽음의 질도 중요하다. 장례를 통해 인간의 존엄성과 죽음의 존엄성을 함께 배울 수 있어야 한다. 죽음이 삶의 단절이 아니라 연속이라는 생각은 죽은 자에 대한 추모를 통해 더욱 확실해진다. 아름다운 추모 문화를 만들어 나가는 것이 그래서 중요하다.

 ## 2. 우리나라 장례 문화의 현주소

우리나라 사람들은 현대사회에 들어오면서 죽음 준비라면 주로 음력으로 윤달이 든 해에 수의를 만들어 두거나 음택인 무덤을 미리 마련해 두는 것으로 한정해서 생각하는 경향이 있었다. 윤달은 탈이 없는 달이라 하여 수의를 미리 만들어 두면 장수한다는 속설까지 있었다. 이는 상업주의가 개입되어 만들어 낸 근거 없는 이야기라고 판단된다. 박태호의 『장례의 역사』에 따르면 조선 시대에는 살아생전에 미리 관과 곽을 만들어 두는 것을 미덕이자 효도라고 여겼다. 그러나 수의는 고인이 생전에 입던 옷 가운데서 가장 좋은 것을 그대로 사용하는 것이 보통이었다. 그래서 관복이나 혼례복을 입히기도 하였는데, 이는 조선 시대 무덤에서 출토된 복식에서 흔히 볼 수 있다. 모시, 삼베, 목면, 명주 등의 옷감이 주로 수의 소재가 되었는데 조선 후기로 갈수록 고급 견직물이 많이 사용되었다고 한다. 그런데 현재와 같이 삼베를 주로 사용하게 된 시기는 1910년 이후로 보고 있다.

현재 우리나라에서 고가의 수의라고 하면 흔히 안동포 수의를 예로 든다. 안동포는 오래전부터 염포 중 으뜸으로 여겨져 왔으며 조선 시대 궁중 진상품으로도 유명하였다. 안동포는 안동 지역에서 재배하는 대마를 사용해 손으로 직조한 삼베를 말한다. 안동시 자료에 따르면 안동포는 연간 2,000~3,000필 정도 밖에 생산되지 않는데, 수의 1벌을 만드는 데 안동포는 4.75필 정도가 소요된다고 한다. 그러므로 진품 안동포로 제작할 수 있는 수의는 1년에 700벌이 채 안 된다는 얘기다. 그런데도 국내에서는 가짜로 의심되는 안동포 수의가 대량으로 제작·판매되고 있는 실정이다. 따라서 장례용품 중 우리나라 사람들이 특히 신경을 써 왔던 관, 수의를 선택할 때 소비자들의 현명한 판단이 요구된다.

그러나 2000년대 들어 화장이 증가하면서 우리나라 국민들은 값비싼 관과 수의 대신 합리적인 가격의 관, 수의를 선택하는 것이 대세가 되었다. 그런가 하면 한지로 만든 수의도 상품으로 나오고 있고, 고인이 생전에 입었던 옷 중에서 아끼던 옷을 수의 대신 입는 사례도 늘어나고 있다. 불과 몇 년 전까지만 하더라도 우리나라 사람들은 고인의 마지막 가는 길에 무리를 해서라도 값비싼 장례용품을 선택하였으며, 장례 때 쓰일 각종 물품을 살 때는 값을 깎지 않는 정서가 있었다. 그러나 이런 관행도 많이 바뀌었다.

장례는 대부분의 유가족들이 3일장으로 치른다. 사망 당일부터 매장 또는 화장할 때까지 3일밖에 걸리지 않는다. 과거에는 5일장, 7일장 등 관행적으로 홀수일로 장례 기간을 잡았지만 최근에는 4일장을 하는 경우도 많아졌다. 기독교인들의 경우 주일을 피해 4일장을 하기도 하며, 원하는 화장 예약 시간에 맞추기 위해, 또는 외국에 있던 가족이 돌아오는 시간을 감안하는 등의 이유로 장례 기간을 정하고 있다. 그런가 하면 요즈음은 탈상의 개념마저 없어졌다고 해도 과언이 아니다. 유교식 전통 상례에서는 소상(1년상), 대상(3년상)을 지내고 나서 고인의 사후 27개월 또는 28개월째에 지내는 상례의 마지막 절차인 길제를 지내야 비로소 상례를 마감하고 일상생활로 복귀할 수 있었다. 그러나 일제강점기를 거치면서, 또 1960년대 정부의 가정의례준칙 등의 영향으로 한동안 100일 탈상이 성행하기도 했다. 그러나 현재는 장사지낸 지 3일째 되는 날 ('삼우제'를 지내는 날) 묘지나 납골당에 가서 간단히 제사를 지내고 탈상하거나 장사 치른 날 당일에 탈상하는 경우도 있다. 불교식으로는 49재를 지내는 날 탈상하는데, 기독교 신자들까지도 49재가 우리의 전통 탈상 의례인 줄 잘못 알고 있는 경우가 허다하다.

장례 때 유가족들은 상복을 입는데, 조선 시대에는 오복 제도가 있어 죽은 자와의 친소 등에 따라 상복을 입는 기간이나 상복의 종류가 달랐다. 전통 상복이었던 삼베로 된 굴건제복, 치마저고리 등은 많이 사라졌다. 현재 남자는 검정색 양복 정장에 완장을 차고, 여자는 합성섬유 등으로 만든 흰색 또는 검정색 치마저고리나 검정색 양장을 입는 것이 일반적이다. 최근에는 생활한복 형태의 상복도 선호되고 있다. 과거에는 입관이 끝난 후 유가족들이 상복을 입고 성복제를 지낸 후에야 문상을 할 수 있었다. 그러나 현재는 그것마저 잘 지켜지지 않고 있다. 고인의 사망 소식을 듣는 대로 편리한 시간에 문상을 가게 됨으로써 빈소 준비가 채 끝나기도 전에 또는 유가족들이 상복을 갖춰 입지도 못한 채 문상객을 맞아야 하는 곤란한 경우도 생기게 된다. 그런가 하면 문상객의 조문 예절도 매우 혼란스럽다. 장례식장의 빈소에서 문상객이 가장 곤란해 하는 것 중 하나는 제단의 영정 앞에서 그리고 상주를 포함한 유가족과의 대면 시 어떻게 예의를 갖추는가 하는 것이다. 고인의 종교와 유가족 각각의 종교가 다른 경우도 많고, 또 문상객의 종교도 다르기 때문이다.

우리나라에서는 개신교인의 경우 대개 고인의 영정 앞에 선 채로 고개 숙여 묵념(기도)하고 유가족과도 선 채로 허리 굽혀 인사하는 것이 일반적이다. 또한 제단 앞에 나아가 분향하는 대신 헌화를 한다. 불교나 그 밖의 종교에서는 유교식으로 제단 앞에 나아가 분향한 다음 고인에게 엎드려 절을 두 번(재배) 하고 나서 유가족과 엎드려 맞절하는 것이 일반적으로 행해지는 조문 예절이다. 그러나 일반적으로는 상가나 문상객마다 다르게 문상이 이루어지고 있는 것을 볼 수 있다. 분향과 헌화를 동시에 하기도 하고 헌화나 분향 중 한 가지만 시행하기도 한다.

발인(천주교에서는 출관이라고도 함)할 때 과거에는 영구를 운구하는 데 상여를 사용했다면 현재는 장의 자동차를 이용하여 장지나 화장장으로 이동하게 된다. 장의 자동차는 영구차라고 부르기도 하는데 한동안 일반 버스에 흰색 칠을 하고 검정색 띠를 그려 누구나 영구차임을 알 수 있었다. 그래서 동네 어귀에 영구차가 보이면 좋아하지 않아 주차하기도 어려웠던 시절이 있었다. 그런데 1990년대 중반 이후 장의 자동차 업계에서 자발적으로 영구차를 관광버스처럼 꾸며 '근조' 표시만 없으면 일반 관광버스로 여길 정도로 바뀌었다. 그만큼 우리나라 사람들은 죽음과 죽음의례인 장례에 대해서 부정적이었음을 알 수 있다. 2000년대 들어와서는 대부분 장례식장에서 장례를 치르고, 또 상조회사에서 장례 서비스 상품에 포함된 운구 전용 리무진이 제공되면서 장의 버스의 짐칸에 넣어 운구하던 영구가 조금 나은 대접을 받게 되었다.

문상객의 음식 접대는 이제 장례식장에 딸린 식당에서 이루어진다. 가격대 별로 메뉴를 정해 놓고 선택한 음식을 제공하는데 국, 밥, 나물, 김치, 전, 떡, 과일, 음료수, 술, 마른안주 등이 일반적인 메뉴이다. 몇 년 전만 하더라도 장례식장에서는 빈소에 딸린 접객실에서 밤늦도록 문상객들이 자리를 지키며 화투를 치거나 술을 마시며 시간을 보내기도 했다. 그러나 최근 서울 등 대도시에 있는 대형 장례식장들을 보면 밤늦게까지 남아 있는 문상객이 별로 없고 가까운 친지, 가족 정도가 빈소를 지키며 밤을 보내는 편이다.

어디 그뿐인가? 요즈음은 유가족들도 장례 기간에 샤워도 하고 집에 돌아가 쉬기도 하며 장례식장 내 특급 호텔을 방불케 하는 객실에서 이용료만 내면 편히 쉬며 잠을 잘 수도 있다. 장례식장의 또 다른 진풍경으로는 조의금을 계좌 이체할 수 있는 조의금 결제 시스템과 사이버 조문까지 가능하도록 진화(?)된 모습이다. 그런가 하면 TV 모니터를 통해 고인의 사진, 동영상 등을 보여주는 것도 이제 보편화되었다. 장례식장 벽면을 장식하는 화려한 그림도 낯설지 않을 만큼 장례식장의 인테리어도 바뀐 지 오래다.

그런데도 우리나라 사람들은 장례라고 하면 아직도 검고 칙칙한 느낌을 가지며, 관련 업무를 신분 낮은 사람들이나 종사하는 분야로 생각하는 편견이 없지 않다. 그러나 최근 들어 홈쇼핑에서 납골묘를 분양하기도 하고, 또 상조 회사의 상조 상품을 공격적으로 홍보하며 판매하고 있다. 상조 회사의 장례 관련 상품은 장례 진행에 필요한 인적 서비스와 수의, 관, 상복 등 다양한 장례용품을 제공해 주며 장례 기간 동안 모든 절차의 진행을 도와주는 선불제 서비스 상품이다. 그러나 장례 장소, 매장지 또는 화장장 및 납골당 등의 시설을 결정하고 비용을 지불하는 것은 유가족들의 몫이다.

한편, 우리나라 장례 관행 가운데 허례허식의 대표적 사례는 장례식장에 늘어선 조화들이다. 조화는 애도의 뜻을 나타내기 위해 쓰이지만, 서양에서는 원래 시신의 부패를 위장하기 위한 수단이었다고 한다(톰 히크먼, 『사용 설명서 "죽음"』에서). 우리나라에서는 죽은 자를 위한 의례에서 조화는 살아 있는 자들의 과시 욕구를 충족시켜 주는 중요한 수단이다. 빈소의 공간을 다 채우고 남은 조화는 더 둘 곳이 없으면 조화를 보낸 이의 직책과 이름이 적힌 리본만 떼어내 벽에 진열해 두기도 한다. 때로는 유가족이 권력 실세일 경우, 부의금은 권력에 줄을 대기 위한 사람들의 눈도장용 봉투 노릇을 하기도 한다.

죽음 관련 의례에서 권력이나 부, 또는 명예 등을 과시할 수 있는 가장 대표적인 것이라면 역시 호화 분묘이다. 우리나라는 세계적으로 독특한 묘지 문화를 유지해 오고 있다. 우리나라에서는 전통적으로 무덤을 음택이라 하여 매우 중요하게 여겨 왔다. 이는 서양에서도 마찬가지로 무덤을 죽은 자를 위한 집이라 여겼으며, 죽은 자의 도시로 비유되기도 한다. 독일의 인류학자 한스 크루트베르케는 묘지를 일컬어 '사회를 비춰주는 거울'이라고도 했다. 묘지는 인류 역사에서 신앙적이며 상징적인 공간으로 존재해 왔으나, 현대사회에서는 기능적인 필요에 의해 또는 사후 복지시설로서 존재한 다고 할 수 있다.

우리나라의 경우에도 선사시대 이래로 지금까지 다양한 형태의 묘지가 존재해 왔다. 전통적으로 우리나라는 풍수 사상의 영향으로 묘지가 산이나 들에 흩어져 있다. 특히 유교의 영향으로 조선 시대 이래로 매장 전통이 고 착화되어 왔는데, 조선 후기에는 전국 팔도에서 풍수 사상의 영향으로 암 장, 투장, 늑장 등이 횡행하였고 이로 인한 산송이 빈발하였다고 한다. 이는 묘지를 통한 조상숭배 및 효의 실천이라는 명분 외에 좋은 묏자리를 찾아 조상을 모심으로써 후손이 복을 받고자 했던 산 자의 욕구가 반영된 것이었 다. 이러한 풍수 사상의 신봉은 첨단 과학의 시대에도 유효하게 작용하고 있다. 2000년대 들어와서도 매스컴에 자주 등장했던 것 중에 대권 도전자들 의 조상 묘지 이장이 그것인데, 명당을 찾아 호화 분묘를 다시 조성한 정치 인이 적지 않다.

불법 분묘는 현행 법률에서 정한 분묘의 크기, 석물의 개수, 매장 제한 지 역, 설치 신고 등의 사항을 지키지 않는 분묘를 말하는데 호화 분묘들은 대 부분 불법 분묘라고 보면 된다. 심지어 우리나라 가진 자들의 호화 분묘는 경비초소까지 갖추고 일반인의 접근을 막는 경우까지 있다고 하니 참으로 가관이다. 우리나라 국립묘지에서도 죽은 자들은 살아 있을 때의 신분, 지 위, 명예에 따라 차별 대우를 받고 있어 죽음의 불평등은 계속된다. 최근에 는 화장 문화의 확산으로 문중, 종중 또는 가족 납골묘가 과시의 수단이 되 기도 한다. 그런가 하면 사설 납골당에는 고급 자재를 사용한 VIP실이 따로 있어 허영심을 부추기기도 한다.

3. 세계 각국 장례 문화의 새로운 경향

장례 문화는 각 나라마다 서로 다른 특징을 가지고 있다. 관습, 종교, 자연환경, 제도, 사회적 배경 등에 따라 다양한 장례 문화가 형성되어 있다. 예를 들면 대형 병원에서 부속시설로 장례식장을 두고 장례 관련 사업을 하는 나라는 우리나라 밖에 없다. 묘지의 경우에도 우리나라와 달리 다른 나라는 개인 묘지를 허용하지 않는 것이 일반적이다. 따라서 개별 무덤이 묘지공원(우리나라 사람들은 흔히 공동묘지, 공원묘지 등으로 부른다) 내에 모여 있다.

특히 서양의 묘지공원에는 일반적으로 장례식장(서양에서는 Chapel이라고 함), 화장장, 납골당 등 납골 시설, 매장 묘역, 산골(散骨) 장소 등이 종합적으로 다 모여 있다. 그런가 하면 마이클 잭슨 등 유명 인사들이 묻혀 있는 미국의 포레스트 론 메모리얼 파크에는 박물관이 있어 참배객이나 관광객이 들러 기념품을 사기도 한다. 유럽 각국의 유명 묘지들은 그 도시의 관광 명소이기도 하고 시민들이 즐겨 찾는 공원으로, 산 자와 죽은 자가 함께하는 공간이며, 그 나라 역사가 담긴 장소이기도 하다. 프랑스 파리의 유명 묘지 '페르 라셰즈'는 일명 박물관 묘지라고도 하는데 세계적으로 유명한 예술가들의 무덤과 대통령의 무덤, 평범한 파리 시민들의 무덤이 공존해 있어 세계 각국의 관광객이 이른 아침부터 모여드는 곳이다. 프랑스는 시한부 매장 기간이 끝난 개장 유골, 무연고자의 주검마저도 함부로 하지 않는, 죽음의 평등과 존엄이 지켜지는 나라이다. 특히 서양 각국의 묘지공원에는 평상시에 가족들이 자주 찾아 꽃을 심기도 하고 원통에 든 촛불을 놓아두기도 하며, 사람들이 벤치에 앉아 사색하는 것을 흔히 볼 수 있다. 이웃 나라 일본 대도시의 묘지공원에서도 지역 주민이나 참배객들을 늘 볼 수 있다.

그런데 최근에 세계 각국들의 장례 문화가 공통적으로 크게 변화하는 것을 묘지공원에서 실감할 수 있다. 1인 가구의 증가 등 가족 형태의 변화, 가족의 해체라는 사회변동이 장례 문화에 영향을 끼친 결과이다. 한 평 남짓한 한 기의 무덤에 수직으로 가족들이 합장되는 유럽의 가족묘는 대를 이어 사용된다. 그런데 최근 들어 가족묘 사용 기간을 더 이상 연장하지 않는 사례가 많아졌다고 한다. 그런가 하면 매장을 주로 하던 기독교 문화권의 유럽 국가들에서도 화장이 매우 빠르게 확산되고 있으며, 회교도나 유태인 등 종교적으로 화장을 하지 않는 경우를 제외하고는 화장이 전 세계적으로 대세를 이루고 있다. 개신교의 교세가 강한 국가인 영국, 스위스, 스웨덴 등은 이미 오래전부터 70% 정도의 화장률을 보였으며, 최근에는 화장이 더욱 증가하는 추세이다. 또 화장 후의 2차적 장법에도 변화가 거듭되고 있다.

묘지공원에는 스웨덴의 미네스룬드(Minneslund, '회상의 숲'이라는 의미), 독일·스위스·오스트리아 등에서의 공동 안장 묘역 또는 익명 묘역, 프랑스, 모나코의 추억의 정원(산골 장소), 영국의 로즈가든 등 산골(散骨) 구역의 이용자가 계속 늘고 있다고 한다. 묘지를 찾아 추모할 가족이 거의 없어 화장 후 골분을 잔디 아래 또는 꽃나무 주변의 땅 밑에 묻고 이름마저 남기지 않게 된 것이다. 화장률이 거의 100%에 가까운 일본의 경우, 이미 1990년대부터 이에(家) 단위의 가족묘에 여러 개의 유골함을 안치하던 관행에 큰 변화가 일어나기 시작했다. 2005년에 필자와 만난 적이 있는 시민 단체 〈엔딩센터 Ending Center〉의 이노우에 하루요 대표(사회학 교수)에 의하면 일본에서는 1990년부터 '산이 움직였다.'라는 말로 표현할 만큼 크게 묘지 문화의 변화가 진행되고 있다고 한다. 저출산·고령화 등 사회현상, 개인주의의 팽배, 젊은 세대의 관습에 대한 무관심과 의식 변화 등의 영향으로 1990년대부터 일본의 장례 문화 전반에 확산된 새로운 경향을 일컫는 것이다. 즉, 가족묘 계승자의 감소, 시민 단체의 산골 장려 운동, 수목장의 등장, 가족·친지 중심의 장례 참여자 축소, 개성을 추구하는 자기만의 장례식, 일본 여성들의 '사후 자기 결정권' 추구 등 일본의 장례 관행이 크게 변화하고 있는 것이다. 일본은 우리나라보다 훨씬 앞서 고령화가 진행되었으며, 이에 따라 홀로 사는 노인들의 '고독사'는 사회적 문제가 되고 있다. 그뿐 아니라 장례 기간도 짧아져 직장(直葬)이 성행하고 있는데 이러한 현상은 우리 사회에서도 점점 확산되고 있다.

이노우에 하루요 교수는 현재 일본인들의 키워드가 '자기답게 살고 자기답게 죽는 것'이며, 3인칭으로 표현되는 타인의 죽음에 대해서도 배제해 가는 분위기가 조성되고 있다고 하였다. 최근 2~3년간 일본의 장례 관련 시설을 방문하여 관계자들과 면담했을 때 대다수 사람들은 공통적으로 가족 중심의 소박한 장례, '직장'의 증가, 조문객 수의 감소 등을 지적했다. 따라서 일본 내 장의업자들 간의 경쟁이 치열하고, 새로운 수익 창출을 위한 장례 관련 이벤트와 서비스 개발에 열을 올리고 있다고 한다. 그런가 하면 전국적으로 지방자치단체가 운영하는 공설 묘지에 '합장식 묘'라는 시설이 생겨나고 있는데, 이는 유럽의 합동 묘역, 익명 묘역과 같은 기능을 하는 시설이다.

한편 2000년부터 이노우에 하루요 교수가 운영하는 〈엔딩센터〉에서는 화장 유골을 자연으로 회귀시키는 산골(散骨)과 자기 가족만의 장례인 가족장을 권장하고 있으며, 사후의 문제를 생전에 계약하여 해결해 주는 서비스를 제공하고 있다. 말하자면 개인의 장례를 생전 계약을 통해 대신해 주는 것인데, 부고 명단 작성, 사후 유품 정리, 감사 편지 발송, 연금 처리, 세금·도시가스·수도 문제 등을 대행해 준다고 한다.

또 2000년대 들어와서 두드러진 현상 가운데 영국·미국에서 확산되고 있는 친환경 녹색 묘지는 자연환경을 중시하는 경향과 겉치레를 줄여 단순하게 장례를 치르고 싶은 욕구 때문인 것으로 파악된다. 영국의 'Natural Burial', 미국의 'Green Burial'이 그것인데, 이는 시신의 분해를 억제하지 않고 자연적으로 분해 재생되도록 하는 방법으로 시신을 흙으로 되돌리는 데 목적이 있다. 관이나 수의는 생분해성의 소재를 사용하며, 미국의 경우 관행인 임바밍(Embalming)을 하지 않고 매장용 덧관을 사용하지 않는다.

최근에 우리나라에서도 관심을 가졌던 빙장(Freeze-Dried Burial)은 21세기 들어와 스웨덴에서 개발된 새로운 장법이라 할 수 있다. 시신을 영하 18℃에서 냉동시킨 뒤 196℃의 액체질소에 담가 부서지기 쉬운 상태로 만들어 진공실에서 증기를 쐬면 가루가 된다고 하는데 실제로 이루어지고 있는 곳은 찾아볼 수 없다.

또한 세계 각국에서 화장 문화가 확산되면서 화장 유골의 골분을 바다, 산 등에 뿌리는 산골이 성행하고 있다. 홍콩의 경우, 홍콩특별행정청에서 "Returning to Nature at the End of Life's Journey圓滿人生 回歸自然]"이라는 슬로건을 내걸고 바다 산골을 적극 장려하고 있다. 미국의 경우 각 주마다 다양한 산골 방법을 소개하고 있다. 풍선을 이용하여 공중에서 터뜨리기도 하고, 산탄에 골분을 넣어 총을 쏘기도 하며, 생분해성 물질로 된 함에 담아 바다에 가라앉히는 등 다양한 이벤트를 곁들여 골분을 자연으로 회귀시키고 있다.

아무튼 매장과 달리 화장은 2차적으로 다양한 방식을 택해 장례를 치를 수 있다는 것이고, 또 환경친화적이며 상업성을 탈피하여 소박하고 개성 있게 장례를 치르는 경향을 두드러지게 하고 있다.

현대사회에서 세계 각국이 공통적으로 겪고 있는 고령화, 개인주의 등 사회변동은 죽음의 개인화, 장례의 개인화 및 소규모화를 부추기고 있다.

 ## 4. 자신의 장례 준비하기

동서고금을 막론하고 죽음에 대한 관념으로 공통적인 것은 공포와 두려움이다. 그래서 죽음에 대해 말하고 싶지 않고 남의 일처럼 생각하는 것인지 모른다. 『제 장례식에 놀러 오실래요? *From Beginning to End*』를 쓴 로버트 풀검은 매일 주검을 대면하는 장의사조차도 죽음이 자기에게는 찾아오지 않는다고 착각하고 있다고 말한다. 얼마 전까지만 하더라도 우리나라에서는 죽음을 편안하게 이야기하는 사회가 아니었다. 특히 연세 많은 어른들 앞에서 죽음을 말하는 것은 불경스러운 일이었다. 그런데 90년대 말부터 시민 단체의 장례 문화 개선 운동이 본격화되면서 우리 사회에는 긍정적인 변화가 있었다. 그것은 사회적으로 '죽음'에 관한 구체적인 논의가 활발해진 것이다.

2001년에 〈한겨레신문〉의 '유언장 미리 쓰기' 캠페인이 있었는데 사회 각계 인사들의 미리 써 놓은 유언장 내용들이 소개되어 우리 사회에 긍정적

인 반응을 이끌어냈다. 정신과 의사인 이시형 박사의 경우 40대에 이미 유
언장을 작성해 놓고 매년 연말이 되면 유언장을 꺼내 보고 내용을 추가하거
나 수정했다고 한다. 그는 유언장을 쓰고 나면 죽음에 대한 두려움과 공포
를 떨칠 수 있을 뿐만 아니라 인생이 풍요로워진 기분이라고 하였다(한겨레
21. 2001.2.1).

유언장 미리 쓰기는 삶을 성숙하게 할 뿐만 아니라 자신의 장례를 미리
준비하는 작업이기도 하다. 장례는 죽음을 처리하기 위한 의례이기도 하지
만 살아남은 자를 위한 의례라고도 할 수 있다. 또 스스로 나의 장례를 치를
수 없으므로 가족이나 다른 대리인이 나의 장례를 대행해야 한다. 따라서
나의 장례에 대한 구상과 희망을 미리 밝혀 두어야 하고 그렇게 하는 것이
살아남은 자를 배려하는 것이며 나의 죽음의 의미를 찾는 것이 아닐까 싶
다.

우리나라에서는 21세기 들어와 웰다잉 교육이 성행하더니, 2012년에는
'사전장례의향서' 작성 캠페인이 〈한국골든에이지포럼〉이라는 단체에 의
해 시작되었다. 웰다잉 교육에는 임종 체험, 죽음 체험의 일환으로 관에 들
어가기, 묘지, 화장장 등 시설 견학 같은 프로그램이 천편일률적으로 포함
되어 있다. '사전의료의향서'에 이어 '사전장례의향서'까지 등장하게 되
었는데 부고의 범위, 장례 형식, 부의금, 조화, 염습 수의, 관, 화장·매장 등
의 결정, 그 밖의 당부 사항 등이 그 내용이다.

장례 분야를 오랫동안 연구해 온 일본의 사회학자 이노우에 교수는 일본
사회의 새로운 경향으로 특히 일본 여성의 의식 변화를 지적하고 있다. 일
본 여성들은 자기 의사와 관계없이 사후에 남편 집안의 가족 묘지에 함께

묻히는 것이 관습이었다. 그러나 '죽어서 혼자이고 싶다'는 의식이 팽배해지면서 '사후의 자기 결정' 또는 '사후 이혼'이라는 유행어까지 생겨났으며, 여성 전용 공동묘지가 각광받고 있다. 황혼 이혼, 고독사, 직장 등 일본의 유행어는 우리나라에서도 점점 널리 사용되는 실정이다.

고령화와 1인 가구의 증가 등 사회변동으로 장례도 지연·혈연 공동체의 기능과 역할이 더 이상 가능하지 않게 되었다. 따라서 각 개인이 스스로 미래를 준비할 수밖에 없다. 임종 노트 또는 엔딩 노트를 미리 작성해서 사후 준비를 스스로 해 두는 것이 '나 홀로 죽음'을 방지할 수 있는 방안이 될 수 있다. 통계청의 2012년 사망 잠정 통계(2013.2.26.발표)에 따르면, 우리나라도 고령화가 빠르게 진행되면서 70세 이상 노인의 사망자 수가 전년 대비 8.1% 증가했다고 한다.

한편 〈서울신문〉(2013.1.8.)에 따르면 전체 노인 5명 중 1명은 독거노인으로(120만 명) 이들의 공동생활 제도 도입의 필요성이 증대하고 있다. 이런 현실에서 우리나라도 고독사가 앞으로 더욱 증가될 것이며, 또한 고령화로 인해 배우자나 상주도 고령일 것이므로 장례 비용 마련이나 묘의 관리, 장례 진행 등이 현실적으로 매우 어려워질 것이라 짐작된다.

한편 우리나라에서 21세기 들어와 더욱 두드러진 경향으로는 시신 기증 사례가 크게 늘었다는 점이다. 이는 화장 문화 확산의 영향도 있으나 순수한 뜻의 시신 기증이 아니라 장례를 치르기 힘들거나 아예 그럴 의사가 없어 기증한 경우가 허다하다고 한다. 이처럼 과거 우리 전통 사회에서 죽은 이를 산 사람 모시듯 정성과 예를 다해 치렀던 장례 모습을 이제 찾아보기 힘들게 되었다.

김열규 교수 외 저자들이 쓴『한국인의 죽음과 삶』에서 오늘날 죽음은 오직 '끝'을 의미하고 주검의 처리에 불과하며, 현대의 장례는 망각을 위한 절차가 되고 말았다고 비판한다. 장례지도사의 눈에 비친 죽음과 망자의 모습을 책으로 펴낸『아름다운 배웅』의 저자 심은이는 죽음의 얼굴 뒤에 그들의 삶의 모습을 볼 수 있다고 말한다. 망자에 대한 아름다운 배웅도 더러 있지만, 장례식장에서 벌어지는 유가족들의 추태나 체면치레, 경박함이 우리나라의 세태를 말해 준다. 자살한 노부모의 장례를 치르며 자식들이 서로 탓하며 싸우는가 하면, 90세 할머니가 돌아가신 할아버지의 장례를 준비하는 기막힌 사연도 있다. 젊은 아내를 입관할 때 슬피 울던 남편은 화장실에서 핸드폰으로 누군가와 웃으며 통화를 하는 경우도 있었다. 또 혼자 쓸쓸히 임종한 고인이 사망 후 며칠이 지나 발견되었는데 딸과 며느리들이 고인의 반지와 귀금속 챙기기에 바빴다고도 한다.

현대인에게 장례의 의미는 무엇인가? 나의 사후 남겨진 자들에게 나는 어떻게 기억될까? 이런 문제들을 자문해 보면 나의 장례식을 머릿속에 그려 볼 수 있을 것이다. 2005년 공연되었던 연극「행복한 가족」은 가족 해체로 인한 미래 가족의 모습을 상상할 수 있게 해 준다. 아내의 제삿날, 가족이 없어 남편은 비용을 지불하고 이벤트 회사에 부탁해 파견 나온 사람들과 행복한 가족을 연출한다는 내용이다. 장례도 이벤트 연출이 필요한 사회가 되어 가고 있다. 최근에는 운구할 친지가 없어 인력 서비스를 받기도 하며, 돈을 받고 장례식장에서 문상객 노릇을 해 주고 접객실의 자리를 메꾸어 주는 일거리도 생겼다고 한다.

이러한 세태를 돌이켜 보고 내가 이 세상에서 사라진 이후를 생각하며 나의 장례를 준비해 보는 것이 어떨까?

몇 년 전 TV 드라마로 방영되었던 「투명인간 최장수」에서 주인공은 강력계 형사인데 조발성 알츠하이머병을 앓고 있었다. 그는 이혼한 아내에게 부탁하여 죽기 전에 가까운 지인들에게 장례식 초대장을 보낸다. 기억이 남아있을 때 소중한 사람들에게 인사를 하겠다는 게 그의 희망이었다. 그리고 주인공은 아내에게 자기 장례식에 검고 칙칙한 상복 대신 미리 선물해 준 옷을 입고 제일 화사한 웃음으로 보내 주길 부탁한다. 비록 드라마이기는 하지만 우리에게 시사하는 무엇이 있다.

로버트 풀검의 에세이집 『제 장례식에 놀러 오실래요?』에 소개된 바 있는 마사 카터(80세에 사망)의 멋진 장례식도 큰 감동을 준다. 전직 교사였던 마사는 죽기 전 2년여 동안 스스로 치밀하게 장례 계획을 세웠으며, 가족들의 생각을 받아들여 자식들과 함께 묘지도 사 두었다. 그리고 그녀는 장례식이 삶의 축제여야 한다고 생각하여 모든 참석자들이 밝은 빛깔의 옷을 입고 오도록 제안하였다. 묘소에서 목사의 주례로 진행된 장례식은 전통 재즈밴드의 경쾌한 연주를 시작으로 참석자들이 고인에 대한 훈훈하고 아름다운 추억들을 적은 추모사를 낭독함으로써 장례식이 단순한 행사로 취급되지 않도록 하였다. 또 마사는 생전에 이미 비용을 지불해 둔 파티에 장례식 다음날 참석자들을 초대하기도 했다. 그야말로 그녀의 장례는 삶의 축제로서 살아 있는 사람들에게 깊은 감동을 주었다. 그녀는 본인의 의지대로 신장 투석을 중단, 죽음을 순순히 받아들였는가 하면 장례식은 마사 자신의 생애와 소신을 반영할 것과 가족들과 친구들의 요구 및 정서를 고려해서 치러져야 함을 목사에게 부탁해 두었다. 역시 장례는 죽은 자를 위한 의례이자 산 자를 위한 의례라는 것을 마사의 경우를 통해 알 수 있다. 마사가 죽고 1년 후 그녀의 가족과 가까운 친구들은 그녀가 보낸 꽃과 편지를 받았다. 이것도 물론 생전에 그녀가 목사에게 부탁했던 것이었다. 그녀의 장례식에서 목사가 읽어준 그녀의 편지 '마사가 보내는 글'은 그녀의 아름다운 삶과 죽음에 대한 생각을 감동적으로 느낄 수 있도록 해 준다.

"지금까지 저는 멋진 인생을 살았습니다. 제 인생에 베풀어 주신 모든 것에 감사합니다. 문 앞에 죽음이 어른거리면 저는 따라 나설 겁니다. 춤 신발로 바꿔 신고 훌쩍 떠날 겁니다. 여러분도 그렇게 하시길, 안녕히, 사랑을 띄우며. 마사"(『제 장례식에 놀러 오실래요?』에서)

우리나라의 사례로는 영문학자인 고 장영희 교수의 죽음이나 소설가 박완서 선생의 죽음에서 유가족들과의 아름다운 이별과 유산 기부라는 아름다운 결단을 보면서 죽음의 의미와 의미 깊은 장례의 모습을 발견한다.

왜
죽음교육이
필요한가

전 병 술 건국대 학술연구교수

1. 우리는 죽음과 더불어 살고 있다

타인의 죽음은 우리를 슬프게 하고, 자신의 죽음 앞에 선 이는 두려움에 떨게 된다. 피할 수 없는 숙명임에도 피하고 싶어지는, 그러나 피할 수 없는 죽음을 애써 외면하기 위하여 인류는 죽음을 금기시해 왔다. "천당에 대한 확신이 있는 분이 천당을 마치 골고루 답사하고 온 것처럼 구체적으로 그려 보이는 설교를 들어본 적도 있습니다만, 어쩐지 하나도 마음에 차지 않고 차라리 '개똥밭을 굴러도 이승이 좋다.'라는 원색적인 속담이 훨씬 설득력 있게 들리는 걸 어쩔 수가 없습니다."라는 박완서의 소설 속 고백이 바로 나의 속맘이다. 최첨단 시스템을 갖춘 고층 건물 엘리베이터의 상당수는 여전히 3층과 5층 사이를 F층이라 표시하고 있다. 죽은 자가 잠시 머물다 가는 영안실에도 4호가 없는 곳이 있으니 이 얼마나 아이러니한가. 국내 최고의 병원 영안실에 13호실이 없는 것은 발전된 형태인가?

유교 문화권인 우리나라 사람들은 전통적으로 삶에 집착한다는 평가를 받는 동시에 죽음의 의식이 삶의 의식보다 훨씬 화려한 이중적 태도를 보여 왔다. 죽음에 대한 유가적 해석은 제자의 질문에 대한 공자의 간명한 한마디로 대표된다. 어느 날 제자인 자로가 "감히 죽음에 대해 묻습니다."라고 하자 공자는 "삶도 아직 다 모르는데 어찌 죽음을 말하겠는가?"라고 하였다. 이 문답은 공자의 관심이 신비적인 것보다는 구체적인 일상생활에 있고, 죽음보다 삶에 있었음을 잘 알려주는 문구다. 죽음에 대한 제자의 물음에 답한 공자의 이 말이 공자의 삶과 죽음에 대한 답이라는 전제하에 공자가 죽음에 대해 몰랐다거나 혹은 죽음을 직시하지 않고 외면하여 이후 삶에만 집착하는 유가적 전통을 열었다고 말하기도 한다.

우리나라를 비롯한 유교 문화권에서는 입신양명에의 탐닉 등 지극히 현세적 생활에 관심을 집중시키며 나아가 제의(祭儀)를 통한 자기과시 또한 큰 비중을 차지하고 있는데, 대부분 유교의 영향으로 설명한다. 순자는 "무릇 천지 사이에 혈기를 가지고 태어나는 생물은 반드시 지각을 가지고 있으며, 지각을 가지고 있는 생물은 반드시 자기와 같은 무리를 사랑한다. 새나 짐승도 자기 무리와 떨어져서 한 달 이상을 지내면 반드시 되돌아와 무리를 찾아가며, 자기 고향을 지나칠 때면 반드시 주위를 돌아다니며 울부짖고 몇 번을 오가며 배회한 다음에야 비로소 그 자리를 떠난다. 어린 제비 새끼마저도 한참을 재잘거리다가 날아간다. 사람은 혈기를 가진 생물 중에서 가장 빼어난 지각을 가지고 있으므로 부모에 대한 우리의 감정은 죽더라도 끝나지 않는다."라고 하며 상·장례는 감정의 자연스런 발로임을 강조한다. 유교에서는 제사도 대단히 중시하고 있다. 『예기』에서 "군자는 궁궐을 지을 때 종묘를 먼저 짓고 다음에 외양간을 지으며, 마지막에 기거할 방을 짓는다. 집안에서 쓰는 용품도 제기를 먼저 만들고, 그다음에 제사상에 쓸 술 그릇을 만들며 밥그릇은 그 뒤에 만든다. … 군자는 비록 가난하더라도 제기에 죽을 담아 먹지 않고, 추위도 제사 때 입는 옷은 입지 않으며, 궁궐을 지을 때 무덤가에 심은 나무는 베지 않는다."라고 하였듯이, 유교 문화권에서는 제사 활동이 생활의 중심이었다고 할 수 있다. 이러한 제의 풍토는 '효' 전통과 맞물려 체면을 위한 의식으로 굳어져서 죽음에 대한 내면적인 성찰을 더욱 방해하게 되었다.

14~15세기 독일의 인문주의자였던 요한네스 폰 탭플(1350-1415)은 사랑하는 젊은 아내의 죽음에 슬픔을 이기지 못하고 죽음을 신에게 고소한 다음, 신의 법정에서 죽음과 논쟁을 벌이는 내용의 책을 출간하였는데 이렇게 시작한다.

"사람들을 잔인하게 제거하는 자, 모든 존재들을 비열하게 추방하는 자, 인간들을 끔찍하게 살해하는 자, 그대 죽음이여, 저주를 받아라! … 그대, 사악한 죽음이여, 온 인류의 적이여, 신이 그대를 영원히 증오하기를!"

사랑하는 아내를 잃은 한 청년이 죽음을 증오하면서 외친 이 말은 600여 년이 지난 지금도 여전히 우리의 마음을 대변한다.

그러나 다른 한편 '자살 공화국'이라 불릴 만큼 우리나라의 자살률은 경제협력개발기구(OECD) 회원국 가운데 부동의 1위다. 2010년 기준 10만 명당 자살자 수는 33.5명으로 하루 평균 42.6명이 스스로 목숨을 끊는 셈이다. 이 승이 그리 살 만한 곳만은 아닌가?

청소년 자살 문제는 더욱 심각하다. 전체적으로 자살에 의한 사망은 암, 뇌혈관 질환, 심장 질환에 이어 4위를 차지하고 있지만, 청소년의 경우 사망 원인 가운데 자살 비중이 가장 높은 것으로 나타나고 있다. 2012년 5월 통계청이 발표한 '2012년 청소년 통계'에 따르면 2010년 한 해 청소년(15~24세)의 사망 원인 중 1위는 '고의적 자해(자살)'로 청소년 인구 10만 명당 13명이 자살로 생을 마감한 것으로 집계됐다. 또한 전체 청소년 가운데 최근 1년간 한 번이라도 자살 충동을 경험한 청소년은 8.8%로 나타났다. 또한 한국청소년정책연구원은 2012년 5월부터 6월까지 전국 300개 초·중·고교 학생 8,745명을 대상으로 '2012 한국 아동·청소년의 정신 건강 실태 조사' 를 실시한 결과 전체 조사 대상자 중 23.4%가 최근 1년간 자살을 생각해 본 적 있으며 이 중 14.4%는 실제 자살을 시도한 경험이 있다고 답했다고 밝혔다. 정부와 민간단체, 청소년 관련 기관 및 학교에서 청소년 자살을 줄이기 위한 자살 예방 사업들을 시행해 오고 있다. 그러나 이러한 노력들에도 불구하고 그 실효성은 여전히 제한적이며 청소년 자살률 또한 증가하고 있는 실정이다. 이는 대증요법에 치우쳐 근본적인 교육이 이루어지지 않고 있음을 반증한다. 따라서 이에 관한 근본적인 교육이 필요하다.

전통적으로 농경 사회에서는 자신이 평생을 거처하던 방에서 가족들이 둘러앉아 지켜보는 가운데 임종을 맞이하면서 생을 마감하였고, 장례 의식은 마을의 축제 같은 분위기를 자아내었다. 그러나 프랑스 역사학자 필립 아리에스가 '20세기에 들어와 상징적 의미로 죽음이 허무에 매몰되었다' 고 이야기했듯 현대 의료 기술의 눈부신 발달로 죽음을 많이 늦추었으나 그에 따른 고통 또한 증가하고 있다. 자본주의 사회에서 대다수의 사람들이 기계로 가득 찬 중환자실에서 쓸쓸히 죽음을 맞이한다. 따라서 죽음은 더욱더 우리의 일상생활로부터 멀어지고 터부시되고 말았다. 만일 우리가 죽음을 계속해서 피하려고만 하거나 적으로만 간주한다면, 우리는 두려움과 불안이 한층 고양된 상태에서 죽음을 맞이하게 될 것이다. 왜냐하면 우리는 피할 수 없는 죽음을 편안하게 받아들일 수 없기 때문이다.

장자가 "대지가 나를 이 땅에 살아가게 하였는데, 삶에 수고롭게 하고, 늙음으로 여유를 주고, 죽음으로 편안함을 준다. 그러므로 삶이 좋은 것이라고 여긴다면 죽음도 좋은 것이라고 여겨야 할 것이다."라 하였듯 죽음의 문제는 육체적 연명만의 문제가 아니다. 죽음은 삶과 불가분의 관계에 있다. 어떤 사람이 자신의 삶을 끝맺는 방식은 곧바로 그가 삶을 어떻게 살았는가 하는 문제와 직결된다. 그러므로 죽어 가는 사람이 삶의 마지막 단계를 어떻게 하면 인간답게 보낼 수 있는지, 자기 자신은 죽음을 어떻게 맞이할 것인지 더욱 폭넓게 접근할 필요가 있다. 이러한 것을 연구하는 학문이 죽음학이다.

2. 죽음학이란 무엇인가?

죽음학은 1908년 노벨생물화학상 공동 수상자 가운데 하나인 러시아 생물학자 메치니코프(Elie Metchnikoff, 1854-1916)가 1903년 출간한 『인간의 본성 The Nature of man』에 '죽음학(Thanatology)'이라는 용어를 쓰면서 시작되었다고 할 수 있다. '죽음학'은 '죽음교육'을 포함한다. 서양에서 죽음교육은 1950년대 중반 죽음에 대한 학문적 관심과 함께 시작되었는데, 특히 미국에서 파이펠(Herman Feifel)이 『죽음의 의미 The Meaning of Death』(1959)를 출간하면서 반향을 일으켰고 1960년대 들어 여러 학자들이 연이어 고등교육기관에 '죽음과 죽어감' 관련 교과목들을 개설하면서 정규 과정으로 들어왔다. 파인 (V. R. Pine)은 미국의 죽음교육 발전을 탐색기(1928-1957), 발전기(1958-1967), 중흥기(1968-1977) 및 성숙기(1976-1985)로 나누었는데, 죽음교육이 지속적인 대중화의 길을 걸었음을 볼 수 있다. 그는 또 죽음교육이 순수한 접근과 응용적 접근으로 나뉘어 발전하였다고 보았다. 응용 죽음교육은 죽어 가는 과정의 관리나 사별 적응에 초점을 맞춘다. 순수한 접근은 죽음을 대하는 자세, 상실과 슬픔에 대한 이해, 안락사와 자살, 부모의 죽음이 아동에게 끼치는 영향, 자기 자신의 죽음의 의미 등을 포괄한다.

미국에서는 1974년 '죽음, 죽어감과 사별에 관한 국제 워크그룹(International Work Group on Death, Dying and Breavement; IWGDDB)'이 결성된 후, '죽음교육 및 연구 센터(Center for Death Education and Research)', '죽음교육과 상담 협회(The Association for Death Education and Counseling; ADEC)', '전국 죽음교육 센터(The NationalCenter for Death Education)' 등 죽음학 및 죽음교육 관련 단체들이 잇달아 조직되고, 이들 기관들의 추진력에 발맞추어 1974년 이미 165개 이상의 대학에서 죽음교육 과정이 개설된 이래 지금은 더욱 확대되었고, 수천 개의 초·중등학교에서도 죽음교육을 실시하고 있다. 나아가 각종 서적, 가이드북, 영화를 포함한 시청각 교재를 끊임없이 개발하여 수업 자료로 쓰고 있다.

'죽음교육과 상담 협회'는 『죽음학 핸드북 Handbook of Thanatology』을 출간하여 대중들에게 자기교육의 기회를 주고 있다. 『죽음학 핸드북』은 죽음학 분야에서 가장 권위 있는 책 가운데 하나로, 최신 학문과 연구 및 임상 적용 성과를 담아 내고 있다. 이 책은 일곱 부분으로 구성되었다. 앞의 여섯 부분은 죽어감, 사전의료의향서, 상실과 슬픔 그리고 애도, 평가 및 교육 활동, 충격적 죽음, 죽음교육 등 죽음학에 관한 이론과 실천을 위한 핵심 영역을 망라하였다. 여기서는 각 주제에 관한 문화·사회적, 종교·영적, 전통적·현대적 관점, 기대 수명, 가정·시스템, 윤리적·법률적 문제들과 같은 핵심적인 테마와 이슈를 탐구할 수 있다. 마지막 부분에서는 직업적인 문제와 죽음학에 관한 자원들을 탐구할 수 있게 하였다.

에디(Eddy)와 알레스(Alles)는 공저 『죽음교육 *Death Education*』에서 여러 학자들의 의견을 종합하여 죽음교육의 중요성을 다음과 같이 정리하였다.

첫째, 사람들로 하여금 죽음과 대면할 때 효과적인 문제 해결 능력 및 대처 방안을 제공하여, 내면이 죽음에 대한 충격과 두려움을 극복할 수 있도록 한다. 둘째, 일상적으로 즐기는 음악·예술·문학 등은 죽음에 대한 묘사로 충만하고, 대중매체에서도 죽음에 관한 보도가 쉴 없이 이어지고 있음에도 불구하고 우리는 죽음에 대해 굳게 입 다물고 외면한다. 따라서 죽음교육을 통하여 이러한 충격과 정보를 직시하고 비교적 건강하고 정상적인 관점에서 죽음을 이야기할 수 있어야 한다. 셋째, 죽음은 한 사람의 삶이 끝났음을 알리는 최종 선고이다. 죽음에 대한 사색을 통하여 자신의 생활을 평가하고, 나아가 건강하고 행복한 삶을 영위할 수 있도록 스스로를 고무한다. 넷째, 전문적이든 비전문적이든 관계없이 죽어 가는 환자 및 남은 가족들에게 적절한 돌봄과 정서적 지지를 제공할 수 있게 한다. 다섯째, 죽음과 죽어감에 대해 아무것도 모르는 사람들이 그 개념이나 주제 및 추세 등을 이해하는 데 도움을 줄 수 있다. 여섯째, 유언장, 상·장례 방법, 사전의료의향서 작성 등 자신의 죽음에 대한 준비를 공개적으로 진행하는 데 도움을 줄 수 있다.

이와 같은 목적하에 서양에서 '죽음교육'은 유아기부터 생애 주기에 맞추어 지식적 측면과 정서적 측면, 실천적 측면과 가치관을 망라하여 실시되고 있다. 대만에서의 죽음교육은 1993년 미국 필라델피아 템플대학 종교학과의 푸웨이쉰(傅偉勳) 교수가 자신의 10여 년간의 죽음 관련 교육 내용을 바탕으로 쓴 『생명의 존엄과 사망의 존엄』을 출판하면서 시작되었다. 저자 자신이 직접 암과 투쟁하면서 쓴 이 책은 예상을 넘어 커다란 반향을 일으키며 학계의 연구 방향에 새로운 지평을 열었고, 출판계에 새로운 기획을 제공하여 지금까지 『죽음의 철학』, 『생사학』, 『생사학 개론』, 『이론생사학』, 『종교철학과 생사학』, 『생사교육과 카운슬링』 등의 수십 종의 전문 서적들이 단독 혹은 공동 연구로 출간되었다. 그는 대만에 죽음학을 들여오면서 '타나톨로지(Than-atology)'를 '생사학(生死學)'으로 번역하고 '죽음교육(Death Education)'을 '생사 교육(Life and Death Education)'으로 변환하여 사용하였다. '죽음학'을 '생사학'으로 바꾼 것은 우선 '죽음'이라는 단어에 대한 동아시아 유교 문화권에서의 금기가 기독교 문화권에 비해 더욱 강하기 때문에 거부감을 누그러뜨리기 위한 의도가 숨어 있다. 또한 서양의 죽음학은 죽음에 대한 인식, 정의 및 죽음과 관련되는 여러 현상에 대한 파악을 주요 목적으로 삼기 때문에 삶의 문제가 결여되어 있다는 문제의식도 그러한 용어 변환의 중요한 이유 중 하나이다. 오스트레일리아에서 1979년 약물 남용·폭력·에이즈 예방을 목적으로 '삶의 교육 센터(Life Education Center)'를 건립한 점은 삶과 죽음을 나누어 보는 예증 가운데 하나라고 할 수 있다.

동양에서는 원래 삶과 죽음을 하나로 보기 때문에 죽음의 문제를 삶과 죽음을 함께 아우르는 생사 문제로 확충해서 파악해야 한다고 푸웨이쉰은 역설하였다. 그는 만약 죽음을 생명의 전체적인 맥락에서 살펴보지 않고 단지 죽음 현상만 연구한다면 죽음의 본질은 영원히 죽음 자신이 지닌 무화의 힘

속에 매몰되어 감추어질 것이라고 보았다. 그의 논리는 다음과 같이 전개되어 간다.

물론 우리는 '죽음 현상'에 관해 독립적으로 연구할 수도 있지만 생명 전체를 통해 '죽음의 본질'을 연구해야만 한다. 죽음의 현상은 본질의 드러남이고 이 본질은 다름 아닌 생명 자체다. 다시 말해 죽음의 본질은 삶의 완성(to live)이고 삶의 현상은 죽음의 실현(to die)이다. 죽음에 대한 물음은 결국 삶에 대한 물음과 연결된다. 삶의 의미는 태어나면 누구나 죽는다는 사실로부터 명확히 드러난다. 반대로 삶에 대한 태도가 죽음에 대한 태도를 결정한다. 삶이 없으면 죽음도 없다. 삶과 죽음은 일체다. '죽음 현상'에 관한 연구는 지금까지 죽음학과 죽음교육의 목표였다. 죽음의 본질에 관한 진일보한 연구는 삶과 죽음을 아우르는 생명 자체이고 따라서 현대 죽음학의 새로운 방향이어야 한다.

이와 같은 문제의식을 바탕으로 1997년 대만에서는 최초로 난화(南華)대학에서 '생사학 연구소'(대학원 과정)를 개설하였고, 2001학년도부터는 학부 과정에 생사학과를 개설하였으며. 최근에 철학에 생명교육을 포함하여 '철학 및 생명교육학과'를 개설하였다. 1998년, 타이페이 간호대학에서 '삶과 죽음 연구 센터(生與死研究中心)'를 개설하고 이어서 '생사교육과 카운슬링 연구소'를 개설하였다. 특히 1990년대 중반 이후 일상화된 학교 폭력, 늘어나는 청소년 자살 등이 사회문제로 제기되어, 중등학교에서도 생명교육을 실시하여 학생들이 올바른 가치관 및 인생관을 세우고, 자신의 생명의 고귀함을 체득할 수 있도록 해야 한다는 문제의식에서 출발하여 2000년 7월 교육부에서 정식으로 '교육부 생명교육 추진 위원회'를 구성하고 공청회를 거쳐 2001년을 '생명교육의 해'로 선포하게 된다. 수년간의 연구 및 예비 시행 끝에 마침내 2008년부터 생명교육은 초·중·고교까지 정식 교과목으로 채택되기에 이르렀다.

우리나라에서는 1991년 '인간의 삶과 죽음의 의미를 사색하고, 탐구하고, 이 문제에 관심을 가진 사람들에게뿐만 아니라 보다 많은 사람들에게 죽음에 대한 준비 교육을 실시하여 죽음 기피와 공포심을 불식하고, 안정되고 풍요로운 삶을 모색하는데 이바지함'을 목적으로 '삶과 죽음을 생각하는 회'가 결성되어 죽음에 관한 근본적인 성찰을 불러일으키기 시작하였다. 이 모임에서는 지금까지 '죽음의 철학', '죽음 준비 교육의 필요성에 대한 공개 강연회', '죽음 준비 교육 세미나', '죽음 준비 교육 지도자 양성 및 활동', '웰다잉 전문 지도 강사 양성 교육' 등을 실시하고 있다. 2004년 한림대학교에서 '생사학 연구 센터'를 개설하여 자살 예방 활동을 중심으로 운영하고 있다.

2005년에는 철학·종교학·심리학·사회학·의학 등 각 분야의 전문가들이 〈한국죽음학회〉를 창설하여 학술 포럼 활동 등을 펼치며 죽음학 및 죽음교육에 대한 학계와 사회의 관심을 환기시키는 노력을 해 오고 있으며, 2010년 출간한 『한국인의 웰다잉 가이드라인』은 그 결과물 가운데 하나이다. 이 책의 주요 내용은 다음과 같다.

'죽음의 준비, 병의 말기 진단 전에 해야 할 일', '말기 질환 사실을 알리는 바람직한 방법', '말기 질환 판정을 받은 환자에게 도움이 되는 글', '임종 직전, 죽음이 가까웠을 때의 증상', '떠나는 것 받아들이기와 작별 인사', '망자 보내기, 장례', '고인을 보낸 이의 슬픔을 치유하는 데 도움이 되

는 글.'

현재 한국에서 이루어지는 죽음 관련 활동은 화장 등 장례 문화의 변화, 존엄사 문제, 사전의료의향서 작성, 호스피스 활동 등 임상 중심 혹은 구체적인 사안별로 이루어지고 있는데, 이를 뒷받침할 죽음학적 성찰이 결여되어 있다. 죽음학 혹은 죽음교육 관련 저서도 나오고 있지만 대개 번역서 아니면 편저 수준에 그치고 있다. 몇몇 대학에서 죽음교육을 실시하여 좋은 반응을 얻고 있지만 확산되지 않고 있으며, 초·중등학교에서는 죽음교육이 전무하다고 해도 과언이 아니다. 민간단체들도 '죽음 준비 교육'이라는 명칭하에 유서 작성, 영정 사진 찍기, 입관 체험 등을 실시하고 있는데 이러한 일회성 행사가 죽음을 성찰하고 삶의 의의를 자각하는 데 얼마나 도움을 주는지 의문을 갖게 된다.

 3. 생사교육, 어떻게 할 것인가?

생사학은 태어나서 죽을 때까지의 생애 전 과정에 걸쳐 이루어지는 인간의 삶과 죽음에 관한 태도와 행동에 관한 학문이라 할 수 있고, 생사교육 (Education about Life and Death)은 삶의 의미에 관한 성찰 및 죽음교육을 포괄하는 개념으로 생사학(Studies of Life and Death)을 기초로 하여 진행되어야 한다. 생사학은 넓은 의미와 좁은 의미 두 가지로 나눌 수 있다. 넓은 의미에서의 생사학이 관심을 기울이는 문제는 존재자가 부딪치는 개인의 죽음에 대한 가치관이나 결단 등을 넘어서는 전반적인 것이다. 따라서 반드시 자연과학 등의 성취에 기초를 두고 철학, 종교학, 정신의학, 정신치료학, 심리학, 문화인류학 등을 비롯한 기타 일반 과학 및 문화 예술 등을 유기적으로 융합하여 연구하여야 한다.

좁은 의미의 생사학은 개별 존재자의 생명과 관련된 연구 및 지침이라고 할 수 있는데, 현대인이 마땅히 지녀야 할 생활의 지혜라고 할 수 있다. 삶의 문제와 죽음의 문제는 나누어 볼 수 없기 때문에 개별적 삶과 죽음의 문제에 대한 이론적 지침은 삶과 죽음에 대한 지혜를 심화시키고 풍성하게 하는 데 커다란 도움을 준다. 생사교육을 통하여 각자가 적극적인 삶의 태도를 지닐 수 있도록 도움을 주고 성장의 마지막 단계인 죽음에 임박해서도 존엄성을 유지할 수 있도록 해야 한다. 따라서 궁극적으로는 '삶과 죽음이 하나' 라는 관점에서 생사학 연구 및 생사교육이 이루어져야 하지만, 분리해서 다룬다면 하나는 죽음에 임박한 상태를 대상으로 하고, 다른 하나는 물리적으로 일상적 죽음과 멀리 있는 상태의 사람들을 대상으로 한다. 죽음에 임박한 상태에서는 응용적인 측면을 중심으로 다루어야 하고, 학생들에게는 이론과 체험을 중심으로 이루어져야 한다.

전통 사회에서는 일반적으로 장례는 마을 공동체 행사로 치러졌다. 이를 통해 죽은 사람의 명복을 빌 뿐만 아니라 유가족들의 슬픔을 함께 나누어 자연스럽게 상실에 대한 치유의 기능까지 담당하였다. 그러나 현재 의료 기술의 눈부신 발달과 공동체의 해체가 맞물려 많은 사람들이 고독하게 죽음을 맞이하고, 영안실에서의 형식적인 의례와 함께 실질적인 절차가 끝난다. 병원에서의 죽음은 의료 행위의 실패로 여겨지고, 이어지는 형식적인 애도 과정은 인간의 존엄성에 근원적인 의문을 제기하며 유가족들의 상실과 슬픔에 대한 치유 과정도 생략되어 죽음은 부정적인 형태로 남게 된다.

좋은 삶은 존엄함 죽음이 바탕이 되어야 건강하게 유지된다. 따라서 각 학문 영역이 함께 모여 삶과 죽음은 일체라는 관점에서 죽어 가는 당사자와 유가족, 의료 종사자 및 상·장례 종사자까지 망라하여 각 영역에 맞는 생사 교육 내용을 담은 매뉴얼을 마련해야 한다. 철학, 심리학, 종교학 및 문학과 예술 등 문화를 총체적으로 융합하여 효과적인 매뉴얼을 제공함으로써 환자의 정신 상태를 개선하여 자연스럽고 조용하게 죽음을 받아들이며 죽음의 존엄을 유지해 주어야 한다. 당사자로 하여금 피동적으로 죽음에 당하는 것이 아니라 적극적으로 죽음을 맞이하는 자세를 갖게 해 주어야 한다.

학교 폭력이 일상화되고 자살이 만연하는 배후에는 근원적으로 삶의 의미 상실과 생명 경시 풍조가 도사리고 있다. 따라서 근원적인 생사교육을 통해 삶과 죽음을 성찰하고 올바른 태도를 정립하여 자살을 방지해야 한다. 나아가 생명의 존엄성에 대한 의식을 제고하여 학교나 사회에서 벌어지는 폭력과 마약 등에 의한 인성의 황폐화 및 정신적·육체적 상해 등을 줄여 건강한 사회를 이루도록 해야 한다.

이런 관점에서 학교에서의 생사교육의 목표는 다음과 같이 설정할 수 있다. 첫째, 삶의 의의에 대해 탐구하여 자신의 삶의 의의를 확립한다. 둘째, 죽음과 죽어감의 과정 및 사후세계 등에 관한 관점을 포괄하여 종교, 철학, 심리학, 의학 등 각 영역에서 다루는 죽음관을 이해한다. 셋째, 죽음에 대한 두려움, 도피 등의 마음 상태를 돌이켜 죽음을 직시할 수 있도록 해 준다. 넷째, 인생의 마지막 여정을 준비할 수 있는 태도를 배양한다. 다섯째, 가족 및 친구 등 지인의 죽음으로 인해 발생하는 상실과 슬픔 등에 대해 이해하고 이에 대처할 수 있는 자기 조절 능력을 배양한다.

죽음,
그 생명적 이해
– 종교철학적 시각에서

이 찬 수 서울대 통일평화연구원 HK연구교수, 종교학

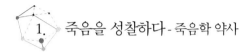

1. 죽음을 성찰하다 - 죽음학 약사

사람은 누구나 죽는다. 신비롭게도 사람은 자신이 죽는다는 사실을 미리 안다. 그리고 그 앎이 삶을 변화시켜 준다. 현재 삶의 질서를 바로잡아 주기도 하고, 더 윤리적인 삶으로 이끌기도 한다. 그 변화를 긍정적인 방향으로 이끌어, 풍요롭게 살다가 품위 있는 죽음을 맞이하도록 인도하는 학문이 넓은 의미의 '죽음학' (thanatology)이다.

죽음에 대한 성찰의 역사는 기원을 알 수 없을 정도로 오래되었지만 '죽음학' 이라는 학문의 역사는 길지 않다. 서양에서는 파이펠(Herman Feifel)이 편집한 『죽음의 의미 The Meaning of Death』 등이 출간되고, 스위스 출신의 정신과 의사 퀴블러 로스(Elisabeth Kübler-Ross, 1926-2004)가 임종 직전 환자들의 반응을 연구한 죽음 관련 책들을 다수 출간하면서 20세기 중반 이후 '죽음학'이 주요 학문 분야로 자리 잡아 왔다. 이에 비해 한국의 경우는 1991년 〈삶과 죽음을 생각하는 회〉가 창립되면서 '죽음학' 에 대한 학문적 접근의 필요성이 알려지기 시작했다. 이어 〈한국장묘문화개혁범국민협의회〉(1998) 같은 시민단체와 죽음에 대한 학문적 접근을 시도한 〈한국죽음학회〉(2005)가 설립되었으며, 한림대학교에서 교내에 〈생사학 연구소〉를 만들면서, 죽음에 관한 학문적 연구가 이제 탄력을 받아 가고 있는 정도이다.

'죽음학'에서는 죽음에 임박한 환자들의 생태와 반응을 연구하면서 인간이 죽음을 품위 있게 맞이할 수 있도록 하는 각종 이론을 정립하고 그 이론을 사회화하는 데 연구의 초점을 두고 있다. 이런 분위기를 타고 국내 지방자치단체에서도 전문가의 도움을 받아 일반 대중을 상대로 죽음교육을 실시하는 등 죽음에 관한 사회적 논의가 확대되고 있다.

최근 한국죽음학회에서 『한국인의 웰다잉 가이드라인』(대화문화아카데미, 2010)을 펴냈다. 임종 직전 무슨 일이 일어나는지, 환자 당사자와 보호자는 자신과 가족의 죽음에 대해 어떤 자세를 취해야 하는지, 환자가 임종한 후 유족의 상실감을 어떻게 치유해야 하는지와 관련해, 크지 않은 책이지만 구체적이고 실질적인 가이드라인을 제시했다는 점에서 의미 있는 성과물이다.

2011년에는 세브란스 병원에서 연명 치료 중이던 세칭 '김 할머니'에게 부착된 인공호흡기를 제거해야 하느냐 마느냐를 두고 사회적 논의가 진행되기도 했다. 무의미한 연명 치료를 중단하고 인공호흡기를 제거하는 것이 환자가 존엄한 죽음을 맞이할 수 있게 하는 것이라는 의견들이 많아지면서, 한국 사회에 이른바 '존엄사(尊嚴死)'라는 말이 회자되기도 했다. 많은 사람들이 죽음을 성찰하는 계기가 됐고, 존엄한 혹은 품위 있는 죽음에 대한 구체적인 자각의 계기가 되었다는 점에서 의미 있는 일이다. 한국에서도 이제 죽음이 삶의 일부로, 학문의 영역으로 받아들여지기 시작하였다는 객관적인 증거로 삼을 만한 일이라고 할 수 있다.

2. 죽음도 생명현상이다 - 죽음과 온생명

그렇다면 죽음이란 무엇일까? 흔히 죽음을 의학적으로는 심장이 멈춰 호흡이 없고 외부 자극에 대한 반응도 없는 상태로 규정한다. 국어사전에서는 죽음을 생물의 생명이 없어지는 현상, 생물의 생명 과정이 정지된 상태 등으로 광범위하게 정의한다.

하지만, 진지하게 생각하면 알 수 있는 일이거니와, 개체 생명의 모습과 형태는 달라지더라도, 생명현상 자체는 정지되거나 없어지지 않는다. 작은 생명의 모양과 형태는 변하지만 사실상 그것은 더 큰 생명 속에 편입되어 지속된다. 죽음을 생물의 생명이 없어지는 현상으로 규정한다면, 그것은 기본적으로 개별 생명체만을 전제한 협의의 정의이다.

생물학자 로(G.W.Rowe)가 생명의 조건이자 속성을 자기 유지, 자기 증식, 자기 변화의 능력에서 찾을 때도 개별 생명체를 중심으로 한 정의이다.[1] 생명 논의를 위한 작업 정의로서의 의미는 있지만 깊고 넓은 생명의 세계를 보여주는 데는 한계가 있다.

무엇보다 개별 생명체를 중심으로 한 정의이다 보니 그 개별 생명체를 가능하게 해주는 다른 생명 현상은 배제된다. 가령 로가 생명이 가능하려면 "주변으로부터 에너지를 흡입하여 이를 자체 유지를 위해 사용"하는 대사 작용이 있어야 한다고 말할 때, 그 '주변의 에너지'는 어디서 온 것일까 한 번 더 생각해 보자. 그러면 그 에너지라는 것 역시 넓은 의미의 생명 또는 생명현상의 일부라는 사실을 알 수 있다. 한 그루의 나무가 토양에서 흡수하는 양분이라는 것도 일종의 미생물 차원의 생명 체계이다. 햇빛과 물은 물론 미생물 없이 나무라는 개별 생명체를 설명할 수 없다는 점에서, 즉 생명을 설명하기 위해 생명을 가져올 수밖에 없다는 점에서, 개별 생명체 중심의 해설에는 한계가 있다.

물리학자 장회익은 이러한 문제 의식을 가지고서 로의 정의에다가 관계성을 보태 새로운 우주적 생명 개념을 만들어 낸다. 즉, 생명이 가능하기 위해서는 대사, 생식, 진화 외에 개체 간의 협동이 있어야 한다는 것이다. 개체들 간의 긴밀한 협동 체계 속에서만 개별 생명체들이 생명으로서 존립할 수 있다는 것이다. 이 협동 체계 자체가 개별 생명체들을 개별 생명체 되게 해 주는 하나의 상위 개체로 간주될 수 있다고 본다. 그러면서 그 상위 개체를 '온생명(global life)'으로, 단위 내 각 개체들을 '개체생명'(낱생명)으로 구분한다.

온생명은 35억 년 전 지구 탄생 이래 현재까지 계속되고 있는 개별 생명체들의 존속 근거 내지는 원리와도 같다. 개체생명(낱생명)과 온생명의 관계는 비유하자면 "마치 책을 처음 접하는 사람이 책 속의 글자 한 자 한 자가 무엇을 말하는가만 생각해서는 그 뜻을 알 수 없고 이들이 서로 어떻게 연결되어 의미 체계를 이루는가를 이해해야 비로소 그 뜻을 알 수 있는 것과 같다." "지구상에 나타나고 있는 생명현상들이 그 특성을 유지해 나가면서 존속해 나갈 최소의 여건이 무엇인지를 우리가 파악했다고 할 때, 이 여건을 구비한 전체 체계가 곧 온생명이 되는 것이다."[2]

장회익은 이 온생명에서 개체생명(낱생명)을 제외한 그 나머지 부분을 개체생명의 '보생명(co-life)'이라고 부른다. 보생명은 넓은 의미에서 일종의 환경에 해당되는 개념이라고 할 수 있다. 그러면서 개체 생명은 온생명적 구조 속에서 보생명과의 협동을 통해 성립된다고 정리한다.[3] 온생명 안에서 개체 생명들이 유지되어 갈 뿐만 아니라 개체 생명은 온생명적 구조를 반영하고 있다는 것이다.

온생명은 협동 체계이되, 단순히 무미건조한 관계성 자체만을 의미하지 않는다. 미시적 차원에서 자세하게 보면, 그 협동 체계 자체가 생명현상의 구조와 다르지 않다. 하나의 거대한 생명 체계인 것이다. 이러한 온생명의 차원에서 보면, 생명은 사라지거나 없어지고 마는 것이 아니다. 총체적 관계성 속에서 모든 것이 서로 에너지를 주고 받으며 다양한 생명체들의 외적 형태가 변해 갈 뿐이다. 그런 점에서 우리의 몸이 죽는다고 해서, 심장이 멈춘다고 해서, 그것으로 끝이 아니다. 무언가 다른 형태로 계속되는 것이다.

 3. 더 묻고 답해야 한다 - 임사체험을 넘어

앞에서의 말과 차원은 다소 다르지만, 이런 입장은 이른바 임사체험(臨死體驗, near death experience)자의 증언과도 통한다. 의학적으로 사망 진단을 받았다가 다시 살아난 이들의 증언과 이들의 증언을 종합한 연구 결과에 따르면, 임사체험자들은 몇 가지 공통적인 체험을 한다. 대표적인 죽음학자 퀴블러 로스에 의하면, 임사체험자들은 대체로 죽은 장소에서 자신의 몸을 보고, 거기서 일어난 일들을 기억하며, 장애인은 장애가 없어지는 등의 체험을 한다고도 한다. 또 시공간 개념이 없어지고, 터널이나 산길 등을 통과하면서 환한 빛을 본다고도 한다. 그 빛과 함께 자신의 일생이 파노라마처럼 줄지어 나오면서 생전의 삶을 반성하게 된다고도 한다. 이때 그 환한 빛의 경험은 무조건적인 사랑으로 자신을 감싸는 느낌과 같아서, 다시 현실로 돌아오고 나서는 이타적인 사람으로 변모하는 경향이 있다는 것이다.[4] 임사체험자들은 대체로 모든 것이 허무 속으로 사라진다고 보지 않으며, 따라서 죽음도 두려워하지 않게 된다고 한다. 누에고치가 나비가 되듯이, 태아가 엄마의 자궁 밖으로 나오듯, 죽음은 새로운 세계로 입문하는 과정이라는 것이다.

물론 임사체험 자체만으로 죽음이 끝이 아니라거나 사후에 또 다른 세계가 있다는 주장의 결정적인 증거로 삼을 수는 없다. 임사체험자가 보여주는 '사후' 경험의 일정한 패턴은 사실상 죽음을 편안하게 맞이하도록 하기 위해 뇌 신경이 벌이는 환각 작용일 뿐, 섣불리 죽음 이후의 세계를 설명하는 증거로 삼을 수 없다는 뇌 과학자들의 연구 결과들도 있기 때문이다.

하지만 그렇다고 해서 그런 뇌 과학적 설명만으로 죽음과 죽음 이후의 문제가 간단하게 규정되고 더 이상 아무것도 없는 듯 끝나 버리는 것은 아니다. 임사체험을 직접 해 보지 못했다고 해도, 뇌 과학자가 아니라고 하더라도, 잘 생각해 보면 죽음 전후에 무슨 일이 벌어지는지, 우리의 평상시 삶 안에서 어떤 일이 벌어지는지, 태어나기 전에 어떤 일이 있었겠는지, 추측하지 못할 것도 없다. 뇌 과학자들이 도리어 생각해 보지 못한 일일지 모르지만, 누구든지 어지간히 생각하면 알 만한 일들이기도 하다.

가령 밥 한 공기가 내 밥상에 오르려면 쌀이 있어야 한다. 그 쌀은 애당초 쌀의 형태로 있었던 것이 아니다. 볍씨가 있어야 하고, 그 볍씨가 발아하기 위해서는 하늘의 태양, 내리는 빗물, 부는 바람, 대지의 양분, 농부의 수고 등이 필요하다. 이런 것들이 더해져서 수백 배의 알곡이 맺히고, 다시 이루다 헤아릴 수 없을 것들과의 관계성 속에서 내 밥상에까지 오르게 된다. 태양과 빗물과 땅속의 온갖 양분 없이 쌀 한 톨조차 생길 수 없으니, 쌀 한 톨에 전 우주가 들어 있는 셈이다.

그리고 그 우주를 받아들여 인간의 생명도 자라나고 유지되고 변화한다. 그러다 사람은 늙고 병들고, 화장을 하든 매장을 하든, 결국 한 줌 흙이 되고 만다. 그러면 자연스럽게도 그 흙을 양분 삼아 들풀이 자라고 소가 풀을 뜯고 다른 사람들이 다시 그 소를 먹는다. 죽은 이의 몸에 있던 수분은 대기로 흩어졌다가 비가 되어 다시 땅으로 내린다. 그 수분과 양분을 토대로 볍씨가 자라고 다시 우리의 몸 속으로 들어와 몸의 일부가 된다. 이렇게 생명은 순환한다. 그 모습과 형태가 바뀔 뿐이다.

인간의 생사는 결코 이러한 원리에서 자유로울 수 없다. 이 마당에 어찌 죽음을 그저 심장이나 뇌 기능의 정지 정도로 규정하고 끝내겠는가. 그러기에는 인간의 질문이 더 깊고 넓다. '나'란 존재는 무엇이고, 나는 어디서 왔고, 죽음이란 무엇이며, 죽음 직전에는 무슨 일이 일어나고, 죽고 나면 어떻게 될까? 진부할 정도로 흔하지만 그만큼 답하기 힘든 질문이기도 하다. 그럼에도 불구하고 바로 이러한 질문에 대해 다소 종교철학적인 입장을 견지하면서, 특히 기독교와 불교적 지혜의 깊이를 되짚어 보면서 죽음에 대해 차근차근 답을 찾아보고자 한다.

4. 어디서 와서 어디로 가는가 - 개체생명을 넘어

앞 이야기에 함축되어 있기는 하지만, 한 번 더 곰곰이 생각해 보자. '나'는 어디에서 왔으며, 또 어디로 가는 걸까? 죽음이란 무엇이며 죽고 나면 어떻게 될까?

잘 보면 '나'라는 존재는 어머니 배 속에서 태어난 날부터 시작된 것만도 아니고, 내 육체적 죽음으로 끝나는 것만도 아니라는 사실을 알 수 있다. 그 생물학적 기원을 따져 보면, 출생 전 태아 상태로 있을 때도 '나'이거나 적어도 나의 근원이고, 어머니의 난자와 아버지의 정자가 만나 이제 막 꿈틀대기 시작한 그 수정체도 '나'이거나 나의 근원이다. 어찌 수정체뿐이겠는가? 난자와 정자를 만들어 낸 어머니와 아버지가 없이 어찌 '나'가 있을 수 있겠는가? 어머니, 아버지 몸의 일부도 '나'이거나 나의 근원이다. 어머니, 아버지뿐이던가? 더 거슬러 올라가면 나의 기원은 조부모, 증조부모에게 연결되고, 더 올라가면 인류의 첫 조상에게까지 연결될는지 모른다. 나의 조상이 되는 수천만 명, 수억 명의 사람들이 오늘날 나를 나 되게 해 준 근원이 되는 것이다. 그중 하나만 없었어도 오늘날과 같은 나는 없었을 것이다.

나의 기원이 이렇게 시대적으로 소급해 올라가서만 찾아지는 것은 아니다. 현재 내가 처한 상황의 수평적 관계망 속에도 내 삶이 들어 있다. 내가 아침에 먹은 밥 한 공기 없이 어찌 내가 살아갈 수 있겠는가. 밥 한 공기가 내 밥상 위에 오르기 위해서는, 이미 보았듯이, 하늘의 태양과 내리는 빗물, 땅 속의 양분도 있어야 하니, 내 생명의 기원은 자연 전체로 확장된다. 게다가 나의 어머니와 아버지가 처했던 환경, 취했던 양분과 지식 및 지혜가 어찌 오늘의 나와 무관할 수 있겠는가. 나의 먼 조상을 살게 했던 우주적 환경 없이 어찌 오늘의 내가 있을 수 있었겠는가. 수천 년을 도도히 흘러온 강물 없이 어찌 오늘의 내가 있을 수 있었겠는가.

따져 보면 실상 나를 나 되게 해 준 원인은 셀 수 없을 만큼 많다. 한마디로 무한하다. 그 영역은 우주에까지 확장된다. 우주의 모든 것들, 아니 우주 자체가 나를 나 되게 해 준 근원이 되는 것이다. 이러한 사실을 두고 기독교인은 그 근원을 '하느님'이라는 다소 인격적 표현을 써서 나타낸다.

또, 나는 죽어서 어떻게 될까? 죽고 나서 화장을 하면, 한 시간도 못 돼서 나는 한 줌 흙이 되고 만다. 매장을 한다고 해도 몇십 년 안에 그 흙 속으로 스며들어 간다. 나의 세포를 이루고 있던 것들이 무덤가의 풀 한 포기로 흡수되어 풀잎이 되기도 하고, 어떤 것은 한 송이 민들레꽃으로 피어나기도 할 것이다. 들풀을 뜯는 소의 몸속으로 들어갈 수도 있을 것이다. 바람에 따라 떠도는 민들레 씨앗 속에 그 어떤 사람의 세포나 그 세포를 구성하던 소립자가 있을지도 모르고, 우리의 할아버지, 할머니의 세포가 소나무 잎의 모습으로 피어나고 있는 것인지도 모른다.

소 한 마리가 무덤가의 풀을 뜯고 통통하게 살이 오르면, 잔인한 노릇인지 모르겠지만, 사람은 또 그 소를 음식 삼아 살아간다. 그러면 소의 몸이 사람의 몸속에서 새로운 세포들을 만들어 내는 에너지원으로 작용한다. 이렇게 내 몸의 일부가 또 다른 몸의 일부가 될 수 있고, 다른 몸의 일부가 내 몸의 일부가 될 수도 있는 것이다.

그러니 어머니 배 속에서부터 내가 시작되었다는 말도 불완전한 답이다. 그 이전부터 이미 나는 다른 모습으로도 있었다고 할 수 있다. 죽고 나서 무

(無)로 돌아간다고 하는 말도 불완전하다. 이 세상에 사라지는 것은 없다. 어렸을 때 놀던 초등학교 운동장의 정글짐에 내 손때가 묻은 채 남아 있을 수도 있고, 운동장에서 흘렸던 땀방울이 대기와 섞였다가 다시 빗물이 되어 떨어졌을 수도 있다. 사라지는 것은 전혀 없다. 자연법칙에 따라 그저 형태가 바뀌었을 뿐이다.

이를 두고 불교에서는 윤회적 사고를 키워 왔고, 도가(道家) 또는 유교에서는 기(氣)의 모임과 흩어짐으로 생사를 설명해 왔으며, 기독교에서는 생명의 근원을 신이라 부르며 모든 것은 신에게 돌아간다 말하기도 한다. 이들은 한결같이 죽음이 그저 끝이 아니라 말하고 있다는 점에서 상통한다. 이런 식으로 사람이든 동물이든 자연의 순환 법칙을 한 치도 벗어나지 못한다. 악인이든 의인이든, 종교인이든 비종교인이든, 어떤 종파에 속했든, 이러한 법칙에는 예외가 있을 수 없다.

5. 죽음은 새로운 시작이다 - 죽음의 종교성

이런 것들을 생각하며 죽음의 정의 문제로 돌아가 보자. 죽음이란 무엇인가? 삼라만상에 적용되는 자연법칙을 염두에 두면, 죽음의 개념을 그저 심장이나 뇌 기능의 정지 등 의료적 관점에만 한정할 수는 없을 것이다. 개별 생명체 중심의 죽음관에서 더 나아갈 필요가 있다. 개별 생명체는 죽는 것 같지만, 이른바 온생명 안에서는 다른 형태로 살아 있다. 그런 점에서 다소 종교적 정의를 내려 보면, 죽는다는 것은 '나' 라는 것을 앞세우며 살아온 지난 날의 모든 삶을 전적으로 대자연 앞에 내어 맡기는 행위이다. 기독교나 이슬람과 같은 유일신 종교 전통의 언어로 바꾸면, 죽음이란 인간 하나하나의 삶과 관계된 모든 것들을 생명의 근원이 되는 존재, 즉 신께로 온전히 되돌려 드리는 행위이다.

이 근원을 자연법칙이나 우주적 원리라 해도 크게 달라질 것이 없다. 내 이름으로 행한 모든 생생한 실재들, 어렸을 때 운동장에서 넘어져 울며 흘렸던 무릎 피의 흔적마저 나의 것이 아니라 온전히 대자연의 것이라며 되돌리는 행위, 아니 돌려놓을 수밖에 없는 행위가 죽음인 것이다. 어차피 내 삶의 어떤 것도 내 자신이 만들지 않았다는 점에서, 내가 먹는 음식이나 그 음식을 소화시키는 소화기관도 모두 내가 창조해 낸 것이 아니라는 점에서, 신에게로 돌아간다는 말이나 대자연으로 돌아간다는 말이나, 궁극적인 의미는 다를 바 없다. 모든 것은 주어졌다는 점에서 이들은 공통적이다.

실제로 인간이 만들어 낸 것은 하나도 없다. 내 몸도, 내 소유물로 여기는 모든 것들도 본래 주어져 있던 것들이다. 비행기도, 컴퓨터도, 과자나 아이스크림도 전부 본래 있던 것들을 살짝 가공해 그런 모양이 되고 그런 기능으로 바뀐 것이다. 전부 주어져 있던 것들이거나 거기서 나온 것들이다. 어떤 것이든 당초부터 지금의 '나의 것'이었던 적이 없다. '나'를 앞세우며 나의 행위인 양 나의 것인 양 착각하고 오해하며 살 뿐이다. 그런 점에서 죽음은 잠시나마 내 물건이 본래부터 나에게 속해 있었던 것인 양, 마치 내가 내 인생의 주인인 양 착각하며 살아온 우리의 무지와 실상이 적나라하게 드러나는 사건이기도 하다. 적나라하게 드러난다는 점에서 죽음은 일종의 심판이기도 하다. 신약성서학자 로핑크도 기독교적인 언어이기는 하지만, 전체적으로 이와 비슷한 분석적 고백을 한다.

우리가 하느님을 궁극적으로 만날 때, 하느님이 우리를 일생 동안 사랑하시던 그 선하심과 사랑의 척도를 체험하는 가운데, 우리 눈이 우리 자신에 대해 스스로 열리게 될 것이다. 우리는 무서운 어떤 놀라움으로 우리의 독선, 우리의 무정함, 우리의 냉혹함, 우리의 이기주의를 깨닫게 될 것이다. 우리가 한평생 쌓아 올린 모든 자기기만과 환상이 일순간에 붕괴될 것이다. 우리가 우리 자신을 숨겨 두었던 가면들이 벗겨질 것이다. 우리 스스로에게 또는 다른 사람에게 연기해 보이던 모든 것을 우리는 이제 중지해야 한다. 이는 끝없이 고통스러운 일이며 마치 불과 같이 우리를 스쳐 지나갈 것이다. 하느님이 우리 앞에서 찬란히 빛나실 때, 우리는 우리가 참으로 존재했어야 할 모습과 실제로 존재하던 모습을 동시에 깨닫게 될 것이다. 바로 이것이 심판이며 다른 아무것도 아니다.[5]

적절한 종교적 해석이라고 생각된다. 늘 신과 만나고 있었지만 잘 모르거나 의식하지 못하다가, 궁극적이고 결정적으로 몸을 벗으면서, 즉 신을 만나면서 내 이름으로 행한 무지, 욕심, 독선, 이기주의를 절절하게 깨닫게 되는 사건이 바로 죽음이다.

신을 만난다지만, 하늘 어딘가 특정 공간을 점유하고 있는 신령 같은 존재를 본다는 뜻은 아니다. 신을 만난다는 말은 당초 대자연 속에 있었지만, 그런 줄도 모르고 '나' 라는 의식을 앞세우며 살던 지난 날의 허상이 폭로되는 사건에 대한 은유적이고 인격적인 표현이다. 자신의 근원적 실상이 드러나는 사건에 대한 '신화적인' 표현이라고 할 수 있다.

그렇게 "우리가 참으로 존재했어야 할 모습과 실제로 존재하던 모습을 동시에 깨닫게" 된다는 점에서, 그런 식으로 나의 실상이 폭로된다는 점에서 그것은 심판인 것이다. 지나가 버린 듯한 내 모든 것이 우주적 생명 안에서 온전히 살아 있음을 절감하게 된다니 어찌 심판이 아니겠는가. 절감하는 주체는 무엇인가와 관련해서는 이후 다시 말하겠지만, 어떻든 심판의 정도는 결국 인간이 어떤 존재이어야 하는가와 인간이 어떻게 살아 있는가가 비교될 때 드러나는 그 차이라고 할 수 있다. 그런 점에서 현재 나의 삶이 중요하다. 현재 내가 사는 일거수일투족이 이미 심판받고 있는 것이다.

 ### 6. 시간에서 영원으로 나아가다 - 영원의 철학

이때 죽음, 심판 등과 관련하여 염두에 두어야 할 것이 있는데 바로 시간 관념이다. 죽고 나면 분명히 우리의 몸은 사라진다. 몸이 없다는 것은 감각 기관이 없다는 것이다. 감각기관이 없으면 우리의 온갖 체험이 사라진다. 체험이란 보고 듣고 만지고 맛보고 냄새 맡고 느끼는 우리의 감각기관에 근거해 이루어지는 것이기 때문이다. 체험이 사라지면 결정적으로 시간이 사라진다. 시간이란 어떤 사실이 지속되고 있음을 감각기관을 통해 체험하는 한 양식이기 때문이다. 살아생전 우리의 몸은 어떤 사실들에 대해 순간순간 반응하는데 그것이 연속적으로 이루어지는 것을 보고 흔히 '시간이 흐른다'는 식으로 말한다.

하지만 몸을 벗어 버리고 나면 당연히 흐를 시간도 사라진다. 보고 듣고 만지는 온갖 감각기관들이 정지하기 때문이다. 이때 비로소 시간을 넘어서게 된다. 결국 죽음은 시간을 넘어서는 순간, 나아가 영원에 참여하게 되는 순간이다. 인간은 "죽음으로의 존재(Sein zum Tode)"라는 하이데거(Martin Heidegger, 1889-1976)의 말을 빌리지 않더라도, 살아 있다는 것은 죽어 가고 있는 것이기도 하다. 실제로 죽어 가고 있는 세포가 있는가 하면 생겨나는 세포가 있기도 하다. 그래서 삶이자 동시에 죽음인 것이다. 죽어 가면서 살고 있는 것이다. 죽어 가고 있다는 점에서, 앞에서 본 대로 우리의 모든 존재와 행위가 온생명 안에서 이루어지고 있다는 점에서, 그리고 시간은 그 자체로 영원에 감싸여서만 시간일 수밖에 없다는 점에서, 우리는 이미 영원의 세계에 참여하고 있는 것이기도 하다.

하지만 실제로 그 정도의 의식을 가지고 살아가기는 힘들다. 시간 안에 휩싸여 있는 인간이 몸이 사라진 시간 너머의 세계를 경험할 수는 없는 노릇이다. 그렇더라도 상상조차 불가능한 것은 아니다. 특히 시간 너머의 세계는 희망의 차원에서 상상 가능하다. 인간이 숨을 거두는 순간 결정적으로 영원의 세계에 참여한다는 앞에서의 말도 유한한 경험과 그 경험에 근거한 희망을 반영한 말이기도 하다. 그러나 희망이기는 하되, 상상 가능한 희망의 영역인 것이다.

숨을 거두고 모든 감각기관이 정지되고 나면, 그때는 더 이상 시간 안에서가 아니라, 시간의 저편에 실존하게 된다. 기독교인은 이것을 영원한 하느님 안에 머문다는 식으로 말한다. 하느님에게는 "하루가 천년 같고 천년이 하루 같다."(베드로후서 3,8)는 성서의 구절도 이런 식으로 풀 수 있을 것이다. 눈 깜짝할 사이에 미래에서 과거로 이동할 수 있을 것이다. 아니 이동할 시간이라는 것이 없을 것이다. 그것이 영원의 세계이기 때문이다.

따라서 모든 사람이 다른 시간에 죽었다고 해도 모든 이가 영원에 참여하기는 마찬가지일 것이다. 영원에는 과거, 현재, 미래라는 시간적 도식이 없다. 시간의 차원에서는 과거와 미래를 나누지만, 과거에 죽은 이나 미래에 죽을 이나 모두 영원에 참여하는 것이다. '영원'이라 말하면서도 그 영원조차 과거, 현재, 미래로 나누어 상상한다면 그것은 감각기관을 가지고 있는 존재의 제한된 상상에 지나지 않는다. 영원에는 시간적 단절과 차이가 없다. 그래서 내가 숨을 거두는 순간 시간을 넘어 전 인류와의 만남이 이루어질 수도 있는 것이다. 몸을 지니고 살면서 행한 모든 것이 영원의 세계에 합류한다고 할 때, 그렇게 합류된 세계를 영생(eternal life)이라고 한다. 영생은 한편에서 보면 희망과 상상의 세계이지만 잘 성찰하면 이해하지 못할 것도 없는 세계이다.

7. 처음이자 끝이다 - 영혼의 철학

그렇다면 무엇이 영원에 합류하는 것일까. 죽음이 일종의 심판이라면, 그 심판을 받는 주체는 무엇일까. 죽음 이후와 이전을 연결 짓는다고 간주되는 그 근거를 인류는 흔히 영혼(soul)이라 불러 왔다. 종교현상학자 반 델 레에우(G. Van der Leeuw)는 동서고금의 다양한 종교적 자료들을 정리하면서 영혼이란 "인간이 자신 속에서 발견하는 어떤 성스러운 것, 인간에게 있으며 인간으로부터 나오되 인간을 넘어서 인간을 벗어나는 어떤 것"이라고 규정한다.[6]

영혼은 자신 안에 있으되 자신을 넘어서는 어떤 실재이다. 내세의 나를 현세의 나와 연결시켜 주는 근거이며, 내세의 나가 현세의 나의 자기동일적 지속이라는 사실을 말하기 위한 육체적 존재 이상의 어떤 것이다. 현세 안에 머물다가 그것으로 끝난다고 간주되는 제한적 육체와는 달리, 현재를 넘어 영원까지 지속될 가능성을 지닌 인간 존재의 근원적 주체가 영혼인 것이다. 이런 상상 속에서 플라톤(Platon)은 자신의 영혼이 육체의 속박으로부터 벗어나 이데아의 영역에 존재하는 참다운 근원으로 돌아가기를 열망하였다.

플라톤은 불멸의 영혼과 가사적(可死的) 영혼을 구분했다. 신체를 움직이게 하는 자연적 원리인 가사적 영혼은 신체가 사라지면서 함께 사라지는 데 비해, 데미우르고스(조물주)에 의해 인간에게 불어넣어진 불멸의 영혼은 궁극적으로 이데아의 세계에 합류할 인간의 참다운 근원이다(『티마이오스』 441). 물질적 존재로서의 인간이 영원을 인식할 수 있는 플라톤적 근거도 여기에 있다. 영혼이 육체적 현재와 영원한 이데아의 세계의 연결 고리가 되는 것이다. 반 델 레에우는 이와 관련하여 "영혼은 일종의 자신 안의 신이요, 신은 일종의 외재적 영혼"이라고 규정한다.[7]

그런데 이런 영혼 개념은 육체에 대한 이원론적인 어떤 실체라는 전제하에 사용되는 경향이 있다. 실제로 영혼과 육체를 이원론적으로 이해하는 경향이 지배적이다. 하지만 영혼을 몸과 분리된 하나의 실체라고만 이해하기에는 현대 과학에서 밝혀내고 있는 몸의 구성 원리가 그 정도로 단순하지 않다. 쌀 한 톨도 우주적 에너지의 합작품인 마당에, 개인의 육체도 단순히 개인의 것이 아니다. 육체도 물리적이고 미시적 차원에서 보면 그저 에너지일 뿐이고, 그 에너지가 우주적 상호작용 속에서 형태를 바꿔 가며 끝없이 변전하여 현재 육체의 형태로 나타나는 것이다. 몸 자체가 이른바 영혼의 원리를 반영하고 있다. 몸속에 몸과 분리된 영혼이 별도로 들어 있는 것은 아니다. 몸을 물질의 최소 단위로까지 해체하고 나면 그 미시의 세계는 정신의 세계와도 통한다. 몸은 정신 혹은 영혼의 세계와 다르지 않다. 영혼은 몸과 별개의 실재가 아니라, 몸의 근원적인 작용과 관련되어 있는 몸의 현상이기도 하다.

그렇게 놓고 보면 영혼이란 내 몸속에 씨눈처럼 들어 있는 하나의 물질 같은 것이 아니다. 영혼은 내가 나의 이름으로 행한 모든 것의 핵심에 대해 인류가 오랫동안 붙여 온 이름이라고도 할 수 있다. 나의 영혼이란 그 무언가를 받아들일 수 있도록 되어 있는 본래적인 능력 위에서 실제로 외부의 사물과 사건을 받아들이고 다시 외부에 영향을 끼치면서 행한 모든 흔적과 자취를 솜사탕 뭉치듯이 뭉치고 뭉칠 때 마지막으로 남는 물질 이상의 그 무엇이다. 나의 이름으로 나의 몸을 지니고서 행한 이루 다 알 수 없을 모든 것들의 집약체에 붙여진 이름이다.

영혼은 행위의 결과만도 아니다. 육체가 사물을 받아들이고 반응하고 영향을 끼친다고 할 때, 그렇게 하도록 하는 근원으로 간주된 곳에 붙여진 이름이다. 이름이라지만 추상적 개념이나 단순한 논리적 요청은 아니다. 그보다는 육체와 육체적 행위의 근원이 되는 어떤 '힘'에 가깝다. 우주의 바탕은 일종의 에너지이면서도 끝없는 운동력이기도 하다. 그 움직임이 개인에게는 개인적 영혼이 되고, 우주적 차원에서는 우주 의식이 된다. 그런 의미에서의 일체 행위의 근원이기에, 영혼은 몸을 벗은 후에도, 아니 몸의 형태가 바뀐 뒤에도 지속된다. 그리고 그 지속적 상태가 영원의 세계이다. 그렇다면 영혼은 영원의 세계에 합류하는 개인의 에너지이자, 그 개인의 에너지와 관련되어 벌어진 온갖 영향력의 핵심에 붙여진 이름이다.

 ## 8. 인간이 우주다 - 무아와 범아일여

이때 좀 더 따져 보아야 할 것은 영혼과 영생의 논리적이고 존재론적인
관계이다. 즉, 영혼이 별도로 있다가 영원에 합류하는 것인가, 영혼은 그 자
체로 영원성을 지니는가, 영혼은 영원에 대한 상상 속에서 요청된 어떤 것
인가 하는 물음들이다. 일반적으로는 맨 앞의 입장을 취하지만, 지금까지
본 대로 영혼은 몸과 이분법적이지 않다. 영혼은 몸과 별개가 아니다. 영혼
은 일종의 상태이기도 하지만 물질은 아닌 까닭에 영혼에 경계와 명확한 형
태가 있지도 않다. 개체생명이 이미 온생명 안에 있으면서 온생명과의 관계
속에서 개체생명으로 존재하는 것이듯, 개인의 몸과 그 몸을 지니고 행하는
모든 일들도 근원적으로 이미 영원의 세계 안에 있으며 영원의 세계와 상통
하고 있다. 영혼은 개인의 몸과도 별개가 아니며, 영원의 세계와도 별개가
아니다. 이런 세계관을 잘 전승해 온 인류의 오랜 지혜가 불교 철학이다.

그런데 주지하다시피 불교는 어떤 영속적 실체를 부정한다. 그것을 영혼
이라고 하든 자아라고 하든 무언가 지속적인 어떤 실체가 있다고 하는 생각
을 근원적으로 거부한다. 물론 자아니 영혼이니 하는 말 자체를 부정하는
것은 아니다. 일상적인 의사소통의 차원에서, 더 나아가 근기가 약한 중생
을 깨달음의 세계로 이끌기 위한 방편의 차원에서는 얼마든지 긍정하기도
한다. 그런 점에서 영혼이 인간 안에 있으면서도 인간을 넘어서는 어떤 것
이라든지, 혹은 현생과 내생의 연결성을 논하는 자리에서 주로 언급되는 용

어라고 하는 앞에서의 지적은 불교 안에도 적용된다. 종교현상학적으로 보건대, 일반 불자들에게 다양한 불보살과 신령들, 지옥, 축생, 아수라, 귀신 등 초자연적 세계에 대한 신앙 및 세계관은 빈번하게 드러나는 현상이기도 하다. 이럴 때 불자들은 분명히 실체적이고 영속적인 영혼관에 따른 윤회적 세계관을 지니고 사는 것으로 보인다.

하지만 궁극적으로는 그 신들의 세계에 대한 집착으로부터도 자유스러워지고 그 신들의 세계도 넘어서고자 하는 것이 불교의 핵심이다. 더욱이 무아(無我) 내지는 공(空)이라는, 불교의 핵심적 가르침에 비추어 보면, 내세에까지 이어지는 인간의 내적 자아 혹은 근원적 주체로서의 영혼이라는 말은 모순이 된다. 실체적·영속적 영혼 개념은 무아 내지는 공의 깨달음을 추구하는 불교 철학과는 조화되기 힘든 측면을 지닌다. 그리고 "일체 중생이 모두 불성을 가지고 있다[一切衆生悉有佛性]."거나, "산천초목이 모두 불성을 이루고 있다[山川草木悉皆成佛]."는 식의 불성론 또는 선종 계열의 입장에서 보자면, 내세에 특별히 이루어질 일이 따로 있지도 않다. 신들의 세계가 인간들의 세계보다 우월하다는 식의 입장도 설 자리를 잃는다. 그보다는 지금 있는 그대로가 충분히 완성되어 있다고 하는, 현재 긍정적 자세가 훨씬 강력하다. 대중적 불교 전통 안에 각각의 업(業)에 따라 그 과(果)를 받아 성립되는 개별 영혼 개념이 없는 것은 아니지만, 그 개별 영혼조차 사실은 우주적 성품에 대한 불교적 표현, 즉 불성과 같다는 입장이 더 크다. 우주적 차원의 불성이 개별 영혼들 하나하나의 모습으로 드러나고 있다는 식의 관점이 더 강력하게 존재하고 있는 것이다.

개인의 내적 주체는 단순히 개인의 것이 아니라, 우주적 본성과 같다는 것은 불교만이 아니라 인도철학 전반의 오랜 지혜이기도 하다. 개인의 내면이 '아트만'이라면, 우주적 성품은 '브라흐만'이다. 아트만과 브라흐만이 동일하다는 것이다. 힌두교의 바이블이라고 할만한 『바가바드 기타』에서는 이렇게 말한다. "(이제) 알아야 할 대상을 말해 주겠노라, 그것을 알면 불사(不死)를 누리는. 시초가 없는 지고의 브라흐만, 그것은 존재도 아니요 비존재도 아니라고 불린다–어두움 가운데 있는 빛이라 불리나니 앎이요, 앎의 대상이요, 앎의 목적이며 모두의 가슴에 자리잡고 있도다."[8]

인도 최고의 고전인 『우파니샤드』에서는 우주적 브라흐만과 개별적 자아와의 관계를 거미와 거미줄, 불과 불꽃의 비유로 설명하곤 한다. 거미줄이 거미에서 나오듯이, 여러 불꽃이 모두 불이듯이, 다양한 현상세계는 전부 브라흐만에서 나오거나 브라흐만과 같다는 것이다. 그래서 "브라흐만을 아는 것이 영원불멸의 길이자 모든 것이 되는 길"이며, "브라흐만을 아는 자 브라흐만이 된다."고 선언한다.[9]

인도 사상에 따르면, 그렇게 아는 주체는 개인의 내적 자아, 즉 아트만이다. 아트만은 궁극적으로 브라흐만과 합일하도록 되어 있는 인간의 내적 주체인 것이다. '아트만과 브라흐만의 하나됨(梵我一如)'에 대한 깨달음이야말로 인간이 획득해야 할 최고의 지식이다. 진정한 자기 자신 외에 더 원할 것도, 두려워할 것도 없기 때문이다. 그것이 업으로부터의 자유, 즉 해탈(解脫)이다. 이런 관점은 중생을 그대로 부처로 보는 대승불교적 관점에도 고스란히 반영되어 있다. 중생이 본래 그대로 부처라는 원천적 차원에서 보면, 개인적이고 이기적인 자아란 본래부터 없는 것이기 때문이다. 그런 의미의 무아(無我)이다.

9. 영혼도 형성된다 - 정신 작용과 영혼

이때 한 번 더 염두에 두어야 할 것은 깨달음의 주체이다. 무엇이 무엇을 깨닫는가? 깨달음의 주체를 다시 우리의 언어로 하면 영혼이 된다. 영혼이 영혼의 본질을 체득하는 것이다. 앞에서의 영혼이 인간 정신 작용의 주체이자 개별적 영혼이라면, 뒤의 영혼은 정신 작용의 대상이자 우주적 차원의 영혼이다. 영혼은 인간 정신 작용의 주객의 구조와 관계되어 있다.

정신 작용은 사물은 물론 자기 자신마저 느끼고 인식하고 판단할 줄 아는 능력이다. 정신 작용은 자기를 대상화하는 행위에서 가장 잘 나타난다. 사르트르(Jean-Paul Sartre, 1905-1980)가 인간을 "대자존재(對自存在)"로 규정한 바 있듯이, 인간은 스스로를 대상화할 줄 안다. 자기를 대상화하는 행위는 인간 의식의 초월성을 잘 말해 준다. 정신 작용을 통해 내가 나를 넘어서는 것이다. 나는 누구인가 하는 반성 속에서 '상상된 나', 즉 '대상화된 나'는 나의 몸 안에서 생겨나지만 나의 몸 안에 매이지 않는다. 그러면서도 인간은 그렇게 '대상화된 나'에게서 다시 영향을 받는다. 죽어 보지 않았으면서도 죽음에 대한 상상이 현재의 삶을 바꾸는 것과 같다. '대상화된 나'는 몸을 넘어서는 또 다른 나에 대한 상상으로 이어진다. 몸을 넘어서는 나가 일반화되면서 영, 혼, 영혼 등에 관한 사회적 담론도 형성되는 것이다. 그런 점에서 영혼은 인간 의식의 초월성, 자기 대상화의 상황을 집약적으로 보여주는 인간의 내적 능력이기도 하다.

스스로를 상상할 줄 아는 능력 속에서 실제로 자기 대상화가 이루어진다는 점에서 영혼은 상상하는 주체의 측면이기도 하다. 그 주체에 근거해 실제로 상상된 실재가 그저 상상으로 끝나지 않고 다시 주체에 영향을 주는 힘의 차원으로 전개되어 간다. '반성된 나'는 몸을 지닌 실체는 아니지만, 몸을 지닌 나를 바꾸고도 남는다. '상상된 나'가 '상상하는 나' 내지 '몸으로서의 나'보다 강력한 실재인 셈이다.

이때 나를 '대상화하는 나'는 정신 작용이면서 동시에 몸의 현상이기도 하다는 사실도 중요하다. 몸은 관계적이고 과정적이다. 다양한 음식을 먹고 숨을 쉬면서 몸이 성장하고 유지되고 변해 간다는 점에서 몸은 끝없는 변화와 관계성 속에 있다. 그런데 정신 작용이 몸의 현상이라고 한다면, 몸이 변해 갈 때 몸에 의해 생성되는 영혼도 변화 내지 생성되어 간다고 보는 것은 자연스럽다. 오랫동안 갓난아이의 영혼과 성인의 영혼, 죽기 직전까지의 영혼이 동일한 실체라는 식으로 상상해 왔다. 영혼은 몸과 분리되어 있는 불변의 실재라는 상상이 지배적이었다. 하지만 이제는 그러한 상상에서 한 걸음 더 나아갈 필요가 있다.

영혼도 몸의 성장과 함께 성장하고 변화한다. 내 몸이라는 것이 고전적인 언어로 하면 이른바 사대(四大) —땅(양분), 물(수분), 불(태양), 바람(산소) —즉 여러 요소들의 상호 작용의 결과이듯이, 내 영혼도 나에게만 속한 단일한 개체가 아니다. 내 영혼도 관계적이고 과정적이다. 영혼이 거하는 장소는 단순히 내 몸속이라기보다는, 상상하는 나와 상상되는 나의 사이[between]이다. 그 사이란 그저 공간을 의미하는 것이 아니라 관계성을 의미한다. 영혼은 상상되는 나의 차원이기도 하지만, 그 상상되는 나가 상상하는 나의 연장이기도 하다는 점에서 상상하는 나와 상상되는 나의 어느 한쪽에 거주하지 않는다. 그 사이가 영혼의 집인 것이다. 영혼은 몸과 함께 성장하고 형성된다. 그리고 몸이 우주적 협동 작용이나 관계성의 산물이라는 점에서 영혼도 우주적 생성 변화와 함께한다. 영혼을 개체적·개별적으로만 간주하는 기존 견해를 수정할 때다.

10. 죽음이 마지막 말은 아니다 - 부활, 승천, 열반

근대 이후에는 인간 밖의 어떤 대상보다는 그 대상을 대하는 주체에 관심을 두어 왔다. 초월 중심의 세계관이 약화되고 현실의 물질 중심적 세계관이 자리 잡았다. 이에 따라 서양에서는 soul, spirit 등의 개념은 약해지고 mind, conscience 같은 개념들이 부각되기에 이르렀다. 초월적 영혼이나 정신 등에 대한 형이상학적 논의보다는 내재적 마음, 의식 등 경험적 논의가 중시되고 있다. 영혼보다는 현실에서 작동하고 있는 마음이 주로 논의되는 상황이다.

이런 상황에서 영원의 세계에 합류한다는 것은 무엇인가? 여기에는 하나의 가정적 설명이 필요하다. 우주는 의식이며, '나' 라는 개인의식이 우주 의식에 합류하는 것이라고 해도 좋을 그런 가정이다. 강물이 바닷물이 되듯이, 그러나 그 강물도 바닷물이 증발했다가 비로 내려지면서 만들어진 것이듯이, 본래 하나였던 것이 다른 양상 속에 있다가 다시 본격적으로 하나가 되는 것이다. 마찬가지로 개인의식이 우주 의식에 합류하는 것이면서 우주 의식이 개인의식으로 드러나는 것이기도 하다. 개인의 몸도 결국 대자연 안으로 형태를 바꾸어 돌아간다. 그것을 기독교적 언어로 하면 부활(復活)이고, 좀 더 신화적인 언어로 하면 승천(昇天)이다. 그리고 불교적 언어로 하면 열반(涅槃)이다.

기독교인 가운데 부활을 육체적 소생으로 간주하는 이들이 많지만, 부활의 영적인 의미는 영혼이라는 우리의 내밀한 삶의 총체를 신이 어떤 식으로든 영원의 세계에 어울리는 형상으로 바꾸어 줄 것이라는 희망에 붙여진 이름이다. 예수가 "다시 일으켜졌듯이", 부활은 모든 인간도 결국은 죽음으로 끝나지 않고 "다시 일으켜질 것"이라는 희망적 믿음의 표현이다. 단순히 육체의 생물학적 소생을 의미하는 것이 아니라, 몸을 가지고 행한 모든 행위가 결국은 신과 직접 대면하는 어떤 상황에 이르게 되는 사건이라고도 할 수 있다.

그런데 인간이 대자연을 의식하기 전에도 대자연 안에 있었듯이, 인간은 사실상 신을 늘 만나고 있다. 의식하지 못하고 살 뿐이다. 그러기에 몸이 죽고 비로소 영혼이 불멸하는 것이라기보다는, 엄밀히 말하건대 살아온 삶 하나하나가 이미 영원의 세계에 합류하고 있으며 따라서 불멸한다. 불멸하기에 영원한 세계에 있는 것이다. 그 영원 안에 있는 개인 삶의 핵심을 영혼이라 부르는 것이다.

기독교에서는 예수가 부활 후에 승천(昇天)했다고도 말한다. 이것 역시 예수가 손오공처럼 구름을 타고 하늘로 날아 올라갔다는 뜻은 아니다. 단순하게 말하면 예수가 신이 있는 곳으로 갔다는 뜻이다. 그것 역시 하늘이라는 공간적 의미를 신화적 차원의 언어로 강조했을 뿐, 예수가 신적 생명 안으로 들어갔다는 강력한 신앙의 표현이다. 부활이나 승천이나 결국은 같은 말이 된다.

역사적으로 보면 이러한 부활과 승천 관념은 원칙적으로 예수에 대한 신앙적 조명 속에서 생겨난 것이다. 예수야말로 인생을 신의 뜻에 전적으로 의존해 그 뜻대로 산 자로서, 신의 존재 방식인 완전한 생명 안으로 온전하게 흡수된 존재라는 후학들의 평가가 반영되어 나온 말이다. 달리 말하면 부활은 비록 처참하고 억울했지만 역설적이게도 그렇기에 제대로 된 죽음(well dying)에 대한 한 종교적인 해석인 것이다. 물론 이런 식의 해석은 사후 세계에 대한 신화적 표현을 벗겨낸, 즉 탈신화적 해석이다. 그런데 탈신화해서 해석하고 나면 불교적 세계관도 비슷하게 전개된다.

불교적 세계관에 따르면, 무수한 윤회의 연결 고리를 끊고 열반의 세계로 들어가는 것이 인류 최대의 과제, 인생의 궁극 목적이다. 열반(涅槃, nirvana)은 타오르던 번뇌의 불꽃(vana)이 꺼져 버린(nir) 상태를 말한다. 인과관계의 고통스런 순환 고리를 끊어 버린 데서 오는 고요한 안식과 같다. 부활이 영원한 신적 세계와의 합류라면, 불교에서 열반은 모든 흔적과 자취에서 자유로운 고요한 안식의 세계와 같다. 개별적 자아와 우주적 자아가 합일된 범아일여(梵我一如)의 상태와도 다르지 않다. 부활 이후의 영생과 열반의 경험이 기독교와 불교에서 말하는 인생 최후의 소망이자 궁극적 경험이라는 점은 분명하다.

차이가 있다면 부활이 부활 이전 기존의 자아와의 무언가 보이지 않는 연결 고리를 전제하는 경향이 있다면, 열반은 모든 자아의 해체를 의미하기에 연속적이랄 것이 없다는 점이다. 만물의 궁극적 원인(창조자)을 전제하느냐, 비인격적 원리를 있는 그대로 따르느냐 하는 차이도 있다. 인간 이전에 선재하면서 세상의 원리를 주관하는 그 무엇을 한번 더 전제하거나 긍정하느냐, 아니면 인간 이전에 선재하는 세상의 원리를 그 자체로 중시하느냐가 부활과 열반의 결정적인 갈림길인 셈이다. 기독교인이라면 하느님이 그 원리마저도 창조하고 자신의 섭리하에 둔다고 강조할 테지만, 불자라면 인간이 따르게 되어 있는 원리 자체를 더 중시할 것이다.

그러나 근원적으로 보면 이들은 인간이 경험하고 지향해야 할 궁극적인 상태이자 세계라는 점에서는 매일반이다. 인간 존재의 근원이나 궁극적 목적과 관련한 물음에 대한 저마다의 답이자 해석 체계들이지, 정오(正誤)나 우열(優劣)의 차원에서 보편적으로 판단되기 힘든 것들이다. 모두 유구한 세월 동안 무수한 사람들에 의해 받아들여져 온 일종의 세계 해석이다. 그렇게 해석된 궁극적 상태가 근본적으로 달라 보이지 않는다.

무엇보다 우리의 주제와 관련짓자면, 몸의 죽음으로 모든 것이 끝나지 않고, 제한적 몸의 상태로는 온전히 상상할 수 없을 새로운 세계가 펼쳐질 것이라고 보아 왔다는 사실만이 분명하다. 그렇다면 그 새로운 세계에 어울리게 살 일만 남은 셈이다. 개인의 삶은 우주적 생명의 일부이며, 죽음은 그 생명의 원리에 온전히 흡수되어 들어가는 영원의 사건이다. 작은 영혼이 큰 영혼 속으로 들어가고, 우주 의식이 개인 의식을 자신 안에 받아들이는 것이다. 인간은 애당초부터 대자연 속에 있었다는 사실이 온전히 확인되는 엄청난 경험을 남겨두고 있는 것이다. 그래서 로핑크의 말처럼 "죽음이 마지막 말은 아니다."

인간의 삶과 죽음, 그리고 사후생

–인간의 삶은 사후생을 통해서만 완성된다

최준식 이화여자대학교 한국학과 교수

1. 우리는 왜 사후생을 거론해야 하는가?

미국에서 이용되는 죽음학 교과서들을 보면 항상 사후생에 대한 장(章)이 하나 정도 할당되어 있는 것을 알 수 있다. 그런데 그 내용은 주로 세계의 각 종교들이 말하는 사후세계나 근사(임사)체험에 국한되어 있다. 그 책들이 사후생을 설명하는 태도는 그 존재 여부를 적극적으로 규명하는 것이 아니라 지금까지 연구된 것들을 객관적으로 보고하는 수준이다. 이것은 충분히 이해할 수 있는 것이, 교과서는 그 접근 방법에서 객관적인 태도를 지녀야 하기 때문일 것이다. 그러나 사후생에 관한 문제는 그렇게 넘어가기에는 사안이 간단하지 않다. 특히 죽음교육이나 임종 준비 교육과 연관해서 볼 때 더 그렇다. 기존의 죽음학계에서는 사후생과 죽음교육을 연결해서 생각하지 않는 것이 대세이지만 여기서는 그러한 객관적인 태도에서 잠시 벗어나 조금은 자유롭게 우리의 삶을 사후생과 연관해 생각해 보려고 한다.

항간에는 죽음학을 죽음에 대한 학문으로만 이해하는 경향이 있는데 그것은 사물의 반쪽만 보는 것이다. 죽음학은 죽음과 함께 삶, 혹은 삶의 궁극적인 의미를 탐구하는 학문이기 때문이다. 그러니까 우리가 삶을 제대로 이해하려면 반드시 포괄적인 의미에서의 죽음을 알아야 한다는 것이다. 여기서 포괄적이라는 것은 사후생까지 포함한 죽음의 전체적인 과정을 말한다. 이 점에 대해서는 필자가 기회가 있을 때마다 역설해 왔다. 따라서 반복되는 면이 있지만 논의의 전개를 위해 그 내용을 잠깐 살펴 보자. 이 문제는 특히 사후생의 존재와 연결되어 있다. 왜냐하면 죽은 뒤의 삶이 없다고 할 때 우리의 인생에 심각한 문제가 생기기 때문이다. 사람들은 이 주제를 그리 심각하게 생각하지 않는데 조금만 생각해보면 이 문제야말로 가장 심각한 문제 중에 하나라는 것을 알 수 있다.

단도직입적으로 우리가 죽은 뒤에 존재하지 않는다고 하자. 유교에서 말하는 것처럼 죽으면 우리의 몸은 흙 속에서 썩고 혼은 공중에서 분산되어 없어진다고 하자. 그러면 어떤 문제가 생길까? 당장에 지금의 삶에 문제가 생긴다. 삶의 의미가 갑자기 없어지기 때문이다. 이 인생이 몇십 년 뒤면 다 끝날 터인데 지금 아무리 호사를 하고 인격을 연마하고 제반 인간사를 도모해 봐야 그게 무슨 의미가 있느냐는 것이다. 인간사를 떠나서 인생 자체가 의미가 없어지는 것이다. 지구가 내일 멸망해도 오늘 한 그루의 사과나무를 심겠다고 하지만 이것 역시 사후생이 없으면 의미가 없어지는 것 아닐까?

이처럼 우리 인생의 의미도 의미이지만 그다음에 파생되는 문제도 녹록지 않다. 인생의 의미와 더불어 우리가 삶을 살면서 반드시 생각해야 할 문제가 무엇일까? 인생의 의미가 무엇[what]의 차원이라면 그다음 차원은 어떻게[how]의 차원이다. 즉 인생을 어떻게 살아야 하는가에 대한 문제이다. 만일 사후생이 존재하지 않는다면 인생을 어떻게 살아야 할 것인가에 대해 전혀 고민할 필요가 없다. 그저 건들거리며 남을 괴롭히든지 말든지 제멋대로 살면 되기 때문이다. 그러다 살기 귀찮아지고 고통스러우면 그냥 죽으면 된다. 어떻게 살든 어떻게 죽든 다 부평초 같은 하루살이 인생인데 그런 것들이 무슨 문제가 되겠는가? 그야말로 '케세라 세라'가 정답이다. 이렇게 되면 여기에 인간의 윤리나 도덕 같은 것은 설 자리를 찾을 수가 없다. 인간의 윤리나 도덕은 인생의 의미를 생각하고 자아실현을 염두에 둘 때 고려하는 것이지 마구 사는 인생들은 이런 고차원적인 것들을 의념(疑念)할 필요가 없기 때문이다.

그래서 그런지 대부분의 사람들은 사후생의 존재 여부에 대해 심각하게 생각하지 않고 산다. 그 대신에 물질에만 파묻혀 하루하루를 보낸다. 이렇게 말초적인 쾌락에 빠지고 욕망만 좇으며 연명하는 사람들에게 인생의 의미를 묻는 것은 사치이다. 이런 사람들은 대부분 삶과 죽음 문제에 대해 '그까짓 인생 뭐 있어? 어차피 인생 한 번 살다가 죽으면 그만인데 그냥 사는 동안만 건강하고 즐겁게 살다 가면 되지 뭐.' 하는 식의 자조적인 태도를 취한다. 그러다가 '이런 문제를 생각해 봐야 답이 나오나? 쌀이 나오나?' 하는 식의 아주 냉소적인 태도마저 취한다. 그러나 이런 그들도 평균 잔여 수명이 6개월밖에 안 되는 말기 질환에 걸리면 하루라도 더 살려고 발버둥친다. 특히 한국인들은 죽음이나 그 뒤의 삶에 대해 그다지 관심이 없는데 이들이 말기 질환에 걸리면 그들은 누구보다도 아주 강하게 삶에 집착하는 태도를 보인다. 죽음 뒤의 삶을 인정하지 않는다면 그다지 삶에 집착할 필요가 없는데도 하루라도 더 살려고 한다. 그런데 이것은 이상한 태도이다.

이처럼 사후생이 없다면 얼마를 더 살든 그 생에는 아무 의미가 없다. 따라서 사후생을 부정하는 사람은 인생을 살면서 어디서든 의미를 찾을 필요가 없다. 인생 자체에 궁극적인 의미가 없으니 어떤 사건인들 의미가 있겠는가? 그런데 이런 '막가파' 인생들도 일상적인 데에서는 자못 의미를 따진다. 예를 들어 건배할 때 그들은 술잔을 들고 한마디씩 한다. 이때 가장 많이 하는 말은 '(무엇을) 위하여' 라는 것이다. 이것은 이 하찮은 술 한 잔 마시는 데에도 의미를 두겠다는 것이고 이런 작은 데에서도 의미를 찾아보겠다는 것이다. 이런 행동에 대해 우리는 이런 질문을 던질 수 있다. 이렇게 작은 데에도 의미를 부여하고 사는 게 우리 인생인데 '인생과 죽음' 이라는 삶 전체에 대해서는 왜 의미를 찾으려고 하지 않느냐고 말이다. 답은 간단하다. 본인들이 회피하기 때문이다. 삶의 궁극적인 의미는 본인들의 지력으로는 알 수 없을 뿐만 아니라 알아봐야 명예나 금전의 획득 같은 세속적인 쾌락이 증가하는 것도 아니니 그냥 묵과하는 것이다.

그러나 사실은 인간이라면 누구나 삶의 궁극적인 의미에 대해 관심을 갖는다. 이것은 남녀노소나 가진 자 못 가진 자, 혹은 지식의 보유 여부 등과 같은 조건을 떠나서 일반적인 현상이다. 인간이면 누구든지 어떤 형태로든 인생에서 불멸을 찾고 의미를 추구한다는 것이다. 그런데 인간들이 추구하는 불멸은 종교적인 형태가 아니라 세속적인 형태로 나타나는 경우가 많다. 이때 취하는 태도는 사람에 따라 다르지만 가장 일반적인 것은 금전이나 명예를 추구하는 것으로 나타난다. 사람들이 돈을 많이 벌려고 하는 것은 그저 세속적인 욕망의 추구로만 보일 수 있다. 그러나 다른 차원에서는 종교적인 욕구가 있음을 부정할 수 없다. 현대 죽음학의 대가이자 선구자였던 어니스트 베커(1924-1974)는 그의 책 『죽음의 부정』에서 인간에게 화폐(혹은 재물)란 불멸의 또 다른 표현이라고 주장했다. 그에 따르면 인간들이 돈을 벌어서 쌓아 놓기를 좋아하는 이유는 불멸, 즉 영생하려는 욕구가 작동했기 때문이라고 한다. 인간이면 누구나 자신이 몇십 년밖에 못 산다는 것을 잘 알고 있다. 그런데 인간은 누구나 영생하기를 원한다. 여기서 내적인 모순을 느끼는데 이 모순 혹은 자신의 유한성을 극복하려고 여러 가지 일을 한다. 이때 하는 행위 가운데 가장 대표적인 것이 돈 혹은 재물을 쌓는 것이다. 이처럼 돈이나 재물을 자신의 곁에 쌓아 두려는 이유가 무엇일까? 그것은 '나는 분명 죽어갈 테지만 내가 벌어 놓은 이 재물들은 영원히 존재할 것'이라는 믿음 때문이라는 것이 베커의 주장이다. 그러니까 돈이나 재물은 인간들이 쌓은 불멸의 탑인 것이다.

사람들이 금을 좋아하는 것은 동서고금을 막론하고 꽤 보편적인 현상인데 이것 역시 같은 배경으로 이해할 수 있다. 금이라는 것이 실용적으로는 별로 쓸모없는 금속에 불과하다는 것을 사람들도 잘 안다. 그런데도 사람들은 왜 금에 집착할까? 여기에도 여러 이유가 있겠지만 헉슬리[1]는 종교적인 시각으로 보면 사람이 금을 좇는 것은 영생을 추구하는 인간의 욕구가 세속적으로 표출된 것이라고 말한다. 금이란 그 불변성으로 이름이 높다. 그래서 인간들은 자신들도 의식하지 못하는 사이에 금을 소지하고 있으면 자신도 불멸할지 모른다는 생각을 하게 된다. 그리고 동시에 자신도 금처럼 변하지 않고 영생하기를 바라게 된다.

사람들은 위에서 본 것처럼 많은 방법으로 인생의 의미를 찾고 영생을 추구하며 살아간다. 그런데 세속 일에 파묻혀 이런 문제를 등한시하는 것은 자신의 가장 내밀한 욕구를 무시하는 것이다. 따라서 우리는 사후생을 외면하고 죽음의 문제를 도외시하기보다 외려 적극적으로 이 문제를 파고드는 것이 우리의 본성과도 부합할 것이라 생각한다. 그리고 그것이 우리의 영적인 진화를 돕는 길이다.

　죽음과 삶이 동전의 양면처럼 떼려야 뗄 수 없는 관계라는 것은 진부한 사실이지만, 여전히 가장 중요한 진리이다. 이런 시각에서 보면 우리의 삶은 죽음과 그 뒤의 삶을 적극적으로 생각해야 완성이 된다고 할 수 있다. 다른 하나가 없는 것은 삶과 죽음 양자를 다 불완전하게 만든다. 죽은 뒤의 삶이 어떻고 그 세계가 어떤 원리로 돌아가는지를 안다면 이 삶에 대한 태도 역시 180도 달라질 것이다. 이런 과정을 알려면 사후생에 대해 주밀하게 살펴보아야 한다. 사후생에 대해서는 고대부터 지금까지 셀 수 없이 많은 종교적인 천재들이 언급을 해 왔다. 뿐만 아니라 20세기 후반에 들어와서는 학문적으로도 연구되기 시작했다. 그리고 죽음의 문턱에 다녀온 근사(임사) 체험자들의 체험들이 보고되고 과학적으로 연구되면서 많은 결과물들이 쌓였다. 우리는 그 연구 결과들을 가지고 지금부터 사후생에 대해 살펴보기로 한다.

2. 사후생의 모습

　사람들이 사후생을 바라보는 관점은 대체로 세 가지 정도로 요약할 수 있다. 여기에서 사후생을 부정하는 태도는 아예 제외했고 사후생을 긍정하는 태도만 가지고 세 가지로 분류해 보았다.[2] 첫 번째는 아주 단순하게 '인간은 죽은 뒤에도 인격을 가지고 존재한다'고 믿는 태도이다. 이 태도는 자신이 직접 근사체험을 했거나 이 체험에 대해 연구하는 학자들이 갖는 태도이다. 두 번째는 앞의 태도보다 더 적극적으로 '인간은 죽어서 영계라는 곳으로 가서 계속해서 생활을 한다.'고 믿는 태도이다. 이 태도는 대체로 기독교 같은 유신론적인 종교에서 견지하고 있다. 이 태도를 취하는 사람 가운데에는 천당이나 지옥에 대해 언급하는 사람들이 꽤 있다. 이 점도 뒤에 가서 살펴볼 것이다. 마지막으로는 '사람은 죽어서 영계에 갈 뿐만 아니라 그곳에서 일정 기간 생활하고 나면 다시 지상에 환생한다.'는 윤회론을 주장하는 태도이다. 이 태도는 종래에는 인도 계통 종교인 힌두교나 불교만이 주장하고 있었는데 이제는 역행최면이나 영매 등을 통해 사후생에 대해 연구하는 서양의 많은 이론가들이 수긍하는 태도이기도 하다. 이 세 번째 관점에서 가장 중요시되는 것은 인간의 환생 과정을 지배하는 법칙인 카르마이다.

이 세 가지 태도 가운데 가장 포괄적인 것은 세 번째 태도이다. 세 번째 태도에는 앞의 두 태도가 담겨 있기 때문에 이 견해만 보면 인간의 사후생에 대한 내용을 모두 다루게 된다. 그런 까닭에 본고에서는 윤회론의 견해를 중심으로 필요에 따라 앞의 두 견해에서 나온 주장도 함께 살펴보기로 하겠다.

1) 죽은 뒤에도 존재하는 인간

인간이 죽은 뒤에 영혼의 형태로 존재한다는 것은 이른바 세계적인 고등 종교(세계종교)들이 일관되게 주장하는 평범한 진리였다. 가장 흔한 일례로 기독교에서는 인간이 예수를 구세주로 믿고 살다가 죽으면 하늘나라에 가서 (예수님 곁에서) 영원히 산다고 했다.[3] 그것은 불교도 마찬가지이다. 불교는 기독교보다 훨씬 관용적이라 불교를 믿는 것과 관계없이 인간이 죽으면 중음계라 불리는 영계에 다시 태어나고 또 때가 되면 지상에 환생한다고 가르친다. 그러나 이러한 종교의 가르침은 얼마 전까지만 해도 믿음의 영역에 속하는 사안이었지 앎(이성)의 영역에 속한 것은 아니었다.

그러다 인류는 과학의 세기를 맞이했는데 이때부터는 실증적으로 증명이 되지 않으면 모든 것을 부정하는 태도가 대세가 된다. 이 때문에 인류는 많은 미신에서 해방되었지만 부정적인 면이 없었던 것은 아니다. 대표적인 것은 과학이 종교의 영역을 송두리째 부정한 것이다. 과학의 입장에서 볼때 종교가 가르치는 신이나 내세는 증명할 수 있는 것이 아니기 때문에 부정의 대상이 될 수밖에 없었다. 과학은 유물론의 입장에 서기 때문에 몸을 떠난 영이란 존재할 수가 없었다. 그들에게 정신 작용이라는 것은 뇌에서 일어나는 화학적 반응일 뿐이었다. 그래서 인간이 죽으면, 즉 몸이 수명을 다해 기능이 정지되면 아무것도 안 남게 된다. 이렇게 되어 현대에 와서 내세나 영혼은 존재하지 않는 것이 되었고 이러한 과학적 사고방식을 받아들인 수많은 현대인들은 영혼의 존재와 내세의 실재를 거침없이 부정했다.

이렇게 상황이 진척되다가 인간에게 영혼이 있는가, 혹은 인간은 뇌가 없어도 생각하는 기능이 있는가와 같은 질문에 과학적으로 긍정적인 대답을 해 줄 수 있는 사건이 20세기 후반부터 생기기 시작했다. 그 대표적인 것이 앞에서 언급한 근사체험에 대한 체계적인 연구이다. 20세기 중반부터 근사체험을 한 사람들의 보고가 끊이질 않았고 이것을 모아 체계적으로 정리해 발표한 것이 레이몬드 무디의 『잠깐 보고 온 사후의 세계』이다. 이 책은 당시 세계적인 죽음학자였던 퀴블러 로스가 서문을 써 그 무게를 더해 주었다. 이 이후에 미국 코네티컷대학의 케니스 링 교수의 연구[4]로부터 시작해 수많은 연구가 잇따라 나오게 되는데 자세한 것은 필자의 다른 책들『죽음,

또 하나의 세계』, 『사후생 이야기』, 『죽음학 개론』을 참고하면 좋겠다.

이런 연구가 계속된 끝에 근사체험을 학술적으로 연구하는 학회가 미국에 생겼고 이 학회에서는 지금도 활발하게 연구가 진행되고 있다. 인간이 육체가 없이도 생존이나 생각이 가능하다는 사실에 대하여, 근사체험 연구 말고도 다른 접근이 있었다. 예를 들어 역행최면이나 영매를 이용해 접근하는 방법이 그것이다. 그런데 이런 접근법은 과학적인 입장에서 볼 때 아무래도 더 많은 검증이 요구되기 때문에 여기서는 다루지 않기로 한다.[5]

근사체험자들이 말하는 영의 존재는 다면적으로 그 증거 자료가 나온다. 그 가운데 가장 대표적인 것은 체외 이탈 체험이다. 이것은 큰 사고를 당했거나, 수술 같은 것을 할 때 깊게 마취가 된 상태에서 뇌의 기능이 정지되었을 때 겪는 체험이다. 체외 이탈을 체험한 사람은 영혼이 몸을 이탈해 자신이 처한 장면을 다 목격하고 나중에 깨어나서 그것을 상세하게 보고한다. 특히 영혼의 상태에서 자기 몸을 위에서 바라보는 체험은 가장 흔한 것이다. 그뿐만이 아니라 응급처치를 받거나 수술 중이라면 의사들이 쓰는 전문 용어까지 기억하기도 한다. 의사들이 자기를 치료하기 위해 나누었던 의학적인 용어를 듣고 그것을 나중에 말하는 것인데, 그런 용어들은 일반인들이 거의 알 수 없는 용어이기 때문에 당사자가 영혼 상태에서 정말로 들었다고 생각할 수밖에 없는 것이다.

더 결정적인 증거는 다음과 같은 사례에서 발견된다. 어떤 사람이 사고를 당해 임상적으로 죽었다는 판정을 받았다가 다시 깨어났다. 그리곤 자신의 부모에게 자신이 태어나기 이전에 언니가 있었냐고 물어보았다. 왜냐하면 자신이 영의 상태가 됐을 때 한 영이 다가와 "나는 너의 언니인데 네가 태어나기 전에 죽었다."고 하면서 "너는 아직 이곳에 올 때가 아니니 몸으로 돌아가라."고 했다는 것이다. 그런데 당사자의 부모는 이 사람에게 죽은 언니가 있었다는 사실을 숨기고 있었기 때문에 이 사람이 그 사실을 알 수 있는 방법은 전혀 없었다. 더 극적인 예도 있다.[6] 어떤 아이가 큰 사고를 당해 의식불명 상태로 응급차에 실려 병원에 가고 있었다. 그런데 도중에 이 아이가 갑자기 깨어나 자신이 영의 상태에서 영혼으로 다가온 사촌 형을 만났다고 말했다. 그리곤 다시 의식불명이 되었는데 병원에서 그는 사망하고 만다. 가족들은 그 아이의 말을 별로 귀담아듣지 않았다. 왜냐하면 그 사촌 형이라는 아이는 멀쩡히 살아 있다고 믿었기 때문이다. 그러나 얼마 안 되어 그 사촌 아이가 당사자가 죽기 바로 직전에 죽었다는 놀라운 소식을 듣는다. 따라서 이 경우에도 죽은 영들이 혼의 상태로 서로 만났다고 추정해 볼 수 있는 것이다.

이런 주장에 대해 반론도 만만치 않다. 이런 체험을 전혀 믿지 않는 사람들은 위의 현상들이 모두 뇌의 비정상 상태가 야기한 환상에 불과하다고 주장한다. 그들은 우리가 어떤 증거를 제시해도 우연의 일치 혹은 환상이라고 가볍게 무시해 버리기 때문에 사실상 설득할 방법이 없다. 이런 맥락에서 볼 때 자신을 계속해서 비난했던 사람들을 향해 퀴블러 로스가 던진 말은 매우 의미심장하다. 그는 자신의 연구가 모두 환상이라고 비난하는 사람들에게 "어쨌든 당신들도 죽었을 때 영혼으로 존재하게 된다는 것을 알게 될 것"이라고 말했다.

그다음으로, 인간의 영혼을 부정하는 사람들이 하는 반박 중에 가장 흔한 것은 다음과 같다. "만약에 인간이 죽은 다음에 영혼으로 존재한다는 것이

맞다면 왜 그들은 이 물질계로 돌아와서 우리들에게 그 사실을 시원하게 말해 주지 않는가? 인류가 역사를 시작한 이래로 영계에서 이승으로 돌아온 사람은 단 한 명도 없지 않은가? 바로 이 사실이 인간은 물질적 수명이 다하면 완전히 끝나는 것이라는 사실을 보여주는 것이다." 이 말은 매우 그럴 듯하게 보이지만 사실은 반박할 수 있는 여지가 꽤 있다. 우선 제시할 수 있는 것은, 영계와 물질계는 서로 교통하는 것이 생각만큼 쉬운 것이 아니라는 것이다. 그럴 수밖에 없는 것이 이 소통은 '물질 대 물질' 혹은 '영 대 영'처럼 같은 차원 간에 이루어지는 것이 아니라 영과 물질이라는 다른 차원 간에 소통하는 것이기 때문이다. 영혼은 에너지 형태로만 존재하기 때문에 물질계에 족적을 남기기가 힘들다. 따라서 영혼들은 몸을 갖고 있는 인간들에게 자기 소식을 전하기가 아주 힘들다.

그러나 세상을 떠난 영혼들은 여러 가지 방법[7]으로 이승에 남은 사랑하는 사람들에게 소식을 전하고 있다고 한다. 영이 직접 나타나는 경우도 전혀 없는 것은 아니지만 이것은 꽤 힘든 일이라고 한다. 순수 에너지인 영혼이 물질계에 현현해야 하기 때문일 것이다. 이승에 있는 사람이 고인이 된 영혼들과 교류할 수 있는 가장 확실한 방법은 자신의 꿈속에서 만나는 것이다. 특히 선잠을 잘 때 영혼들이 이승에 있는 친지들의 꿈속에 나타난다고 한다. 어떻든 이렇게 영혼들은 우리들에게 자신들이 잘 있다고 소식을 전하지만 우리가 그것을 감지하지 못하는 경우가 많다. 따라서 죽은 영혼들이 우리에게 돌아와 소식을 전하지 않는다는 것은 잘못된 생각이다. 다시 말해 이것은 우리가 능력이나 주의가 부족해 모르는 것이지 영혼들이 가만히 있었던 것은 아니라는 것이다.

지금까지 검토한 것을 가지고 보면 인간이 죽은 뒤에 생존하는 것은 그다지 낯선 일이 아니라는 것을 알 수 있다. 물론 이러한 생존은 물질적인 몸이 아니라 영적인 몸으로 가능한 것인데 이 몸에 대해서 퀴블러 로스는 자신의 저서 『사후생』에서 '영체(psychic body)'라고 명명한 적이 있다.

2) 영계 역시 존재한다

인간이 죽은 뒤에도 영혼으로 존재할 수 있다면 그다음에 드는 의문은 이 영혼들은 어디에서 어떤 방식으로 살아가느냐 하는 문제일 것이다. 즉 영계란 어떤 곳이냐 하는 것이다. 이것을 알기 전에 우리는 영혼이 어떤 것인지 알아야 한다. 영혼은 보통 에너지체로 묘사되는데 그냥 에너지로만 있는 것이 아니고 그 안에 무한의 정보가 들어 있는 그런 에너지체를 말한다. 만일 인간이 환생한다는 (인도 계통 종교들의) 이론을 인정한다면 영혼이란 많은 생을 거듭하면서 무시이래로 해 왔던 셀 수 없이 많은 생각이나 행동들이 모두 저장되어 있는 무한정 용량의 에너지체라는 것이다. 그뿐만 아니라 각 영혼은 순수함의 정도나 사욕을 벗어난 정도에 따라 고유의 진동수와 특유의 색깔을 갖고 있다고 한다. 이것을 다른 말로 표현하면 영혼이 갖고 있는 지혜의 등급으로 보면 될 것이다. 연구가에 따르면 등급이 높을수록 영혼은 더 밝고 투명한 형태로 나타나고 그 색깔은 무지개 혹은 차크라에 나타나는 색깔과 비슷한 색조를 띤다고 한다.[8]

이런 영혼들이 거주하는 영계는 과연 어떤 특징을 갖고 있을까? 이는 지금 우리가 살고 있는 물질계와 비교해 보면 쉽게 나타날 것이다. 물질계에서는 어떤 개체이든 모든 객체가 물질로 구성되어 있어 일정한 공간을 점유하고 있다. 그 결과 그 개체가 움직이는 데에는 반드시 시간이 개입한다. 이에 비해 영계는 에너지체로 되어 있는 영혼들만 존재하므로 3차원적 공간이 필요없다. 아울러 시간 개념 역시 거의 없거나 물질계와는 완전히 다른 개념으로 움직인다고 한다. 시간 개념이 거의 없다는 것은 영계에서는 모든 것이 즉시 이동하고 변하기 때문에 나온 생각이다. 그러나 영계에서도 역시 머무는 시간 등이 있어 아예 시간이 존재하지 않는다고는 할 수 없을 것 같다. 그런데 영계에서는 영혼들이 어디가 되든지 생각하는 것만으로 원하는 장소로 즉시 옮겨갈 수 있다고 한다. 이때에도 영혼이 물리적으로 이동하는 것이 아니다. 왜냐하면 자신이 진동수를 바꿈에 따라 외계가 변하는 것이기 때문이다.

이것은 근사체험자들이 한결같이 토로했던 바이기도 하다. 예를 들어 월남전에서 심각하게 부상당한 미군 병사가 탈혼 상태가 되었다. 그때 그는 고향 집이 그리워졌다. 그 순간 그는 미국에 있는 고향 집에 당도했고 그곳에서 아내가 무엇을 하고 있는지 볼 수 있었다. 그렇게 있다 그의 혼은 다시 육신으로 돌아왔는데 당연히 그는 월남 전투 현장의 응급실에 누워 있었다. 후에 제대해 집으로 와 아내에게 당시 정황을 물어보니 모든 게 일치했다. 그의 아내는 그가 집에 왔을 때 보았던 행동을 하고 있었다는 것이다. 그뿐만 아니라 아내도 그날 남편의 기운을 느꼈다고 술회했다. 아내 역시 그가 영혼으로 집에 왔을 때 흡사 그가 옆에 있는 것처럼 느꼈다는 것이다(심지어 영혼이 부분적으로나마 모습을 보이는 경우도 있다).

이와 비슷한 일들은 우리 주위에서도 발견할 수 있다. 우리는 주위에서 자신과 아주 가까운 친척이 죽기 직전에 자신을 방문했다고 주장하는 사람들을 종종 만날 수 있다. 이런 체험의 전형은 다음과 같은 식으로 진행된다. 첫 번째는 영혼이 직접 나타나는 경우이다. 자신이 방에서 혼자 있는데 갑자기 할아버지가 영상으로 나타나 아주 평화로운 미소를 보이면서 잠시 응시하다 사라졌다. 그러곤 잠시 후에 할아버지가 죽었다는 전화 전갈을 받는다. 이런 경우보다 더 흔한 것은 막 타계한 영혼이 친지들의 꿈에 나타나는 경우이다. 이런 경우는 보통 다음과 같이 진행된다. 자신이 자고 있는데 새벽녘에 갑자기 할아버지가 아파트 문을 열고 들어왔다. 할아버지는 경미한 병으로 병원에 입원 중인데 이렇게 갑자기 찾아온 이유가 궁금했다. 할아버지는 아무 말 없이 들어와 손주들을 크고 따뜻하게 안아 주고 떠났다. 그런데 이것은 꿈이었다. 깨서 보니 거실이 시끄러웠다. 할아버지가 돌아가셨다는 것이다. 가벼운 병이라 타계하리라고는 전혀 생각하지 못하고 있었는데 뜻밖의 일이었다. 아마도 할아버지는 이승을 떠나기 전에 손주들에게 작별 인사를 하러 왔던 모양이다. 어떻든 이런 예를 통해 보면 우리가 영혼 상태가 되면 자신이 생각한 곳으로 순간 이동한다는 것이 확실해 보인다.

그다음으로 중요한 특징은 이곳에서는 외계가 객관적으로 존재하는 것이 아니라 자신이 만들어 낸다는 것이다. 이것은 물질계의 상식으로는 참으로 생각하기 힘든 것이다. 영계는 일종의 에너지로 가득 차 있는데 이 에너지는 영혼들의 사념으로 객체의 주조가 가능하다고 한다. 그러니까 영혼이 어떤 것을 생각하면 그것이 이 에너지에 영향을 주어 실제처럼 앞에 펼쳐지게 된다고 한다. 반면 우리가 사는 물질계에서는 객체들이 모두 실체로 되어 있어 우리의 사념으로 움직이는 것은 거의 불가능하다. 우리의 생각은 이 물질에 비하면 극히 약한 에너지이기 때문이다.

이처럼 영계에서는 외계가 우리의 심리 상태를 가감 없이 반영한다. 예를 들어 영계에서 불이 타오르고 있는 형상이 나오면 그것은 영혼이 화를 내고 있거나 정욕에 불타오르는 상태라고 추정할 수 있다. 외계가 자신의 심리 상태가 투사된 것이라면 그곳에서의 행·불행은 본인의 마음을 얼마나 평화롭게 하느냐에 달려 있는 것이 된다. 만일 어떤 영혼이 많은 수행을 한 끝에 지혜와 덕을 쌓아 높은 경지에 올랐다면 그는 좋은 것만 생각하게 된다. 그의 그러한 평화로운 마음은 그대로 외계에 투사되어 아주 밝고 평온한 광경이 그의 앞에 펼쳐질 것이다. 이런 일은 다른 영혼이 오면 더 강화될 것이다. 다시 말해 비슷한 생각을 가진 영혼이 오면 그 밝음이라든가 평화로움이 한층 더 빛을 발할 것이라는 것이다.

그런데 영계에서 외계는 이처럼 자신의 심리 상태가 투영된 것이기 때문에 비슷한 수준의 영혼들이 모일 수밖에 없다. 이것은 영혼들이 일정한 파동(진동수)을 갖고 있기 때문이다. 진동은 같거나 아주 비슷한 것들끼리 모이는 특성이 있다. 이른바 진정한 의미에서의 유유상종이다. 유유상종의 법칙이야 물질계도 마찬가지이지만 영계에서는 극히 섬세하게 진행되는 것같다. 추정컨대 파동이 거의 같거나 아주 비슷한 영혼들이 가장 기본적 집단을 이루고 그 집단들이 모이면 더 큰 공동체가 생기게 될 것이다. 이 공동체는 파동적인 면에서 수평 혹은 수직으로 다양하게 존재할 것이다. 여기서 수직/수평이라 함은 반드시 공간적인 개념은 아니고 영혼이 갖고 있는 파동의 빠르기를 기준으로 한 것이다. 그러니까 파동이 빠른 영혼들은 수준이 높은 영혼들로서 더 높은 곳에 위치하게 되고 파동이 느린 영혼들은 상대적으로 그보다 아래에 위치한다는 것이다(여기서 '위' '아래' 역시 상대적인 비유 개

넘이지 물리적인 실제 위치 개념은 아니다). 이렇게 보면 파동이 비슷한 영혼들끼리 모인다는 것이 쉽게 이해될 것이다. 상상컨대 파동이 아주 빨라 광채가 크게 발산되는 높은 수준의 영혼들 옆에는 파동이 상대적으로 늦어 둔탁하고 희미한 영혼이 있을 수가 없을 것이다. 특히 수준이 낮은 영혼은 더 견딜 수가 없을 것이다. 그렇지 않고 자기와 비슷한 밝기의 영혼과 같이 있으면 편안한 느낌을 받을 것이다.

이 정도 설명하면 천당이나 지옥이 어떤 것인지 설명할 수 있는 독자도 있을 것 같다. 어찌 보면 이 문제는 아주 간단한 것이다. 왜냐하면 등급(수준)이 높은 영혼들이 유유상종하면 거기는 천국이 될 것이고 그 반대로 등급이 낮은 영혼들이 같이 모이면 그곳은 아수라장이 될 것이기 때문이다. 여기서 등급이 높다는 것은 지혜·사랑·조화·협동 등의 정신이 지배적인 영혼을 말하고 등급이 낮은 영혼들이란 아만·욕심·무지 등의 정신이 강한 영혼들을 말한다. 수준이 높은 영혼들이 모이면 서로를 위하고 더 높이 진보하기에 여념이 없겠지만 수준이 떨어지는 영혼들은 각자가 모두 사욕을 채우기에 급급할 터이니 그런 곳에는 싸움이나 권력투쟁 등의 아비규환이 연속해서 펼쳐질 것이다.

대강 이 정도면 영계의 특징을 아주 간략하게나마 살펴본 것 같다. 각 영혼들은 에너지체로서 자기와 가장 비슷한 영혼들끼리 모여 나름대로 공동체 생활을 하고 있는 것이다. 여기에 비춰 보면 기독교에서 말하는 것은 그다지 공신력이 없다는 것을 알 수 있다. 예수만 믿으면 모두 천당에 간다고 말하지만 영계는 그런 것과는 직접적인 상관없이 본인이 전생에 얼마나 지혜를 많이 닦고 사랑을 많이 베풀었는지에 따라 정확하게 그에 상응하는 곳으로 가기 때문이다. 그러니까 기독교를 믿는 사람들도 무조건 한곳으로 가는 것이 아니라 그 사람의 수준에 따라 각자 다른 곳으로 간다는 말이다.[9] 천당과 지옥도 나름대로 많은 등급이 있으므로 한 가지 기준으로 나눌 수는 없을 것이다. 따라서 단지 상대적인 관점에서 '이곳은 다른 어느 곳보다는 좋다'는 식으로 말할 수밖에 없을 것 같다.[10]

영혼들은 여기서 환생을 준비하는데 이 주제는 별도로 다루기로 한다. 내세를 기꺼이 믿는 사람들도 아직 환생을 받아들이기에는 조금 주저되는 바가 있을 것이기 때문이다. 특히 내세만 인정하고 환생은 받아들이지 않는 기독교인들의 경우에는 환생 이론을 선뜻 받아들이기가 쉽지 않을 것이다. 따라서 여기까지만 동의하는 사람은 여기서 끝마치면 되고 더 갈 수 있는 사람들은 다음의 항목으로 나아가기 바란다.

3) 환생하는 과정에 대해

여기에서 우리는 인간의 환생 여부에 대해서는 상세하게 논의하지 않기로 한다. 이 시점부터는 환생을 인정하고 설명이 진척되어야 하기 때문이다. 그런데 사실 환생 이론은 인류에게는 그다지 새롭거나 생경한 이론이 아니다. 인도의 종교 사상을 지지하는 사람들에게는 매우 친숙한 사상이기 때문이다. 그런데 환생 이야기를 거론한 인도의 베다가 나온 것이 수천 년 전이니 이 이론이 얼마나 오래된 것인지 알 수 있다. 그뿐만이 아니라 하나의 현생만 인정하는 기독교를 신봉했던 서양에서도 현대에 들어와 이 환생 이론을 지지하는 기독교적 성향의 학자나 인사가 많이 나오고 있다. 그중에서도 대중에게 가장 잘 알려져 있고 실력이 출중한 사람으로는 현대 미국의 최고 예언자로 손꼽히던 에드가 케이시를 들 수 있다. 이 사람은 자가 최면 중 떠오르는 처방으로 환자들을 고치던 사람이었다. 오랫동안 그런 최면을 하던 중 그는 최면 상태에서 인간이 환생한다는 것을 알아차렸다. 그런데 이 사람은 아주 신실한 개신교인이었는데도 그 후로 환생 이론에 입각해 사람들을 치유하고 가르침을 펴 나갔다.

현대에 들어오면서 환생 이론에 관한 한 서양인들이 훨씬 더 진일보한 연구를 하고 있는데 그중에 대표적인 것이 최면을 통해 환생과 카르마의 법칙을 밝히는 사람들이다. 이 가운데 국내에 가장 잘 알려진 사람은 마이클 뉴턴이라 할 수 있다. 이 사람의 연구는 매우 진일보하거나 광범위한 면이 있지만 과학적이거나 객관적인 면에서는 의심이 드는 부분도 적지 않다. 이런 것들은 어떤 식으로든 검증 과정을 거쳐야 하지만 뉴턴의 연구는 그런 과정이 생략되어 그의 설을 있는 그대로 받아들이기에는 선결해야 할 과제가 많다. 이 점은 그의 책을 접하는 독자들이 주의했으면 한다.

최면과 더불어 이 방면에 많은 진척을 보인 것은 채널링이다. 이 분야 역시 서양에서는 꽤 많은 문헌들이 출간되었다. 이 분야에서 국내에 가장 잘 알려진 것은 세스(Seth) 관련 문헌들인데 최근에는 느닷없이 예수나 예수의 제자들이 나타나 소식을 전하는 『기적수업』(미출간)이나 『우주가 사라지다』 같은 문헌들이 나오고 있다. 개인적인 생각으로 이 계통의 문헌들은 앞서 본 역행최면보다 더 신빙성이 떨어지는 것 같다. 그러나 우리가 주목해야 할 것은 이러한 문헌들이 한결같이 환생 이론을 기정사실로 받아들이고 있다는 것이다. 이러한 채널링 관련 문헌에서 주장하는 바를 믿고 안 믿고를 떠나서 이런 연구가 서양에서 이루어지고 있다는 것은 주목할 만한 일이다.

환생 이론에 관한 한 원조였던 동양에서는 이에 대한 관심이나 연구가 상대적으로 미약하거나 잠잠했던 것에 비해 서양에서는 대폭적인 연구가 이루어지고 있다는 것이 꽤나 의미심장한 일로 보인다. 혹시 환생 이론에 대해 이제야 서양인들이 눈을 떴다고 하면 너무 무리한 생각일까?

환생 이론과 반드시 짝을 지어 가는 것이 바로 카르마 이론이다. 환생 이론에 의하면 인간은 수많은 생을 윤회한다고 하는데 윤회하는 과정을 지배하는 법칙이 바로 카르마이다. 인간은 카르마의 법칙에 따라 행위 그리고 그에 대한 반작용을 거듭 겪으면서 윤회를 진행한다. 그러면 카르마 법칙의 궁극적인 목적은 무엇일까? 그것은 모든 인간 —사실은 다른 생령들도 포함되지만 —이 현재 겪고 있는 고통과 유한함을 딛고 끊임없이 진화해 종국적으로는 이 우주와 하나가 되게 만드는 것이다. 이것을 전통 종교에서는 대자유 혹은 해탈이라고 불렀다. 인간이 이처럼 진화해야 하는 이유는 우리가 원래 있었던 곳으로 되돌아가기 위함이라고 할 수 있다. 이 주제는 인간이 지닌 논의 거리 가운데 가장 방대한 것이라 여기서 간단하게 말할 수 있는 것이 아니다. 게다가 이런 주제에 익숙하지 못한 독자들에게는 아주 생경한 이야기가 될 수도 있다.

많은 연구가들은 인간이 영계에서 하는 일 가운데 가장 중요한 것은 본인의 카르마를 정리하는 일이라는 데에 의견이 일치한다. 이것은 자신이 전생에 행했던 것들을 다시 점검하는 것인데 이때 가장 중요한 것은 전생에 해야 할 일을 제대로 했는지 보는 것이다. 사람은 누구나 세상에 태어날 때 무엇인가 하기 위해 일정한 과제를 가지고 태어난다는 것이 카르마가 알려주는 일이다. 이러한 일은 사람마다 다르기 때문에 일률적으로 말할 수 없다.

우리 모두는 과거 어느 생인지 모르지만 그때 행한 행위가 균형을 회복하려 하는 카르마의 법칙에 어긋났을 경우 그 균형을 잡기 위해 그에 상응하는 숙제를 안고 매번 지상에 태어난다.

예를 들어 어떤 사람이 지난 생에 매우 교만하게 살면서 다른 사람들을 무시했다고 하자. 카르마의 입장에서는 이런 행동은 우주의 균형을 깨뜨리는 일이다. 즉 자신이 행한 이기주의적인 행동은 나쁜 사념을 낳고 무시받은 사람들에게서는 굴욕이나 한(恨) 혹은 복수 같은 좋지 않은 사념이 생기게 될 수 있다. 이렇게 되면 나쁜 기운들이 당사자 주위를 흐르게 되고 해당인은 영적인 진화를 저지당하게 된다. 이때 카르마는 이 사람의 영적인 균형을 잡기 위해 다음 생에서는 전생과 정반대되는 상황에 그 사람을 태어나게 한다. 예를 들어 평생을 남에게 빌어먹는 룸펜 같은 존재로 태어나게 하는 것이다. 그럼으로써 인생에서 겸손이나 이타주의 같은 덕목이 얼마나 중요한가를 가르쳐 주는 것이다.

어떻든 사람들은 이처럼 모두 나름대로 다른 숙제를 가지고 이 생에 오는데 영계에서는 이것의 완수 여부를 점검한다. 그런데 이 점검이 그다지 쉬운 일이 아니다. 왜냐하면 각 영혼들이 점검해야 할 생애가 직전 전생뿐만 아니어서 수많은 전생들을 가능한 한 많이 살펴보아야 하기 때문이다. 그 많은 전생 가운데에 다음 생과 가장 관련이 많은 생들을 찾아 그 카르마의 운용이 어떻게 되는가를 보는 것도 영계에서 할 일이다. 그런데 이 일은 매우 복잡하고 경험이 많이 필요한 일이라 다른 영혼의 도움을 필요로 하는 경우가 많다고 한다. 이 분야를 연구한 사람들이 대부분 동의하는 것 중에 하나는 영계에는 보통 영혼들을 인도하고 도와주는 매우 고급한 영혼들이 있다는 것이다. 이 말이 사실이라는 전제하에 당사자들은 이들과 협의하에 자신의 다음 생을 디자인해 간다.

이 단계에서 영혼들이 하는 일은 대체로 이런 일들인데 그렇다고 해서 모든 영혼들이 이런 일은 하는 것은 아닐 것이다. 이 지상에 사는 사람들을 보면, 제정신을 갖고 주체성 있게 사는 사람보다는 시류에 둥둥 떠다니면서 아무 생각 없이 물질적 욕구에 따라 생활하는 사람이 훨씬 더 많다. 그래서 자기의 주관이 확실하고 자기 생에 대해 책임감이 강할 뿐만 아니라 자아존중감(self-esteem)을 제대로 갖춘 사람을 만나기란 가물에 콩 나듯 한다. 따라서 영계에서라고 해서 다른 일이 벌어질 것 같지는 않다. 아마 영계에서 대부분의 보통 영혼들은 자신이 주도하기보다는 카르마의 힘에 떠밀려 자기도 잘 모르는 인연을 만나 다시 태어나는 일을 반복할 것이다. 반면에 지성이 높은 영혼들은 모든 것을 주도면밀하게 계산해 자기에게 가장 합당한 카르마의 길을 갈 것으로 생각된다.

마지막으로 언급하고 싶은 것은, 연구자들에 의하면 영혼들이 여기에서 하는 일은 이처럼 자신의 전생과 내생을 점검하고 준비하는 일 외에도 진급을 위해 많은 공부를 한다는 것이다. 이 점에 대해서 역행최면자들의 증언을 들어보면 영계에도 장대한 규모의 도서관이 있다는 등 믿기지 않는 일들이 많이 보고되는데 이 점이 사실이라면 영계에서도 수준 높은 영혼들은 끊임없이 자기 진화를 위해 노력하고 있는 것이다.

3. 사후생(그리고 환생)을 인정한다면 우리의 삶은 어떻게 달라질까?

여기까지의 설명을 수용한다면 이제 이런 질문에 봉착하게 될 것이다. 인간은 계속해서 환생하고 그 환생하는 과정에 통용되는 법칙이 카르마라면 우리는 대체 어떻게 살아야 하는가? 앞에서 죽음을 제대로 알아야 삶에 대해서도 알 수 있고 아울러 어떻게 사는 것이 가장 옳은지도 알 수 있다고 이야기했다. 삶 하나만 갖고 보면 왜 인간이 선하게 살아야 하는지, 왜 다른 사람을 배려해야 하는지, 왜 열심히 공부해야 하는지와 같은, 인생에서 가장 기본적이고 중요한 물음에 대해 답이 안 나온다. 만일 사후생이 없다면 죽고 난 뒤 아무것도 없을 터이니 삶의 질이나 발전, 진화 같은 것이 아무 의미도 없게 된다. 그런데 앞에서의 이야기를 통해 사후에 또 다른 생이 있다는 것을 알았다. 이 사후생을 받아들이는 것은 물론이고 인간이 환생을 해 계속해서 윤회한다는 것을 받아들이면 생을 생각하는 스펙트럼이 훨씬 더 넓어지게 된다. 게다가 우리의 전 생애를 지배하는 것이 카르마 법칙이라는 것을 안다면 삶을 대하는 우리의 태도는 완전히 달라질 수 있을 것이다.

인간이 카르마 법칙을 통해 진화해서 도달할 마지막 목표는 대자유(혹은 해탈)라는 것을 알았다. 따라서 인간은 모든 행동거지를 이 법칙에 맞게 운용해야 한다. 그렇지 않으면 카르마의 법칙에 따라 반작용이 생기거나 불화를 초래하고 인생을 낭비할 수 있다. 그런데 이 카르마 법칙은 우리에게 무엇을 주문하고 있는가? 인간이 진화의 정점에 이르려면 가장 중요한 것이 자기의식에서 벗어나는 것이다. 즉 자기의식을 초월해야 한다는 것인데 이것을 전통적으로는 범아일여(梵我一如, 즉 '브라흐만이 아트만이다' 혹은 '신이 나다')라는 공식으로 표현해 왔다. 그런데 이런 경지는 갑자기 도달할 수 있는 게 아니다. 카르마의 가르침에 따르면 이 경지에 도달하려면 수백 아니 수천 수만의 생을 거쳐야 하는데 우리는 이 수많은 생 동안 자신의 에고를 극복하기 위해 부단히 노력해야 한다.

이때 우리가 해야 할 일에 대해 카르마는 단 두 단어로 말하고 있다. 이에 대해서 이미 수천 년 전부터 세계의 고등 종교에서는 거의 같은 취지로 가르치고 있다. 우선 불교에서는 그것을 지혜와 자비라고 했고 유대-기독교에서는 배움과 사랑이라고 했다.[11] 이 개념이 강조되는 것은, 우리가 갖고 있는 말할 수 없을 정도로 뿌리가 깊은 이기심을 극복하기 위해서는 이 것을 실천하는 길이 최선이기 때문이다.

우선 지혜(배움)라는 것은 선학이나 조상들이 가르친 것을 바탕으로 카르마가 운용되는 법칙이나 자아 개념의 형성, 신적인 자아의 정체성, 자기를 극복하는 방법 등을 배우는 것을 말한다. 이런 것들은 배우지 않고 혼자 알아내기란 매우 힘들다. 아니 불가능하다고 말하는 편이 더 정확할지도 모른다. 이에 관한 지식은 세계에서 가장 심오하고 깊은 지식이라 보통 사람의 능력으로는 아는 것이 힘들다. 그러나 다행히도 이에 대해서는 기라성 같은 선학들이 정리해 놓은 것이 있고 그것을 가르치는 기관이나 사람들이 있다. 따라서 우리는 이런 곳에 가서 배워야 하고 이 개념들을 먼저 안 분들을 찾아 배워야 한다. 이것이 여의치 않으면 이 개념들에 대해 설명된 책을 통해서라도 공부해야 한다.[12]

이런 방법을 통해 우주의 실상이나 인간의 본성, 죽음과 삶, 악과 고통의 문제 등에 대해 배우는 것이 가장 중요하지만 그것에 버금가게 중요한 것은 자신에 관한 것이다. 자신은 본질적인 상태에서는 누구이며, 현생에서는 어떤 속성을 가지고 태어났고, 대자유(해탈)로 가는 진화의 여정 중 현재 자신은 어떤 단계 혹은 어떤 방향을 향하고 있는지 등에 대해 지식을 쌓아야 하는 것이다. 이와 더불어 만일 가능하다면 자신이 직전 생을 포함해 전생에 대한 지식도 갖는 것이 필요하다. 왜냐하면 자신이 이번 생에 반드시 해야 할 일 중에 하나는 이번 생에 자기가 어떤 사명 혹은 과제를 갖고 태어났는가를 알아내는 것이기 때문이다. 앞에서 인간은 카르마의 법칙에 따라 진화의 종착역을 향해 가고 있으며 그를 위해 우리는 각 생마다 일정한 과업을 가지고 태어난다고 했다. 이러한 과업 혹은 숙제들은 진화의 여정을 가는 한 걸음 한 걸음을 결정하기 때문에 매우 중요하다. 한 걸음씩을 가도 방향만 올바르다면 언젠가는 최후의 종착역에 도달할 수 있기 때문이다. 따라서 이번 생이 수많은 나의 전생 가운데 어떤 의미가 있고 과업을 제대로 달성했는지, 그렇다면 다음 생은 어떻게 전개될 것인지, 혹은 달성하지 못했다면 또 어떻게 될 건지 등에 관해 총체적으로 생각하고 마스터플랜을 짜야 한다. 이런 것들은 모두 배움 혹은 학습을 통해 이루어진다. 이러한 과정을 통해 우리는 자신의 해방을 위해 가장 귀중한 지혜를 얻게 된다. 그래서 이 생에서의 지혜가 중요하다는 것이다.

그다음에 나오는 것은 자비 혹은 사랑인데 이것은 사실 지혜가 어느 정도라도 갖추어지면 자연스럽게 실행되는 덕목이라고 할 수 있다. 왜냐하면 지혜가 어느 정도 열리면 자신이 생각하는 이웃의 개념이 커지기 때문이다. 소싯적에 자기밖에 모를 때에는 생각하는 우주 개념이 자기 한몸에 그치지만 점차로 성숙하고 지혜가 닦이면서 범위가 넓어진다. 사람은 성숙할수록 더 폭넓게 주위에 관심을 기울이게 되어 나중에는 나무나 풀, 심지어는 돌 같은 무생물에까지 관심이 미치게 된다. 이것이 바로 자아가 극복되는 과정인데 이 여정은 대자유를 얻는 날까지 계속될 것이다. 따라서 지혜가 축적될수록 그가 보여주는 사랑의 범위나 강도는 그에 비례해서 넓어지고 깊어지고 강해진다.

앞에서 본 것처럼 고등 종교에서는 한결같이 사랑(자비)을 강조하는데 사실상 지혜만 쌓이면 이것은 그다지 강조할 필요가 없다. 지혜가 쌓이면 이웃을 사랑하라고 하지 않아도 사랑하게 되기 때문이다. 사랑이 지혜 속에서 자연스럽게 흘러나오는 것이다. 이렇게 사랑하는 것은 이웃에 대한 동정이 아니라 '그와 나는 다르지 않다'는 불이론(不二論)적인 입장에서 나오는 수준 높은 사랑이다. 불이론적인 태도는 밝은 지혜의 경지에 이르렀을 때만이 알 수 있는 상태이다. 지혜의 눈으로 보면 세상의 모든 것이 어떤 형태로든 연결되었다는 것을 알게 되고 더 깊게 절감하면 세상의 어떤 것과도 둘이 아니라는 것을 알게 된다. 예를 들어 나와 돌은 분명 다른 개체이니 같은 것이 아니다. 그러나 불이론적 지혜의 질서 속에서 나와 돌은 연결되어 있다. 그래서 그러한 수준에서는 하나라는 것이다. 그런 까닭에 나와 돌은 둘이지만 둘이 아닌 게 되고 이것을 일반화해 불이론(不二論)이라는 용어를 쓰는 것이다. 이런 관점에서 보면 내 이웃에 있는 사람들은 모두 한 동포가 된다. 이런 동포들에게 사랑을 나누는 것은 당연한 일이고 그렇게 사랑하면 자연스럽게 대가 역시 바라지 않는다. 이런 사랑이야말로 전 세계의 고등 종교가 한결같이 이야기하던 조건 없는 사랑, 혹은 무차별적인 사랑이라고 할 수 있겠다.

4. 나가며

그동안 우리는 교육하는 현장에서 죽음에 대한 교육을 등한시해 왔다. 그러나 이 글을 통해 삶에 대해 제대로 교육시키려면 죽음교육이 선행되어야 한다는 것을 알았다. 그 죽음교육 가운데에서도 사후생에 대한 교육은 지금까지 전무했는데 이 주제를 간과하고는 죽음교육은 물론 인생 교육이 어불성설이 된다는 것을 절감할 수 있었다.

그러나 문제는 사후생에 대한 각 종교의 가르침이 모두 달라 일률적으로 교육하기가 어렵다는 점이다. 이처럼 이 주제가 종교와 연결되어 있어 우리 과제를 수행하는 일이 쉽지 않을 것 같다. 일반적으로 사람들은 자신이 신봉하는 종교에서 가르치는 것과 다른 사후생에 대한 정보가 제공되면 바로 외면하게 된다. 예를 들어 환생에 대한 가르침은 불교도들은 무리 없이 받아들이겠지만 기독교도들에게는 무리한 가르침이다.

그러나 가장 중요한 것은 현재의 입장에서 할 수 있는 일을 찾는 것이다. 좀 예민한 문제들에 관한 언급은 뒤로 미루고 서로 동의할 수 있는 사안부터 시작하면 된다. 사후생과 연관해서 우리의 주제를 살펴보면 환생 같은 어려운 주제는 뒤로 미루고 모든 종교가 동의하는 내세와 영혼의 존재를 긍정하는 것으로부터 시작하면 어떨까 하는 생각이다. 내세가 존재한다는 것만이라도 명확하게 인정한다면 이승에서 사는 삶의 패턴이 많이 달라질 것이다. 우리는 이런 교집합부터 시작해서 새로운 죽음교육의 장을 열자.

의료 현장에서의 죽음과 호스피스 완화의료

홍 진 의 서울대병원 완화상담실

1. 의료 현장에서 바라보는 죽음의 문화

1) 고향과 가정으로 돌아가지 못하는 말기암 환자

가족 중 한 사람이 암으로 진단받게 되면 온 가족이 비상이다. 주변에 아는 사람을 총동원해서 가장 유명한 의사와 병원을 찾아 나선다. 이런 과정은 거의 일반화되어 있어 결국 전국의 암 환자들이 서울의 몇몇 대형 병원으로 모이게 된다. 최근 전국이 일일생활권이 되면서 전남 땅끝 마을, 깊은 강원도 산골, 바다 건너 제주도에서도 암 진단만 받으면 환자들이 서울의 크고 유명한 병원들을 찾아 올라온다.

실제 암에 대한 치료 기술이 지속적으로 발전하여, 2006~2010년 발생한 암 환자의 5년 상대생존율은 64.1%로, 최초 암 진단 이후 10명 중 6명 이상이 5년 이상 생존하는 것으로 나타나고 있다. 그러나 암 발생율도 늘어나서 1999년 이후 2010년까지 연평균 3.5%의 암 발생 증가율을 보이고 있다. 이에따라 암으로 인한 사망자 수는 해마다 늘어나서, 2011년에는 71,579명이 암으로 사망했다.(보건복지부와 중앙암등록본부, 2011)

암 치료를 위한 의료 기술은 좋아지고 있으나 여전히 사망 원인 1위는 암인 것이다. 결국 서울의 큰 병원에서 치료를 받다가 말기암 상태가 되는 경우가 여전히 많다는 이야기다. 말기암 환자가 되면 그동안 적극적인 암 치료를 진행하던 대형 병원에서는 환자에게 거주지 근처 병원에서 호스피스/완화의료 서비스를 받도록 권하게 된다. 그러나 환자와 가족들은 이 사실을 받아들이기 힘들어 하며, 대형 병원 근처를 떠나지 못하거나 검증 안 된 각종 대체요법을 찾아 헤매는 경우가 많다. 실제 말기암 환자가 완화의료 기관을 이용하는 비율이 2011년에 11.9%에 불과했다.

호스피스/완화의료는 더 이상 적극적인 암 치료가 불가능하여 수개월 내에 임종이 예견되는 말기암 환자들에게 적극적인 증상 관리를 통해 고통을 완화시키고, 심리적이고, 영적인 차원의 총체적 돌봄을 통해 삶을 잘 마무리하도록 돕는 서비스다. 그러나 아직까지도 우리 사회는 죽음에 대한 열린 소통을 두려워하며, 적극적으로 죽음을 준비하려는 태도보다는 어떻게 해서든 살아야 한다는 생각이 강해 귀하디 귀한 마지막 순간에 무의미한 연명치료나 대체요법 등으로 시간과 에너지를 낭비하는 경향이 많다. 그러다가 결국 때를 놓쳐 고향 집으로 내려가지 못해 남은 삶을 잘 마무리하지 못하고, 낯선 서울의 어느 병원 응급실이나 중환자실에서 가족들과 인사 한마디 나누지 못하고 외롭게 임종을 맞는 안타까운 사연들이 많다.

호스피스/완화의료에 대한 좀 더 자세한 안내는 다음 장에서 다루기로 하고, 먼저 의료 현장에서 만나는 말기암 환자와 가족의 죽음에 대한 태도를 좀 더 살펴보기로 하자. 이 글은 잘 조직된 연구 자료에 근거하기보다는 한 대학 병원에서 말기암 통보를 받은 환자와 가족들과의 호스피스/완화의료 상담을 통해 경험으로 얻는 이야기들이라 일반화하기에는 한계가 있음을 먼저 밝힌다.

2) 죽음에 대한 대화를 꺼린다

죽음을 터부시하는 우리 문화에서는 '죽음'이라는 단어를 입에 올리기조차 꺼린다. 많은 의료인들은 더 이상 적극적인 암 치료가 불가능하므로 죽음을 준비해야 한다는 이야기를 환자에게 먼저 알리지 못하는 경우가 많다. 몇몇 용감한 의사를 제외하고는 대부분 가족들에게 먼저 알리고, 가족들의 동의하에만 환자에게 알리곤 한다.

어느 소신 있고 용감한 의사가 30대 폐암 4기 환자에게 더 이상 치료가 어렵다는 이야기를 했다. 30대면 당연히 자신의 의료적 상황을 알아야 할 권리가 있지만 환자의 어머니는 "어떻게 환자에게 죽을 수 있다고 말하냐? 네 가족 같으면 그렇게 하겠냐?"며 불같이 화를 냈다. 이렇게 의사가 환자에게 좋지 않은 예후를 이야기하려고 하면 가족들은 의료진에게 손짓 눈짓을 하며 환자에게 알리지 말라고 하는 경우가 많다. 결국 나쁜 예후는 환자 몰래 가족들을 복도에 불러내어 알리게 되고, 그때부터 환자에게 언제 어떻게 알려야 할지 온 가족의 고민이 시작된다.

어리거나 젊은 환자일수록 가족들은 '죽음'이라는 단어를 환자 앞에서 꺼내는 것조차 금기시한다. 살려야만 하고 살리지 못한다는 상황을 상상하는 것만으로도 보호자들은 심한 공포감을 느끼곤 한다. '나쁜 이야기는 생각하고 싶지도, 말하고 싶지도 않다.'며 완강하게 현실을 부정한다.

젊은 사람뿐 아니다. 나이가 지긋하신 어르신 환자의 보호자들도 '사실대로 병세를 이야기하면 환자가 남은 생을 포기해 버릴까 봐 두렵다.'며 환자에게 나쁜 예후에 대해 솔직하게 이야기하는 것을 꺼린다. 대부분 보호자들이 오히려 죽음을 어떻게 받아들여야 할지 몰라하며, 불안하고 두렵게 생각하기에 환자의 뜻과는 상관없이 의료진과 환자와의 솔직한 의사소통을 막게 된다. 결국 환자는 자신의 속마음을 나눌 사람이 없이 삶의 정리도 못하고 외롭고 우울하게 가족이라는 장벽에 가로막혀 마지막 순간을 맞이한다.

어느 정도 상황을 받아들이는 가족들도 환자와의 솔직하고 의미 있는 대화는 어떻게 해야 할지 모른다. "무슨 말을 어떻게 해야 할지 모르겠어요.", "짐작은 하실 거예요", "다 아는 얘긴데 새삼 이야기해서 힘들게 하고 싶지 않아요." 하며 환자와는 "밥 잘 먹으면 나을 거야."라는 거짓말 아닌 거짓말로 마지막 서로의 진심을 나눠야 하는 시간들을 헛되이 보내게 된다.

상담자는 무슨 말을 어떻게 해야 할지 모른다면 최소한 환자가 하고 싶은 이야기를 막지는 말라고 조언한다. 환자가 "내 통장은 어디 있고, 옷 중에 좋은 옷은 누구에게 주어라."라는 식의 이야기를 하면, 많은 보호자들은 "무슨 그런 소리를 해. 잘 먹고 운동하면 다시 항암 치료 할 수 있어. 그런 소리 하지도 마."라며 환자가 어렵게 꺼낸 당부의 말을 막고, 환자는 다시는 속내를 표현하지 못하게 된다.

그래서 환자가 무언가 삶을 정리하는 이야기를 할 때 뭐라 대꾸하지 못하겠으면 그냥 말없이 손을 잡아 주라고 조언한다. 조금 더 용기를 낸다면 "마음이 편안해야 한대. 걱정되거나 당부하고 싶은 것이 있으면 다 털어놔. 우리 마음 아플까 봐 하고 싶은 말 참지 말고."라고 표현해 보라고 권한다.

이렇게 평소에도 '사랑한다. 고마웠다. 애썼다'는 표현을 잘 안 하던 가족들은 말기가 돼서는 더욱 진심을 담은 인사를 못한다. 결국 현장에서는 정말 임종이 가까워 환자의 의식이 떨어지면 그때라도 "사랑해, 잘 가, 우리

너무 걱정하지 말고 잘 가."라는 인사를 나누시도록 권하곤 한다. 그때라도 인사를 안 하는 것 보다는 나으니까….

3) 가족주의가 강하다

위에서 말한 것처럼 환자와 가족들 사이에서 죽음과 관련된 솔직한 의사 소통이 어렵다 보니 여러 가지 중요한 결정을 환자보다는 가족이 대신하는 경우가 많다. 환자도 전문 상담자나 치료진보다는 가족들에게 의지하는 경향이 크고, 남에게 자신의 속마음을 표현하는 것을 꺼린다. 호스피스/완화 의료에서는 음악 치료나 미술 치료 등 다양한 프로그램을 통해 환자가 부정적인 감정을 표현하고 해소하여, 고통을 이겨낼 내면의 힘을 키우도록 노력하고 있다. 그러나 이러한 프로그램의 참여율은 생각보다 저조하다. 특히 감정 표현에 미숙하고, 남에게 좋지 않은 모습을 보이기 꺼려하는 한국의 중년 남성들은 전문가들과의 소통보다는 오직 가족, 특히 가장 편안한 부인에게만 간병을 맡기고, 온갖 부정적 정서를 투사하는 경향이 있다. 이에 많은 부인들이 정신적으로 지치고 체력이 소진되곤 한다. 하는 수 없이 호스피스/완화의료팀에서는 보호자들을 지지하고 위로하는 방식으로간접적으로 환자를 돕는 경우가 많다.

임종 시 무의미한 연명 치료 여부를 결정하는 사전의료의향서도 대부분 환자보다는 가족이 작성하는 것이 현실이다. 치료 중에 환자가 중요한 결정을 할 수 있는 체력과 정신력이 있을 때 사전의료의향서를 작성하면 좋은데 이때는 어떻게 해서든 나을 것만 기대하기 때문에 임종 시 어떻게 해야 할지에 대한 이야기를 환자와 가족들이 나누지 못한다. 결국 임종이 가까워져 환자는 의식이 흐려지고, 의미 있는 이야기를 나누기에는 몸과 마음이 너무 지쳐 있게 되고 결국 가족들이 환자도 무의미한 연명 치료는 원치 않는 것 같다고 추정하면서 환자 대신 사전의료의향서를 쓰게 된다. 자기 결정권이 중요한 현대사회의 법적·윤리적 관점에서는 가족들이 과연 환자의 의견을 대신할 수 있는지 늘 논란거리가 된다.

이렇게 우리 사회에서는 환자가 진정 하고 싶은 말이 무엇인지, 이 귀한 시간에 어디서 어떻게 지내고 싶어 하는지, 우선적으로 하고 싶은 일이 무엇인지, 정말 인사를 나누고 싶은 사람은 누구인지 알지도 못한 채 보호자들의 보호막에 싸여 답답하고 외롭게 지내다가 안타깝게 임종을 맞이하는 경우가 너무나 많다. 그렇게 사별하고 나면 가족들은 그제야 '이렇게 갈 줄 알았으면 진작 사랑했다고, 고마웠다고 인사를 나눌 걸, 안 되는 치료에 매달리기보다 환자랑 여행이라도 한번 갈 걸…' 하며 후회한다.

지금까지는 우리 사회의 의료 현장에서 어떻게 죽음을 대하고 소통하는지 전반적인 경향을 살펴봤다. 다음으로는 환자의 연령대별로 좀 더 자세하게 죽음에 대한 태도와 반응을 살펴보도록 하겠다.

4) 환자의 연령별 죽음에 대한 반응

10대 이하의 환자들에게 부모는 의사 결정자이다. 환자는 철저하게 중요한 의사 결정 과정에서 제외된다. 독립된 인격체로서 자신의 의료적 상황을 알고 치료 방향을 결정하기 보다는 나쁜 소식을 듣는 것과 남은 삶을 어떻게 보낼까를 모두 부모가 판단한다. 심지어 부모는 의료진의 판단도 믿지 못하고, 환자를 살리기 위해서라면 관련된 연구 논문과 전문 자료를 공부해서 담당 의사와 논쟁을 벌이기도 한다. 어쩌면 부모들은 내가 환자의 생명을 태어나게 했으니 죽지 않도록 해야 하며 그렇게 할 수 있다고 생각하는 것 같다.

이러한 부모들은 환자의 증세가 말기가 돼서도 호스피스/완화의료 기관으로 전원을 거부하고, 끝까지 대형 병원에서 적극적인 치료에 매달리곤 한다. 환자 또한 부모에게 의존하며 퇴행적인 모습을 보이곤 한다. 물론 일부 독립심이 형성된 환자의 의견을 부모도 존중하여 의미 있는 시간을 보내려는 사례도 있지만 현장에서는 극히 드문 경우이다.

20~30대 환자에게도 여전히 부모는 의사 결정자이며 강력한 차단막을 형성한다. 한참 꿈을 실현해 가는 꽃다운 청춘이 죽어 간다는 것은 환자 본인과 가족들에게는 억울하고, 이해할 수 없는 가혹한 현실이다. 젊은이들은 건강할 때는 부모로부터 독립해서 친구와 애인, 배우자들과 좀 더 친밀한 관계를 맺고 지내다가 어느 날 암 진단을 받고부터는 부모에게 의존하지 않을 수 없게 된다. 점점 친구나 애인과도 사이가 멀어지고 고립되어 간다. 결혼을 했다 하더라도 아직 부부 관계가 공고하지 못하기에 각자의 원가족들이 더 큰 영향력을 행사하는 경향이 있다.

늙으신 부모님들은 환자보다도 오히려 더 슬퍼하고 암담해 하면서 환자에게 나쁜 소식을 전하지나 않을까 전문 호스피스/완화의료팀의 접근은 철저하게 막기 때문에 환자의 고립은 점점 더 심해진다. 젊은 환자는 못다 한 꿈과 소중한 친구, 사랑하는 애인과 배우자들과의 이별을 준비해야 하는데 부모들은 이를 받아들일 수 없어 소통을 막는다.

일부 독립심이 강한 젊은이들은 그런 부모들을 설득해서 자신의 삶을 의미 있게 정리하는 사례도 드물지만 있다. 애인과 부모에게 영상 편지를 남기기도 하고, 진통제를 먹어 가면서도 친구와 여행을 가고, 마지막까지 꿈을 향해 달려가겠노라며 전공 공부를 위해 담당 의료진의 만류에도 불구하고 복학을 하기도 한다. 도저히 받아들일 수 없는 부모를 오히려 위로하는 젊은이들도 없진 않다. 그러나 여전히 많은 젊은이들은 스스로도 죽음을 두려워하고 불안해 부모의 보호막 안에서 외롭게 죽음을 맞이하곤 한다.

40~50대 환자들은 가정경제와 자녀 교육 문제로 자신의 죽음보다 가족들에 대한 걱정이 앞선다. 가장들은 남은 가족들이 어떻게 살아가야 할지 걱정하면서도 막상 한국 사회에서 남성들은 자신의 감정을 표현하는 것이 익숙하지 않다 보니 자신의 감정을 표현하지 못하고 암울하게 지내는 경우가 많다. 주부의 경우에는 자녀들이 걱정되어 죽으려야 죽을 수 없다고 생각한다. 한국 사회에서 자녀들의 공부는 종종 부모의 죽음보다 중요하게 여겨지기도 한다. 아이들 공부에 방해될까 봐 예측되는 부모의 죽음을 알리지 못하곤 한다. 이 밖에도 이런 위기 상황이 닥치면 묵은 집안의 갈등들이 표면화되어 증폭되는 경향이 생기곤 한다. 질병의 원인을 배우자나 배우자의 가족 탓으로 투사하는 경우가 생겨, 서로를 돕고 위로해야 하는데 오히려 갈등의 골이 깊어지기도 한다.

60대 이상의 노년기 환자들은 아무래도 죽음을 접할 기회가 많았기 때문에 죽음을 수용하는 경우가 많다. 살 만큼 살았고, 애들도 모두 키웠으니 인생 숙제는 다했고 여한은 없다고들 표현한다. 다만 이제야 고생을 끝내고 부부가 여유롭게 지내보려고 했는데, 좋은 세상에서 남들 사는 것만큼 다 못 살고 가는 게 안타깝다고 여긴다.

그러나 모든 노인들이 죽음을 쉽게 수용하는 것은 아니다. 나이가 많아도 아주 가까운 관계에 있던 사람들의 죽음을 접해 보지 못했거나 삶과 죽음에 대해 평소 성찰해 보지 않았던 노인에게는 죽음이 여전히 낯설고 두렵기만 한 사건일 수 있기에 일반화해서 선입관을 가지고 대해서는 안 된다. 노년기 환자들의 가장 큰 걱정은 자녀들에게 부담을 주고 싶지 않은 것이다. 30대의 자녀도 어리게만 보고 연로한 배우자가 모든 부담을 지려고 애쓴다. 우리 사회의 지나친 자녀 과잉보호 경향이 이때도 나타나는 것 같다.

 2. 더 이상 적극적인 암 치료가 어렵다는 진단을 받으면

암 진단을 받고 열심히 투병하다가 의료진으로부터 더 이상 수술, 항암이나 방사선 등의 적극적인 치료가 의미가 없어 마음의 준비를 하셔야 한다는 이야기를 듣게 되면 환자뿐 아니라 가족들은 커다란 충격을 받게 된다.

'열심히 병원에서 하라는 대로 했는데 무슨 말인가?', '통증이 심하다던데 앞으로 겪어야 할 고통이 너무 크면 어떡하지?', '환자에게, 또는 다른 가족들에게 어떻게 이야기해야 할까?', '앞으로 증상 완화가 중요하다던데 호스피스/완화의료가 뭐지?', '우리 가족을 도와줄 곳은 어떻게 찾지?'

이렇듯 환자와 가족들은 여러 의문과 갈등으로 우왕좌왕한다. 그러나 우리가 암 진단을 받았을 때 의료진을 비롯한 많은 전문가들에게 조언을 받았듯이, 말기 통보를 받고서도 앞으로 어떻게 지내야 할지 전문가들의 도움을 받아 좀 더 편안하게 지내시다가 삶을 잘 마무리할 수 있도록 적극적으로 대처해야 한다.

1) 항암 치료를 중단하는 이유는?

처음 의료진으로부터 더 이상 적극적인 치료가 어려운 말기라는 이야기를 들으면 받아들이기가 쉽지 않다. 암 진단을 받자마자 말기라는 판정을 받기도 하지만 많은 분들은 수술과 방사선, 수차례의 항암 치료를 열심히 해 오다가 더 이상 항암 치료를 못한다는 이야기를 듣게 된다. 암 치료는 초기에는 완치를 목적으로 하며, 전이되거나 재발된 진행성 암인 경우에는 생명 연장을 목적으로 하고, 더 이상 적극적인 치료가 어려운 말기암인 경우에는 편안하게 지내다가 삶을 잘 마무리할 수 있도록 하는 것이 목적이다.

〈암 치료의 목적〉

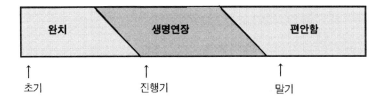

많은 암 환자들이 생명을 연장하기 위한 항암 치료를 해 오다가 더 이상 항암제에 반응하지 않고 암이 진행되며 부작용이 클 때 항암 치료를 중단하게 된다. 즉 아래 그림처럼 항암 치료로 얻는 이득보다 해가 더 크다고 판단될 때 항암제를 중단하게 된다.

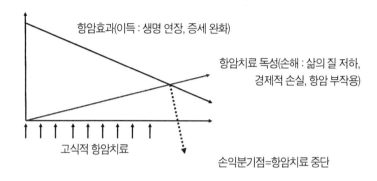

〈항암 화학요법의 중단 시점〉

항암효과(이득 : 생명 연장, 증세 완화)

항암치료 독성(손해 : 삶의 질 저하,
경제적 손실, 항암 부작용)

고식적 항암치료

손익분기점=항암치료 중단

2) 말기암이란?

진행 암 혹은 전이 암(암 4기)이 말기암을 뜻하는 것은 아니다. 4기 암이라 해도 항암제를 써서 생명을 연장할 수 있으며, 드물게는 완치가 되는 경우도 있다. 어떤 경우에는 전이된 부위에 대해 방사선 치료나 수술을 할 수도 있다. 그러나 수술, 방사선, 항암 요법 같은 적극적인 암 치료에 더 이상 반응하지 않고 점차 병세가 악화되어 수개월 내에 사망할 것으로 예상되는 상태를 말기라고 진단하게 된다.

3. 호스피스/완화의료

인간은 생물학적, 정신적, 사회적, 그리고 영적인 존재이다. 그러므로 환자를 돌볼 때도 이러한 측면을 모두 중시하는 총체적인 관점을 가져야 한다. 이러한 총체적(holistic) 접근은 모든 환자들에게 필요하나 특히 죽음을 앞두고 극심한 신체적 고통뿐 아니라, 정신적·사회 심리적·영적인 측면에서의 고통을 포함하여 총체적 고통(total pain)을 겪고 있는 말기 환자들에게 더욱 강조되고 있다. 이러한 총체적인 돌봄을 제공하는 것이 호스피스/완화의료이다.

죽음을 눈앞에 둔 말기 환자들은 육체적 고통을 완화시켜 주기를 바라며, 죽음을 받아들여야 하고 두려움과 우울 등의 심적 고통을 위로 받기를 원한다. 동시에 그는 생을 마감하는 순간까지 자신의 품위를 잃지 않고, 한 인간으로 존중받기를 원한다. 또한 공감과 사랑받기를 원하며 마침내는 사랑하는 가족들에게 둘러싸여 평안한 이별을 하고 싶어 한다. 한 생명의 마지막 순간인 죽음은 생명의 출생 못지않게 중요하다. 따라서 말기 환자에게 남은 시간 동안 인간으로서의 품위를 잃지 않도록 도와주고, 존엄성을 유지하며 고귀하게 생을 마감하도록 도와주는 호스피스/완화의료는 매우 가치 있는 일이다.

1) 호스피스 역사

호스피스 용어는 hospital, hostel, hotel이라는 단어와 모두 같은 라틴어의 어원에서 기원하였으며 현재 우리가 사용하는 현대적 용어인 호스피스는 라틴어의 어원인 hospes(손님) 또는 hospitum(손님 접대, 손님을 맞이하는 장소)라는 말에서 유래되어, 주인과 손님이 서로 돌보는 것을 상징한다.

호스피스 개념의 큰 맥락은 중세기에 성지 예루살렘으로 가는 성지순례자나 여행자가 쉬어가던 휴식처라는 의미에서 유래되어, 아픈 사람과 죽어가는 사람들을 위한 숙소를 제공해 주고 필요한 간호를 베풀어 주면서 시작되었다. 현대 호스피스 운동의 선구자는 영국 여의사 시슬리 손더스(Cicely

Saunders, 1918-2005)로 1950년대 후반 말기 환자와 관련된 통증을 조절하기 위한 기술을 개선시켰으며 이상적인 호스피스 돌봄을 위해서 1967년 St. Christopher's Hospice를 설립하게 되었다. 이는 현대 호스피스 운동의 체계적 모태가 되었고 오늘날 미국과 캐나다에서 체계화되고 전문화된 Hospice Care를 시도하는 모델이 되었다. 시슬리 손더스는 통증 조절을 강조하였고, 요셉병원에서 호스피스에 대한 아이디어와 원칙을 다듬어서 현대 호스피스 간호의 초석을 만들기 시작하였다.

그리고 1969년 퀴블러 로스는 『죽음과 임종 *Death and Dying*』에서 죽어 가는 환자들의 욕구가 충족되지 않고 있음을 밝히고 이러한 욕구들을 충족시킬 수 있는 방법들을 제시하여 호스피스를 받아들이는 데 많은 영향을 주었다.

우리나라에서는 1965년 강원도 강릉에서 마리아의 작은 자매회 수녀들에 의해 갈바리의원에서 임종자들을 간호하기 시작한 것이 체계적으로 실시된 최초의 임종 환자 관리였다고 할 수 있다. 그 후 1980년대에 들어서 서울성모병원, 세브란스병원, 이화여자대학교 등의 종교적 배경을 가진 병원과 학교에서 호스피스 활동을 시작하면서 확산되기 시작했다.

현재는 보건복지부가 제도화를 추진하고 있으며, 50여 개의 완화의료 기관을 지정하여 병동형으로 운영하고 있고, 보건복지부에서 지정하지는 않았으나 자체적으로 호스피스/완화의료 병동이나 팀을 운영하는 병원들도 있고, 의료 기관이 아닌 종교적 배경의 봉사 단체에서 호스피스 봉사 활동을 하기도 한다.

기관명	전화번호	기관명	전화번호
서울권		**전라권**	
서울특별시 동부병원	02-920-9315,9316	남원의료원	063-620-1233
서울의료원	02-2276-7000,8121	전북대학병원(전북 지역 암센	063-250-2634~5
서울특별시 북부병원	02-2036-0200,0410	터)	063-250-2478
서울특별시 서북병원	02-3156-3025	엠마오사랑병원	063-230-5349,5340
가톨릭대학교 성바오로병원	02-958-2234,2328	광주기독병원	062-650-5450
가톨릭대학교 서울성모병원	02-2258-1901,1907	천주의성요한병 의원	062-510-3071~2
고대구로병원	02-2626-2807	성가롤로병원	061-720-2000,6070
전진상	02-802-9311,9313	순천의료원	061-759-9650,9651
경기권		목포중앙병원	061-280-3879
일산병원	031-900-3300,0740	화순전남대병원(전남 지역 암	061-379-8710
모현의료센터	031-535-0066,8998	센터)	
경기도의료원 의정부병원	031-828-5336	**경상권**	
경기도의료원 파주병원	031-940-9338	대구파티마병원	053-940-7114-5
안양샘병원	031-467-9259	대구보훈병원	053-630-7300,7843
가톨릭대학교 성빈센트병원	031-249-7759,7758		053-630-7311
경기 지역 암센터(아주대병원)	031-219-7123	대구의료원	053-560-9300,9330
수원기독의원	031-254-6571	영남대학교 병원	053-620-4673,3874
샘물호스피스병원	031-334-4811	계명대 동산의료원	053-250-7738~9
	031-333-8632	칠곡경북대학교병원(대구경북	053-200-2377,2539
가톨릭대학교 부천성모병원	032-340-2535,2530	지역 암센터)	
가천의대 길병원	예약:1577-2299	대구가톨릭대학교병원	053-650-3560
	병동:032-460-3897	한동대학교 선린병원	054-245-5913,5919
		포항의료원	054-245-0271
강원권		울산대학교병원(울산 지역 암	052-250-8006
강원대학교병원(강원 지역 암	033-258-9060	센터)	
센터)		경상대학교병원(경남 지역 암	055-750-9353
갈바리 의원	033-644-4992~3	센터)	
춘천기독의원	033-263-5454	창원 파티마병원	055-270-1650
	033-261-5653	진주의료원	055-771-7980
		부산성모병원	051-933-7100,7114
충남권		부산대학교병원(부산 지역 암	051-240-7866
충북대학교병원(충북 지역 암	043-269-6910	센터)	
센터)		**제주권**	
청주의료원	043-279-2004,2714	제주대학교병원(제주 지역 암	064-717-1487,1488
홍성의료원	041-630-6330,6338	센터)	
가톨릭대학교 대전성모병원	042-220-9004,9419	성 이시돌복지의원	064-796-2244
충남대병원(대전 지역 암센터)	042-280-7640,7629		

2) 호스피스/완화의료의 정의

호스피스는 최근에 들어서는 완화의료(Palliative care)라는 용어와 혼용하기도 하나 완화의료는 암 치료 시작부터 말기에 이르기까지 환자의 증상 완화에 중심을 둔 의료를 말하며, 호스피스는 더 이상 적극적인 치료가 되지 않는 말기 환자에게 제공되는 집중적인 돌봄을 의미한다는 견해도 있다. 완화의료는 기존의 통상적 치료와 병행하여 환자를 돌보다 더 이상 완치를 기대할 수 없을 때에는 호스피스/완화의료만 제공하게 된다. 이때는 환자의 남은 삶의 질을 최대한 높이면서 인간다운 존엄성을 유지하며 최대한 편안하게 임종을 맞이할 수 있도록 도와주며, 임종 후의 사별 가족까지 돌본다.

호스피스/완화의료는 죽음을 앞둔 말기 환자와 그 가족을 사랑으로 돌보는 행위로서, 환자가 여생 동안 인간으로서의 존엄성과 높은 삶의 질을 유지하면서 삶의 마지막 순간인 임종을 평안하게 맞이하도록 신체적 · 정서적, 사회적, 영적인 도움을 주며, 사별 가족의 고통과 슬픔을 경감시키기 위한 총체적 돌봄이다. 호스피스/완화의료는 따뜻함 · 평온함 · 쉼을 연상시키며 인생의 긴 여정에서 환자가 마지막으로 참된 쉼을 찾도록 하는 것이고 의미와 사랑을 느끼도록 돕는 것이다.

3) 호스피스/완화의료 전달 체계

호스피스/완화의료는 병동형, 산재형, 독립형, 가정형 등 다양한 형태의 서비스가 있다. 이러한 호스피스/완화의료 모형들은 환자와 가족들의 요구에 따라 서로 유기적으로 연계망을 구축해 지속적인 서비스를 제공하는 것이 중요하다.

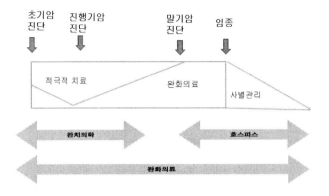

〈호스피스/완화의료의 범위〉

(1) 병동형 호스피스/완화의료

병원 내 호스피스/완화의료 환자만을 위한 특별 병동이 별도로 설치되어 활동을 하는 곳으로 서울성모병원, 동산의료원, 충남대학교병원 등이 있다.

장점은 병동을 최대한 말기 환자의 요구에 맞춰 시설과 장비, 환경, 프로그램을 구성할 수 있으며, 기존 의료 시설과 인력을 훈련시켜 이용할 수 있다는 점이다. 단점은 호스피스 병동을 새로 꾸미기 위한 공간과 환경, 재원이 필요하고, 병실뿐만 아니라 보호자, 방문객, 호스피스 요원들을 위한 충분한 공간이 마련되어야 한다는 점이다.

(2) 산재형 호스피스/완화의료

1975년 미국에서 개발되어 성 루가 루스벨트 병원에서 처음 시작되었으며 병원 내에 호스피스/완화의료 팀이 구성되어 간호를 수행하게 된다. 세브란스병원, 여의도성모병원, 의정부성모병원 등이 있다.

장점은 항암 치료가 끝나가는 환자에게 조기에 호스피스/완화의료 돌봄을 소개할 수 있으며, 호스피스 기관으로의 전원을 꺼리거나 갈 수 없는 환자들에게도 최소한의 호스피스/완화의료 돌봄을 제공할 수 있다는 점이다. 또한 병원도 적은 경제적 부담으로 호스피스/완화의료 서비스를 제공할 수 있다. 단점은 병실 내의 다른 환자들과 함께 지내기 때문에, 가정과 같은 환경을 조성해 주기 어렵고, 다양한 프로그램과 집중적인 팀 접근을 통한 충분한 돌봄을 제공하기가 어려운 점이다.

(3) 독립형 호스피스/완화의료

별도의 건물을 가지고 별도로 호스피스/완화의료 기관을 운영하는 것을 의미하며, 우리나라에서는 샘물호스피스병원, 강릉의 갈바리의원, 모현의료센터 등이 대표적이다. 장점은 호스피스/완화의료 정신에 맞게 시설과 운영을 할 수 있다는 점이며, 단점은 시설 건축과 운영을 위한 비용과 인력을 위해 재원이 많이 필요하다는 점이다.

(4) 가정 호스피스/완화의료

가정에서 가족에게 둘러싸여 임종을 맞이하도록 호스피스/완화의료 팀이 가정으로 방문하는 서비스로, 미국과 영국에서 많이 실시하고 있다. 모현가정호스피스, 충남대학교병원 가정 호스피스 등이 있다. 장점은 소요 경비가 적고, 환자와 가족이 가장 편안하게 지낼 수 있으며, 개인의 사생활을 보장할 수 있고, 가족들이 능동적으로 참여할 수 있다는 점이다. 단점은 응급시 생명 유지에 필요한 의료 서비스를 신속히 받을 수 없으며, 의사들의 왕진이 현재 의료보험 수가에서는 충분이 보상되지 않고 있어 진행하기 어렵고, 가정에 간병하는 가족이 상주해야 해서 가족의 부담이 클 수 있다는 점이다.

4) 호스피스/완화의료 팀

호스피스/완화의료에서 가장 중요한 특징은 총체적인 돌봄이며, 이를 위해 호스피스/완화의료는 여러 분야의 전문가들이 팀을 이뤄 접근한다. 호스피스/완화의료 팀은 의사, 간호사, 사회사업가, 사목자, 약사, 영양사, 치료사(미술 치료사, 음악 치료사, 원예 치료사, 물리치료사 등) 등이 있으며, 비전문가인 환자와 가족, 봉사자들도 팀원으로 함께 하기도 한다. 팀원들은 주기적인 팀 회의를 통해 환자와 가족들의 고통을 진단하고, 총체적 접근을 통해 고통을 완화할 수 있는 환자들마다의 개별적인 돌봄 계획을 세워 서비스를 제공하고 이를 평가한다. 팀원들은 죽음을 앞둔 환자와 고통 받는 환자 가족을 계속적으로 돌보는 데서 오는 부담감으로 스트레스를 받을 수 있으므로 개인과 조직 차원의 관리 및 대처가 요구된다.

〈호스피스/완화의료에서의 팀 돌봄〉

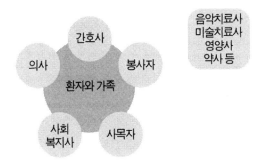

4. 사별 가족 돌봄

사랑하는 이의 죽음은 그 이후에도 이 세상을 살아가야 하는 가족이나 이웃들에게 중요한 변화를 가져온다. 즉 고인이 사망한 후 남은 이들은 크나큰 상실의 슬픔과 그로 인한 건강 악화뿐 아니라 고인을 대신해야 할 역할 변화에 당황스러워 하며 힘겨워 한다.

그러나 이러한 사별의 고통은 풍부한 사회적 지지와 자신의 노력으로 부정적인 면에 그치지 않고 보다 성숙된 인간으로 성장하게 하는 계기가 되기도 한다. 사랑하는 이의 죽음은 언젠가 나도 죽어야 하는 존재라는 사실을 가깝게 느끼게 되며 좀 더 근본적으로 삶과 죽음의 의미를 깨닫게 되고, 사회적·정신적 그리고 영적인 성장을 하게 한다.

그러므로 이러한 중요한 시기에 자칫 치명적인 건강 악화로 빠질 수 있는 여러 가지 문제를 해결 또는 완화시키며, 사별 후 변화에 잘 대처하여 적응하게 도와줌으로써 건강하고 충만한 삶을 유지하도록 도움을 주는 것이 사별 가족 관리의 목적이다. 나아가 사별 과정은 우리 삶에서 창조적인 시작의 계기가 될 수도 있고 더 나은 삶을 추구하기 위한 기회를 제공하기도 한다. 그 밖에도 다음과 같은 일반적인 사별의 과정이 나타날 수 있다.

1) 사별의 과정

사별은 기나긴 터널을 지나는 것과 같으며, 머나먼 여행과 같다고 할 수 있다. 많은 학자들이 여러 과정을 제시했지만 요약해 보자면, 다음과 같이 나눠 볼 수 있다. 고인의 죽음을 예견하는 단계부터 시작해서, 고인이 돌아가신 초기 충격 단계, 깊은 우울 단계인 중간 단계를 지나 새로운 삶으로 적응해 가는 마지막 적응 단계, 이상의 네 가지 단계로, 이러한 단계는 우리 모두의 얼굴이 다른 것처럼 그 기간의 길이와 색깔이 다르며, 반드시 순서대로 오는 것도 아님을 유념하여야 한다. 먼저 사별 전 단계에 상실을 예상하면서부터 슬픔이 시작된다. 이러한 정서적인 반응은 실제 사별 후의 슬픔 반응을 완화시킬 수 있고, 관련되는 신체적·정신적·사회적 병적 상태를 줄이는 역할을 하기도 한다. 이 시기에 가족들은 함께했던 의미를 되짚어 보고, 못다 한 화해나 용서를 표현하며, 앞으로도 계속 사랑할 것임을 표현하고 작별 인사를 하는 것이 필요하다.

다음으로 임종 후 초기 충격 단계이다. 이 시기는 쇼크, 부인, 무감각함, 불신, 부당함에 대한 호소 등 강한 신체적 반응이 복합적으로 나타나는 급성 슬픔의 기간이다. 이 시기에 외적으로는 장례, 삼우제, 49제 등 각종 애도 행사가 있게 되는데 이러한 애도 행사를 통해 죽음의 현실을 수용할 수 있으며, 슬픔을 사회적으로 표현하는 것이 필요하다.

세 번째 단계는 깊은 우울 시기로 사별을 직면하면서 오히려 더 깊은 슬픔을 느낀다. 다른 친척들이나 친구들은 애도를 끝내고 자신의 삶으로 돌아가지만 고인과의 중요한 관계였던 사별 가족들은 이때부터 오히려 상실을 더 크게 인식하고 인생이 매우 달라졌음을 느끼며, 실질적인 고통에 시달리는 시기이다. 이 시기에는 절망감, 그리움, 낙심 등이 생길 수 있다. 이러한 부정적 정서를 인정하고, 경험하며, 슬픔의 고통을 치러내야 한다.

마지막 조정 단계는 점차 고통이 감소되고, 새로운 역할에 대처할 수 있는 능력이 증가되며, 정상적인 삶으로 회복될 때까지의 기간이다. 사별 이전의 상태로 돌아가기 위하여, 혹은 새로운 관계나 행위에 에너지를 투자하고 삶을 재조직하는 과정에서 에너지가 솟아오르고 기쁨을 경험하는 시기이다. 이 시기에 사별 가족들은 고인이 없는 삶에 적응하여 새로운 삶의 기쁨을 느끼며, 나아가 슬픔의 여정을 치러냄으로써 영적으로 성숙하여 인간을 사랑할 수 있는 힘이 더 커지게 된다.

2) 사별의 슬픔을 잘 극복하려면

먼저, 사별 후의 감정들을 표현하고 수용하는 것이 필요하다. 사별한 후에는 참을 수 없이 격한 감정이 솟구치거나 갑자기 눈물이 쏟아지곤 한다. 느낌과 감정은 자극에 대한 반응이다. 바늘에 찔리면 아픈 것처럼, 우리는 소중한 것을 잃게 되면 슬프고, 울음이 나고, 화가 난다. 이러한 감정은 에너지와 같은 것이어서 마음에 담아 두면 사그라지지 않고 오히려 내면 깊숙한 곳에 자리를 잡아 우리의 이성을 사로잡게 된다. 따라서 느끼는 대로 표현하는 것은 매우 중요한 치유이다. 슬픔을 안전하게 잘 표현할 수 있는 방법으로 혼자만의 장소 찾아내기, 진심으로 이해해 줄 대화 상대 찾기, 글이나 일기 쓰기 등이 있다.

둘째, 신체적·정신적 건강을 잘 관리하여야 한다. 직장일과 일상생활을 줄여 단순하게 하고, 건강검진, 충분한 휴식, 영양 관리, 산책 등의 가벼운 운동을 통해 건강을 관리한다. 자기 자신에게 맛있는 음식, 꽃, 향수 등을 선물하거나 음악회나 미술관에 방문하는 것 등을 통해 자신의 정서를 잘 보살피도록 해야 한다.

끝으로 가치관과 철학, 신념 등이 위협을 받아 삶의 방향이 흔들릴 수 있으므로 삶의 의미를 다시 재창조할 수 있도록 영적인 활동(좋은 글과 책, 기도, 명상)을 해 보는 것도 좋다. 어느 정도 슬픔이 가실 무렵 내면의 힘과 기쁨이 솟아나기 시작하면, 새로운 관계를 맺고, 그동안 미뤄 왔던 중요한 사항들을 하나씩 선택하여 실천해 본다. 또한 사별의 경험으로 얻은 삶에 대한 통찰력과 지혜, 약한 이들에 대한 관심들을 승화시킬 수 있는 봉사 활동이나 의미 있는 활동들을 시작해 보는 것도 사별로 인한 상처를 치유해 준다.

사별의 고통은 풍부한 사회적 지지와 자신의 노력으로 부정적인 면에 그치지 않고 보다 성숙된 인간으로 성장하게 하는 역할을 하기도 한다. 사랑하는 이의 죽음은 언젠가 나도 죽어야 하는 존재라는 사실을 가깝게 느끼게 하고, 좀 더 근본적으로 삶과 죽음의 의미를 깨닫게 하며, 사회적·정신적 그리고 영적인 성장을 하게 된다.

죽음을 보는 의사의 시각 ㅣ 정현채

김열규, 『메멘토 모리, 죽음을 기억하라: 한국인의 죽음론』, 궁리, 2001.

레이먼드 A. 무디 주니어, 주진국 역, 『다시 산다는 것』, 행간, 2007.

마이클 탤보트, 이균형 옮김, 『홀로그램 우주』, 정신세계사, 1999.

매기 캘러넌, 이기동 역, 『마지막 여행』, 프리뷰, 2009.

배리 앨빈 다이어, 그렉 와츠, 안종설 역, 『행복한 장의사』, 이가서, 2008.

소노 아야코, 알폰스 데켄, 김욱 옮김, 『죽음이 삶에게: 죽음의 인식으로부터 삶은 가치있게 시작된다』, 리수, 2012.

서원 B 뉴랜드, 명희진 역, 『사람은 어떻게 죽는가』, 세종서적, 2008.

알폰스 데켄, 오진탁 옮김, 『죽음을 어떻게 맞이할 것인가?』, 궁리, 2002.

엘리자베스 퀴블러 로스, 최준식 옮김, 『사후생』, 대화출판사, 2002.

유호종, 『죽음에게 삶을 묻다』, 사피엔스²¹, 2010.

이부영, 『한국의 샤머니즘과 분석심리학: 고통과 치유의 상징을 찾아서』, 한길사, 2012.

정현채, 「의료인에 대한 죽음교육으로서 영화의 활용」, 『대한소화기학회지』, 2012; 60:140-148

정현채, 정진홍, 법타, 이기동, 김흡영, 유병철, 구자록, 박재갑, 『삶과 죽음의 인문학』, 석탑출판사, 2012.

최준식, 『죽음 또 하나의 세계』, 동아시아, 2006.

칼 베커, 이원호 옮김, 『죽음의 체험』, 생각하는 백성, 2007.

피터 펜윅, 엘리자베스 펜윅, 정명진 옮김, 『죽음의 기술』, 부글북스, 2008.

한국죽음학회, 『한국인의 웰다잉 가이드라인』, 대화문화아카데미, 2010.

한성구, 『그림 속의 의학』, 일조각, 2007.

DeSpelder LA, Strickland AL. 『The Last Dance. Encountering death and Dying』 8th Edition.(McGraw Hill 2009)

Earl A. Grollman, 정경숙, 신종섭 공역, 『아이와 함께 나누는 죽음에 관한 이야기』, 이너북스, 2008.

Lai CF, Kao TW, Wu MS, Chiang SS, Chang CH, Lu CS, et al. Impact ofnear-death experiences on dialysis patients: a multicenter collaborative study.Am J Kidney Dis 2007;50:124-132.

Lommel PV, Wees RV, Meyers V, Elfferich I. Near death experience in survivors of cardiac arrest: a prospective study in the Netherlands. Lancet 2001;358:2039-2045.

Morse DS, Edwardsen EA, Gordon HS. Missed opportunities for interval empathy in lung cancer communication. AMA 2008;168:1853-1858.

Yun YH, Lee CG, Kim S, Lee S, Heo DS, Kim JS, et al. The attitudes of cancer patients and their families toward the disclosure of terminal illness. J Clin Oncol 2004;22:307-314.

산 자와 죽은 자의 이별, 그리고 추모 | 박복순

김시덕, 『한국의 상례문화』, 민속원, 2012.

김용덕, 『한국의 풍속사 I』, 밀알, 1994.

김열규, 김석수, 박선경, 허용호, 『한국인의 죽음과 삶』, 철학과 현실사, 2001.

로버트 풀검, 이계영 옮김, 『제 장례식에 놀러 오실래요?』, 김영사, 2000.

송현동, 『서울사람들의 죽음, 그리고 삶』, 서울특별시시사편찬위원회, 서울문화마당 3, 2012.

심은이, 『아름다운 배웅』, 도서출판 푸른향기, 2012.

박태호, 『장례의 역사』, 서해문집, 2006.

정경균 외, 『화장 후 납골, 봉안, 자연장 등의 발전방안 연구』, (사)한국장묘문화개혁범국민협의회, 2010.

왜 죽음교육이 필요한가 | 전병술

『논어』

『순자』

『장자』

요하네스 폰 탭플, 윤용호 옮김, 『악커만, 신의 법정에서 죽음과 논쟁하다』, 종문화사, 2006.

張淑美, 『生命敎育 硏究·論述與實踐』, 臺灣高雄遠文圖書出版社, 2005.

傅偉勳, 전병술 옮김, 『죽음 그 마지막 성장』, 청계출판사, 2001.

한국죽음학회, 『한국인의 웰다잉 가이드라인』, 대화문화아카데미, 2010.

Eddy, J, M., & Alles, W, F, Death Education. St. Louis: The C. V. Mosby Company, 1983.

게라르두스 반 델 레에우, 손봉호 외 옮김, 『종교현상학입문』, 분도출판사, 1995.

길희성 역주, 『바가바드기타』, 현음사, 1988.

박찬욱 기획, 『죽음, 삶의 끝인가 새로운 시작인가』, 운주사, 2011.

엘리자베스 퀴블러 로스, 이진 옮김, 『죽음과 죽어감』, 이레, 2008.

엘리자베스 퀴블러 로스, 최준식 옮김, 『사후생』, 대화출판사, 2003(2판2쇄).

이찬수 외, 『우리에게 귀신은 무엇인가』, 모시는사람들, 2010.

林綺雲 외, 전병술 옮김, 『죽음학』, 모시는사람들, 2012.

장회익, 『삶과 온생명』, 솔출판사, 1998.

장회익, 『온생명과 환경, 공동체적 삶』, 생각의 나무, 2008.

존 바우커, 박규태 외 옮김, 『세계종교로 보는 죽음의 의미』, 청년사, 2005.

천선영, 『죽음을 살다』, 나남, 2012.

최준식, 『죽음의 미래』, 소나무, 2011.

최준식, 『죽음, 또 하나의 세계』, 동아시아, 2006.

최준식, 『죽음학개론』, 모시는사람들, 2013.

파드마삼바바, 류시화 옮김, 『티벳 死者의 書』, 정신세계사, 2005.

G. 로핑크, 신교선 옮김, 『죽음이 마지막 말은 아니다』, 성바오로출판사, 1998.

G. W. Rowe, Theoretical Models in Biology(Oxford: Oxford University Press, 1994)

The Brhadaranyaka Upanisad(Commentary of Sankaracarya), tr. by Swami Madhavanada,
(Calcutta: Advaita Ashrama, 1934)

권미옥 역, 『윤회의 진실』, 정신세계사, 1995.

김영우, 『전생여행』, 정신세계사, 2009.

레이몬드 무디, 류근일 역, 『잠깐 보고 온 사후의 세계』, 정우사, 1993.

마이클 뉴턴, 김도희 역, 『영혼들의 여행』, 나무생각, 1999.

──────, 김도희 외 역, 『영혼들의 운명』 1 & 2, 나무생각, 2011.

──────, 『영혼들의 기억』, Llewellyn 출판사, 2011.

브라이언 와이스, 김철호 역, 『나는 환생을 믿지 않았다』, 정신세계사, 1994.

스베덴보리, 김은경 역, 『천국과 지옥』, 다지리, 2003.

엄영문, 『전생은 없다』, 동서고금, 2001.

--------, 『최면 길라잡이』, 동서고금, 2002.

에드가 케이시, 신선해 역, 『잠자는 예언자』, 사과나무, 2001.

엘리자베스 퀴블러 로스, 성염 역, 『인간의 죽음』, 분도출판사, 1979.

-----------, 최준식 역, 『사후생』, 대화출판사, 1996.

-----------, 『어린이와 죽음』, Scribner, 1997.

제프리 아이버슨, 『전생의 나를 찾아서』, 장경각, 1989.

조 피셔, 손민규 역, 『환생이란 무엇인가』, 태일출판사, 2000.

조 피셔, 조엘 휘튼, 이재황 역, 『죽으면 무슨 일이 일어날까?』, 기원전, 2004.

지나 서미나라, 조의래 역, 『윤회의 비밀』, 장경각, 1988.

최준식, 『죽음, 또 하나의 세계』, 동아시아, 2006.

--------, 『죽음의 미래』, 소나무, 2011.

--------, 『죽음학개론』, 도서출판 모시는사람들, 2013.

--------, 『임종준비』, 도서출판 모시는사람들, 2013.

--------, 『사후생이야기』, 도서출판 모시는사람들, 2013.

최준식 · 엄영문, 『전생이야기』, 도서출판 모시는사람들, 2013.

키리아코스 C. 마르키데스, 김효선 역, 『지중해의 성자 다스칼로스 1, 2, 3』, 정신세계사.

파드마 삼바바, 장순용 역, 『티베트의 사자의 서』, 김영사, 2008.

패트 로데가스트 & 주디스 스탠턴 편저, 서민수 역, 『엠마누엘: 빛과 사랑의 영혼』, 고려원
    미디어, 1992.

한국죽음학회, 『한국인의 웰다잉 가이드라인』, 대화문화아카데미, 2010.

헬렌 웜바흐, 서민수 역, 『삶 이전의 삶』, 시공사, 1996.

의료 현장에서의 죽음과 호스피스 완화의료 | 홍진의

가톨릭대학교 호스피스교육연구소, 『호스피스 완화간호』, 군자출판사, 2006.

노유자, 한성숙, 안성희, 김춘길, 『호스피스와 죽음』, 현문사, 1994.

보건복지부, 국립암센터, 『완화의료 팀원을 위한 호스피스완화의료 개론』, 2009.

캐롤 스타우다처, 이선주 옮김, 『슬픔을 넘어서』, 청양출판사, 2001.

Worden J. W. , Chapter 3 "Grief counselling: facilitation uncomplicated grief", 『In Grief
    Counselling and Grief Therapy』, 2nd edition, Routledge, pp. 37-63, 1991.

죽음을 보는 의사의 시각 | 정현채

1 Morse DS, Edwardsen EA, Gordon HS. Missed opportunities for interval empathy in lung cancer communication. AMA 2008;168:1853-1858.

2 엘리자베스 퀴블러 로스, 최준식 옮김, 『사후생. 당신이 죽는 순간부터 시작되는 새로운 삶의 이야기』, 대화출판사, 2002.

3 배리 앨빈 다이어 · 그렉 와츠, 안종설 역, 『행복한 장의사』, 이가서, 2008.

4 한성구, 『그림 속의 의학』, 일조각, 2007.

5 셔윈 B 뉴랜드, 명희진 역, 『사람은 어떻게 죽는가』, 세종서적, 2008.

6 피터 펜윅 · 엘리자베스 펜윅, 정명진 옮김, 『죽음의 기술』, 부글북스, 2008.

7 Yun YH, Lee CG, Kim S, Lee S, Heo DS, Kim JS, et al. The attitudes of cancer patients and their families toward the disclosure of terminal illness. JClin Oncol 2004;22:307-314.

8 알폰스 데켄, 오진탁 옮김, 『죽음을 어떻게 맞이할 것인가?』, 궁리, 2002.

9 DeSpelder LA, Strickland AL. 『The Last Dance. Encountering death and Dying』8th Edition.(McGraw Hill 2009)

10 위의 책.

11 매기 캘러넌, 이기동 역, 『마지막 여행』, 프리뷰, 2009.

12 Earl A. Grollman, 정경숙, 신종섭 공역, 『아이와 함께 나누는 죽음에 관한 이야기』, 이너북스, 2008.

13 유호종, 『죽음에게 삶을 묻다』, 사피엔스21, 2010.

14 DeSpelder LA, Strickland AL. 『The Last Dance. Encountering death and Dying』8th Edition.(McGraw Hill 2009)

15 레이먼드 A. 무디 주니어, 주진국 역, 『다시 산다는 것』, 행간, 2007.

16 Lommel PV, Wees RV, Meyers V, Elfferich I. Near death experience insurvivors of cardiac arrest: a prospective study in the Netherlands. Lancet2001;358:2039-2045.

17 칼 베커, 이원호 옮김, 『죽음의 체험』, 생각하는 백성, 2007.

18 마이클 탤보트, 이균형 옮김, 『홀로그램 우주』, 정신세계사, 1999.

19 최준식, 『죽음 또 하나의 세계』, 동아시아, 2006.
Lommel PV, Wees RV, Meyers V, Elfferich I. 앞의 책.

20 Lai CF, Kao TW, Wu MS, Chiang SS, Chang CH, Lu CS, et al. Impact ofnear-death experiences on dialysis patients: a multicenter collaborative study.Am J Kidney Dis 2007;50:124-132.

21 피터 펜윅·엘리자베스 펜윅, 앞의 책.

22 엘리자베스 퀴블러 로스, 앞의 책.

23 이부영, 『한국의 샤머니즘과 분석심리학: 고통과 치유의 상징을 찾아서』, 한길사, 2012.

24 김열규, 『메멘토 모리, 죽음을 기억하라: 한국인의 죽음론』, 궁리, 2001.

25 알폰스 데켄, 앞의 책.

26 소노 아야코, 알폰스 데켄, 김욱 옮김, 『죽음이 삶에게: 죽음의 인식으로부터 삶은 가치 있게 시작된다』, 리수, 2012.

27 칼 베커, 앞의 책.

28 한국죽음학회, 『한국인의 웰다잉 가이드라인』, 대화문화아카데미, 2010.

29 위의 책.

30 정현채, 정진홍, 법타, 이기동, 김흡영, 유병철, 구자록, 박재갑, 『삶과 죽음의 인문학』, 석탑출판사, 2012.
한국죽음학회, 앞의 책.

31 정현채, 「의료인에 대한 죽음교육으로서 영화의 활용」, 『대한소화기학회지』, 2012; 60:140-148.

죽음, 그 생명적 이해 | 이찬수

1 G.W.Rowe, Theoretical Models in Biology(Oxford: Oxford University Press, 1994), p.103; 장회익, 『삶과 온생명』, 솔출판사, 174-175쪽, 201쪽에서 인용, 1998.

2 장회익, 『온생명과 환경, 공동체적 삶』, 생각의 나무, 17-18쪽, 2008.

3 장회익, 『삶과 온생명』, 177-178쪽, 190쪽, 195쪽, 208쪽.

4 이런 내용 및 퀴블러 로스의 내세관과 관련하여 『死後生』, 1991, 최준식 옮김, 대화출판사, 2003(2판2쇄).

5 G. 로핑크, 신교선 옮김, 『죽음이 마지막 말은 아니다』, 성바오로출판사, 35-36쪽, 1998.

6 게라르두스 반 델 레에우, 손봉호 외 옮김, 『종교현상학입문』, 분도출판사, 왜관, 173쪽, 1995.

7 반 델 레에루, 앞의 책, 같은 쪽.

8 길희성 역주, 『바가바드기타』(현음사, 1988), 109쪽 및 201쪽의 번역을 따랐음.

9 The Brhadaranyaka Upanisad,(Commentary of Sankaracarya) tr. by Swami Madhavananda, Advaita Ashrama, Calcutta, 2.1.20(p.202).

인간의 삶과 죽음, 그리고 사후생 | 최준식

1 헉슬리는 한국의 독자들에게 『훌륭한 신세계 *New Brave World*』의 저자로 잘 알려져 있다.

2 이 내용들은 필자의 졸저 『죽음의 미래』(소나무, 2011)와 『사후생 이야기』(모시는사람들, 2013)을 요약한 것이다. 따라서 더 자세한 것은 『죽음의 미래』의 서설(序說) 부분을 참고하면 좋겠다.

3 필자의 견해로는 인간이 죽어서 영계로 가는 것은 당연한 것이지만 예수만 믿으면 누구나 주(예수)님 곁에 있을 수 있다는 것은 영계의 법칙을 모르는 순진한 생각이다. 예수와 같은 영혼은 가장 수준이 높은 영혼이라 우리가 처할 수 있는 영계와는 완전 다른 곳에 다른 상태로 있을 것이다(사실 예수를 말할 때 그가 영계에서 어떤 상태나 어떤 공간에 있다고 하는 것은 언어도단이다. 왜냐하면 그는 무공간적이고 무시간적인 존재이기 때문이다). 이것은 우리의 상상을 불허하는 영역이라 상세하게 말할 수는 없지만 영계에서 우리 같은 범인은 예수 같은 성인을 만날 수 없다는 게 확실할 것이다.

4 그의 대표적인 저서는 『Life at Death』로 이 책은 근사체험을 학술적으로 연구한 최초의 책이라는 점에서 중요하다.

5 이 내용을 집중적으로 다룬 저자의 책이 최근 발간되었다(『전생 이야기』, 모시는사람들, 2013).

6 이 이야기는 근사체험이나 죽음학의 연구에서 세계적인 대가인 칼 베커 교수에게서 직접 들은 것이다. 국내에 번역된 그의 책으로는 『죽음의 체험-임사현상의 탐구』(생각하는 백성, 2007)가 있는데 아주 좋은 연구서라 관심이 있는 독자들에게는 일독을 권한다.

7 구겐하임(Guggenheim)은 자신의 저서(『Hello from Heaven』)에서 이 방법을 12가지로 나누어 설명하고 있다.

8 이렇게 보면 보라색이 가장 등급이 높은 영혼이 띠는 색깔일 수 있는데 좀 더 정확히 알기 위해서는 엄중한 연구가 필요할 것 같다.

9 그러면 굳이 기독교를 믿을 필요가 있겠느냐는 질문이 나올 터인데 기독교는 자신의 영성을 닦을 수 있는 좋은 종교이기 때문에 사람들에게 이러한 좋은 채널을 선사한다는 의미에서 기독교가 존재해야 하는 근거는 충분히 있다고 본다. 이런 수준 높은 종교가 없다면 사람들은 자신의 영성을 닦는 방법을 찾아 오랫동안 헤매야 하기 때문이다.

10 이렇게 볼 때 가장 좋은 곳은 깨달음의 경지, 즉 자기 개념(ego concept)이 완전히 사라진 곳일 것이다.

11 이 두 종교에 비해 이슬람교는 이 개념이 명시적이지 않다. 그것은 아마도 이슬람교는 그 교명(이슬람)이 '복종'을 뜻하는 터라 이와 다른 개념은 상대적으로 비중이 낮아진 것 아닐까 하는 생각이다. 그러나 이슬람교는 그 다섯 가지 기본 신조 가운데 '자카트', 즉 자신의 재산 가운데 일정 부분을 자선 행위를 하는 바쳐야 한다는 것이 있어 자비의 개념이 존재한다는 것을 알 수 있다.

12 이처럼 혼자 공부하는 것은 제일 떨어지는 방법이다. 그 속도가 아주 더디고 다른 길로 샐 수 있기 때문이다. 이런 지혜에 관한 공부는 이미 어느 정도라도 눈을 뜬 사람에게 배우는 것이 바람직하고 빠른 방법이다. 이것이 불가능하다면 같은 관심을 가진 동배들과 같이 공부하는 길을 택하는 게 낫다.

죽음맞이 – 인간의 죽음, 그리고 죽어 감

등록 1994.7.1 제1-1071
1쇄 발행 2013년 8월 31일
2쇄 발행 2018년 4월 15일
3쇄 발행 2021년 10월 20일
4쇄 발행 2023년 9월 30일

지은이 한국죽음학회 웰다잉 가이드라인 제정위원회
펴낸이 박길수
편집인 소경희
편 집 조영준
관 리 위현정
디자인 이주향
펴낸곳 도서출판 모시는사람들
       03147 서울시 종로구 삼일대로 457(경운동 88번지) 수운회관 1207호
전 화 02-735-7173, 02-737-7173 / 팩스 02-730-7173
홈페이지 http://www.mosinsaram.com/

배 본 문화유통북스(031-937-6100)

값은 뒤표지에 있습니다.
ISBN 978-89-97472-49-9   03100

이 도서의 국립중앙도서관 출판예정도서목록(CIP)은 서지정보유통지원시스템
홈페이지(http://seoji.nl.go.kr)와 국가자료공동목록시스템(http://www.nl.go.
kr/kolisnet)에서 이용하실 수 있습니다.(CIP제어번호: CIP2013014109)